『칸트 연구』 제10집

칸트 철학과 현대

『칸트 연구』 제10집

칸트 철학과 현대

[한국칸트학회 편]

철학과현실사

▣ 책을 펴내면서

이 책은 크게 두 부분으로 꾸며져 있다. 제1부는 칸트 철학의 자연과 문화, 예술, 정치를 주제로 한 글들이며, 제2부는 칸트와 현대 철학자들의 대결을 다루고 있는 논문들이다. 그러나 이러한 구성에도 불구하고 각각의 글들은 처음부터 독립된 논문으로 작성된 것이기 때문에, 독자들의 관심에 따라 순서와 무관하게 읽어도 좋을 것이다.

책의 머리에서 필자들의 생각을 몇 마디로 요약·정리해주는 일은 독자들에게 호의를 베푼다는 의미도 있겠지만, 독자들이 있는 그대로 글을 읽는 데에 장벽을 설치하는 일이 될 수도 있을 것이다. 이러한 위험성에도 불구하고, 또한 시간을 소모하는 일이기도 하지만, 그것이 어쩌면 편집인들의 의무가 아닐까 하는 생각에서 나름대로 요점을 정리하여 덧붙여 본다.

<최인숙>은 근대 서구의 사유 방식인 자연과 문화라는 이분법적 사유 구조에 대한 문제 제기를 바탕으로 칸트 철학에서의 자연과 문화의 개념을 탐색한다. 칸트 철학에서 전개된 자연

개념을 분석하고, 자연 또는 이성의 궁극 목적이 실현되어가는 과정으로서 문화와 역사를 해석한다. 이러한 논의를 바탕으로 필자는 칸트에게서의 자연과 문화는 서로 대립된 관계가 아니라, 자연의 이념을 인간 이성의 능력에 따라 계발해낸 것이 문화라는 점을 밝히고 있다.

이 책의 두 편의 글은 칸트 미학 혹은 예술 철학의 주제를 다룬 것이다. <김광명>은 감성적 이미지들은 공통감의 원리에 근거한 사교성의 문제를 담고 있다는 전제에서 출발하여, 미적 판단의 근간이 되는 감성의 문제를 인식의 관점에서 논의하고, 그 공통의 기반이 되는 공통감의 이해를 통해 사교성의 의미를 폭넓게 논의하고 있다. 이러한 논의는 넓게 보면 인문학적 차원에서의 감성 문제를 원래의 공통감적 특성을 유지하면서 과학적 객관성을 어느 정도 마련해보는 시도라고 긍정적으로 평가할 수 있다. 필자의 논의를 전체적으로 조망해보면, 공통감에 근거한 사교성을 사회성으로 적극 수용하여 사회철학적 기반을 다지는 일이 향후의 남겨진 과제일 것이다.

<최준호>는 예술의 종말 혹은 작품 개념의 위기라고 이야기되는 오늘날 예술의 상황에 대한 문제 인식에서 출발한다. 이 글은 칸트의 『판단력비판』에서 전개된 자연의 숭고함에 대한 논의가 어떻게 예술의 영역에 적용될 수 있는가, 예술에서의 숭고함에 대한 체험이 현대 예술의 미학적 현재성과 어떠한 관련성을 지니고 있는가에 대한 의미 있는 탐구라고 여겨진다. 특히 필자는 자연의 숭고함에 대한 체험이 지닌 심의 활동의 역동적·역설적 성격에 주목한다. 천재의 심미적 정신과 심미적 이념에 대한 칸트의 논의를 바탕으로 예술미에 대한 체험이 자연의 숭고함에서 경험되는 역동적·역설적인 심의 상태로 확장될 수 있음을 꼼꼼한 텍스트 해석에 근거하여 확인시켜주

고 있다. 필자는 칸트의 예술의 숭고함은 바로 거대 기술공학에 맞서 그것을 극복하는 미학적 사유의 정체성을 확인시켜주는 사유의 가능성을 지닌다고 주장한다.

<박필배>는 칸트의 윤리학에서 최고선의 문제에 대한 여러 이론가들의 입장을 정리해준다. 실버, 코헨, 베크, 첼딘, 브루거, 알브레히트, 뒤징 등의 논의를 검토함으로써, 칸트 윤리학이 단지 형식적인 관점에서만 해석되어서는 안 된다는 점을 보여준다. 달리 말해서 필자는 칸트 윤리학에서 최고선의 개념은 근본적인 문제가 아닌 것으로 여겨질 수도 있겠지만, 사실은 그렇지 않다는 입장을 제시한다. 필자의 주장에 따르면 형식과 대상, 즉 최고선의 결합 및 종합은 칸트 윤리학에서 핵심 주제인 셈이다. 정언 명법의 형식적인 도덕성이 인간의 삶의 장에서 실현되어야 할 것으로 생각하지 않는다면, 그 형식은 공허한 것이 되고 말 것이다.

<박채옥>은 칸트의 정치 철학이 비판 철학의 부산물이 아니라 비판 철학의 이론적 토대 위에서 성립한 것임을 밝히고자 한다. 이 글의 주요한 논거는 상황에 좌우되는 정치적 양태들은 보편화된 법 논리에 근거해야 한다는 점이다. 이 글은 논의 주제에 대한 적지 않은 기존의 연구 성과를 일정하게 보완하는 데에 일조하고 있다고 하겠다.

이 책의 후반부에 실린 글들은 큰 틀에서 보면, 현대 철학자들, 특히 니체, 하이데거, 카시러, 리요타르 등의 칸트 철학 수용과 비판을 주요 문제로 다룬다. <이상엽>은 니체와 칸트 철학의 접합점과 분기점을 문제삼는데, 이를 세 가지 차원에서 접근한다. 먼저 니체가 칸트 철학을 만나게 되는 실제적이고 역사적인 문맥을 서술하고나서, 칸트의 이론 철학과 실천 철학의 각 분야에서 니체가 받은 영향이 무엇이며, 이를 넘어서서

니체가 칸트 철학을 비판하고 극복한 점이 무엇인지 논의한다. 그리고 마지막으로 칸트를 넘어서서 니체가 제시한 철학적 반성의 핵심과 이를 통해 구현되는 현대적 전망이 무엇인지를 제시한다. 니체와 칸트 사상의 연관성에 대한 포괄적인 정보를 제공해주고 있다는 점에서 적지 않은 시사점을 갖는다.

<김인석>은 초기 하이데거와 칸트와의 연관 관계를 치밀하게 숙고하고 있다. 필자는 칸트의 윤리학적 단초가 하이데거의 『존재와 시간』의 실존론적 철학의 정초에 결정적인 역할을 하고 있다고 주장한다. 이러한 주장을 바탕으로 필자는 하이데거가 그 자신의 실존론적 존재론을 정초하는 데에 칸트 사유의 윤리학적 단초를 어느 정도로 원용 혹은 응용했는지를 밝혀냄으로써, 하이데거의 사유에서 윤리적 차원의 함축성을 드러낸다. 나아가 이와 같은 윤리적 차원에 대한 사유의 한계가 무엇인지를 밝혀냄으로써, 하이데거가 어떻게 정치적-실천적 오류에 빠지게 되었는가 하는 문제에 적절한 답을 준다.

<신응철>은 신칸트학파로 분류되는 카시러의 사회 철학 — 아직까지 국내 학계에서는 거의 다루어지지 않았던 — 을 꼼꼼하게 다루고 있다. 필자는 카시러 철학의 전체 전개 과정에서 사회 철학이 등장하게 되는 계기를 언급하고, 카시러 사회 철학의 주제들, 즉 정치와 신화의 상관 관계와 20세기 정치적 신화들 — 칼라일의 영웅숭배론, 고비노의 인종불평등론, 슈펭글러의 운명론 — 에 관한 카시러의 분석을 이해하기 쉽게 전개하고 있다. 나아가 카시러의 사회 철학이 우리 사회에서 지닐 수 있는 의의를 다각도로 숙고하고 있다.

<박종식>은 보편적이고 총체적인 이성을 강조하는 근대의 이성중심주의에 반대하고, 다양성 · 이질성 · 차이를 인정할 것을 주장하는 리요타르의 포스트 모더니즘과 그의 포스트모던

철학의 근거인 칸트의 이성 비판에 관해 상세하게 논의하고 있다. 무엇보다도 이 논문은 칸트 철학의 원전에 대한 분석에만 머물지 않고 현대 철학과 연관지어 생산적인 연구를 해내고 있는 점에서 의의가 크다고 생각된다. 그리고 이 주제와 관련된 국내 논의의 성과를 두루 반영하고 있는 점도 눈에 띄는 대목이다.

<홍병선>의 출발점은, 인식 의무를 둘러싼 담론에 대한 진단은 인식론에서의 자연화 논의의 연장선상에서 다루어져야 한다는 점이다. 이러한 전제를 기초로 필자는 알스톤—그는 자신의 비의무론적 견해의 정당성을 초기에는 자연화 전략과 무관하게 입증하고자 했으나, 나중에는 결국 자연화 계획에 포함시키는 방향으로 자신의 전략을 큰 폭으로 바꾸게 되는데—의 입장을 검토함으로써 어떠한 비의무론적 전략도 궁극적으로는 자연화 계획에 포섭될 수 있음을 밝히려고 한다.

이상에서 우리는 이 책에 실린 글들의 요지를 주섬주섬 간추려 덧붙였는데, 우리는 이것이 전체 논문들의 대의를 대강 훑어보는 데에 다소간의 도움이 되길 희망한다. 또한 간혹 개입시킨 편집인들의 주관적 평가 발언이 필진들에게 방해가 되지 않았으면 한다.

매번 거듭하여 책을 낼 때마다 말미에 덧붙여 드리는 말이지만, 출판 시장의 어려움에도 불구하고 철학 문화의 발전에 지속적인 힘을 실어주고 있는 <철학과현실사>에 마음 깊이 감사를 드린다.

2002년 12월 10일

공동 편집인 김양현 · 김광명

차 례

■ 책을 펴내면서

제1부 칸트 철학에서의 자연 · 예술 · 정치

칸트 철학에서 자연과 문화의 개념 ‖ 최인숙 17
1. 머리말 17
2. 칸트 철학에서 인간의 마음 22
3. 칸트 철학에서의 자연 36
4. 칸트 철학에서의 문화와 역사 41
5. 맺음말 49

칸트 미학에서 공통감과 사교성의 문제 ‖ 김광명 52
1. 들어가는 말 52
2. 감성적 인식으로서의 공통감 54
3. 감정과 미적 판단 60
4. 감정의 소통 가능성과 사교성 69
5. 맺음말 76

칸트의 숭고함과 예술 ‖ 최준호 81
1. 들어가는 말 81
2. 자연의 숭고함 83

차 례

3. 예술과 숭고함 92
4. 숭고함의 경험과 미학의 현재성 105
5. 맺음말 110

칸트 최고선 이론의 현대적 논의 ‖ 박필배 113
1. 들어가는 말 113
2. 윤리적 물음과 최고선 115
3. 이성 체계의 완성 : 최고선 122
4. 나가는 말 130

칸트의 정치론과 시민의 저항권 ‖ 박채옥 134
1. 들어가는 말 134
2. 칸트의 정치론 137
3. 시민 저항권 — 혁명권과 반항권 149
4. 칸트 국가론의 의의와 한계 155

제2부 칸트와 니체 . 하이데거 . 카시러 . 리요타르

니체의 칸트 수용과 비판 ‖ 이상엽 161
1. 머리말 161
2. 니체의 칸트 이해 164

차 례

3. 칸트 이론 철학의 수용과 비판 166
4. 칸트 실천 철학의 수용과 비판 178
5. 맺음말 188

윤리학 이전의 윤리학? — 하이데거의 형식 지시적 윤리학의 기획과 칸트와의 논쟁 ‖ 김인석 193
1. 들어가는 말 193
2. 『존재와 시간』의 사유권에서 윤리학적 단초들과 칸트의 도덕 철학의 관계 196
3. 형식 지시적 윤리학 210
4. 하이데거의 윤리학적 단초의 한계 219
5. 나가는 말 223

신칸트주의자 카시러의 사회철학
— 정치와 신화의 문제를 중심으로 ‖ 신응철 226
1. 칸트와 카시러 : 이성 비판에서 문화 비판으로 226
2. 문화철학에서 사회철학으로의 이행 228
3. 카시러의 사회철학의 논의 주제들 231
4. 카시러 사회철학의 현재적 의의 : 정치적 신화의 성격 규명 245

차 례

칸트 철학과 리요타르의 포스트모더니즘 ‖ 박종식 249

1. 머리말 249
2. 포스트모던의 조건 251
3. 칸트의 취미 판단과 숭고미 263
4. 리요타르의 칸트 숭고미 해석 273
5. 맺음말 285

인식 의무, 그 자연화 전략상의 문제 ‖ 홍병선 291

1. 들어가는 말 291
2. 인식 정당화에 대한 의무론적 견해 295
3. 비의무론적 정당화 전략의 성격 303
4. 인식적 내재주의에 대한 의무론적 개입의 근거 308
5. '인식 의무'를 둘러싼 인식론에서의 자연화 전략 313
6. 나오는 말 320

▣ 『칸트 연구』 논문 투고 및 심사 규정 326

▣ 한국칸트학회 회칙 330

▣ 한국칸트학회 임원 335

▣ 필자 소개(가나다 순) 337

제 1 부

칸트 철학에서의 자연 · 예술 · 정치

칸트 철학에서 자연과 문화의 개념

최 인 숙

1. 머리말

우리들은 어려서부터 문화의 의미는 자연의 의미에 대립된 것으로 배워왔다. 문화 내지 문명의 개념은 재배, 경작의 의미에서 비롯되었으며 재배 및 경작은 자연을 인간의 의도에 따라 변형하여 사용함으로써 수행된다. 그리고 원래의 자연 상태를 그대로 둔 채 거기에서 최소한의 생존 방식을 유지하고 있다면 인간의 그러한 상태는 미개, 야만의 상태다. 가능하면 더 많은 부가가치를 만들어내도록 자연을 변형하여 사용할 때, 그것은 문화의 상태다. 그러한 문화의 상태가 더욱 세련될수록 우리들은 그 사회가 발전했다고 한다.

근대 문화가 한편으로 인간의 삶에 폐해를 가져다줄 수 있다는 것을 알기 이전까지, 서양 문화의 우월성을 당연한 것으로 인정한 우리들은 자연과 문화의 대립적인 도식 또한 교과서적 상식으로 인정해왔다. 그러나 환경 문제, 공해 문제와 더불어 자연 파괴라는 개념이 대두된 오늘날, 우리들은 자연 상태와 문화 상태라는 종래의 대립적인 도식이 예전과 똑같이 사용되는 데에 문제가 있음을 알 수 있다.

해방 이후, 아니 이미 1900년 전후부터 지금까지 우리들은 선진의 서양 문명을 적극적으로 받아들이기에 힘써왔다. 한편으로는 서양 문명의 이질성 및 저질성을 언급하기도 했지만, 대세로는 다른 대안이 없는 듯했다. 그런데 '선진 서양 문명'이라는 의식은 1900년 전후해서 우리들이 비로소 눈을 밖으로 돌리면서 인정하게 된 사실로서만이 아니라, 이미 근대 문명이 태동하게 된 서양인들의 의식 속에서 시작된 것이라는 것을 아는 것이 중요하다. 그러한 것을 아는 것이 중요한 이유는 우리들이 2000년 이후의 시간 속에서 주체적으로 살아가는 방향을 잡는 일이 우리들에게 중요한 과제이기 때문이다.

사실, 서양인들의 우월 사상은 중국인들의 중화 사상 못지 않게 뿌리깊은 것이다. 그들은 고대 그리스의 문화를 만들어낸 사람들을 자기네들의 현재 문화의 원류로 삼고 있으며, 다른 한편으로는 로마 문명 이후 보편적인(catholic) 기독교 문화의 후예들이라는 의식을 갖고 있다. 중세에 시작하여 르네상스를 거쳐 근대에 이르러 이러한 우월 의식은 유럽 전역에 보편적인 것이 되었으며, 19세기 이후에는 아메리카 대륙의 미국까지 '선진' 서양에 포함되게 하였다. 그런데 무엇이 선진 문명인가에 대해 숙고해볼 때, 그것은 결국에 경제 구조, 그리고 배경적으로는 정치 구조로 귀착됨을 알 수 있다. 옛날의 문명이 아무리 찬란했다고 해도, 현재 경제적으로 풍요하지 않은 나라를 우리는 쉽사리 선진 국가에 끼어주지 않는다. 그리고 경제적 성과는 그 사회의 정치적 구조와 맞물려 있다. 물론 그 배후로까지 추적해 들어가면 학문, 예술, 종교 등의 요소도 그 사회의 부의 창출에 커다란 역할을 함을 인정할 수 있지만, 외부적인 성과로서의 경제적 부의 요소가 빠지면 현재 선진 국가의 대열에 속하기 힘들다는 뜻이다.

유럽 및 미국이 먼저 선진 대열에 속하게 된 데에는 그들의 경제 의식 및 노동 개념이 커다란 역할을 했다. 우리의 삶에서 경제 및 노동이 어떤 역할을 하는지를 잘 그려주고 있는 고전적인 사상을 존 로크를 통해서 개략적으로 살펴보기로 하자.

로크는 그의 『정부론』, 특히 『시민 정부에 관한 제2론(*The Second Treatise of Civil Government*)』[1]에 의해서, 그 후 영국을 비롯한 유럽 및 신생 미국이 사회 및 정부의 체제를 구성하는 데 근본적인 사상을 마련해준 사람으로서 칭송된다.[2]

로크는 『정부론』에서 그 당시 왕권신수설을 기초로 하여 전제군주론을 옹호하고 있는 로버트 필머(Filmer) 경의 이론을 반박하고 있는데, 재미있는 것은 이들 두 사람 모두 기독교 성서를 인용하여 자기 자신의 이론을 정당화하고 있다는 점이다. 필머는 가정에서의 부권이나 왕국에서의 왕권은 아담과 그 후계자들에 기인하는 것으로 보고, 부권 및 왕권을 절대적인 것으로 보았다면, 로크는 성서의 말을 인용하면서, 인류의 시조인 아담에게는 모든 사람들에 대해서 절대적으로 무제한의 주권을 행사할 수 이는 권력이 없다는 것을 밝히고 있다. 그리고 인간과 세계를 창조한 하느님은 인간에게 자기의 생존에 유익한

---

1) 『정부론』은 *The first Treatise of Government* (부제 : The false Principles of Foundation of Sir Robert Filmer and his Followers are detected and overthrown)와 *The second Treatise of Civil Government* (부제 : An Essay concerning the True Original, Extent, and End of Civil Government)를 포함하고 있다. New York (Hafner Publishing Company), 1947.

2) 앙드레 모로아, 『프랑스사』, 신용석 옮김, 기린원, 1991, 299, 302쪽. 최인숙, 「로크의 사유 재산 이론」, 362-397쪽 참조, 차인석 외 공저, 『사회철학대계』 제1권, 민음사, 1993.

것을 택하여 사용하도록 이성과 자기 보존의 수단을 부여하였다고 말하고 있다.

로크는 이러한 사상에 바탕을 두고 근대 이후 자본주의 체제의 기본 개념인 사유 재산 개념을 확립하게 되며, 사유 재산 개념은 노동 개념과 필수적으로 연결된다.

> "사람들에게 이 세계를 하나의 공유물로서 부여한 하느님은 또한 그것을 생활의 최대의 이익과 편의에 도움이 되게 이용할 수 있도록 이성도 부여해주었다. 이 대지와 그리고 그 위에 존재하는 모든 것들은 사람들의 생존의 유지와 편의를 위하여 부여된 것이다. 또한 이 대지가 자연적으로 산출하는 과실과 그리고 이 대지가 먹이를 주어서 키우는 짐승들은 모두 자연의 손으로 이루어지는 산물이므로 공유물로서 인류에게 귀속된다. 그것들이 이와 같이 자연의 상태로 있는 동안에는 다른 사람을 물리치고 그것들 중의 어떤 것을 사적으로 지배하는 일은 원래 누구에게도 허용되어 있지 않다. 그러나 그것들은 사람들이 이용하기 위하여 부여된 것이므로 그것들이 무엇인가에 이용되기에 앞서 또는 어떤 특정한 사람들에게 유익한 것으로 되기에 앞서, 먼저 어떠한 수단으로써 그것들을 점유하는 수단이 반드시 강구되어야 할 것이다. 미개한 인디언들은 공유지를 사유지로 만들기 위하여 토지를 울타리로 둘러싸서 차지하는 것(enclosure)을 알지 못하고 아직까지도 공유지의 일원으로 남아 있다. 그러나 그 인디언을 먹여 살리는 과실이나 사슴의 고기는 무엇보다도 먼저 그것이 그의 것, 따라서 다른 사람이 그것에 대해서 아무런 권리도 갖지 못하는 그의 것, 즉 그의 소유의 일부로 될 때 비로소 그의 생명을 유지해가기 위하여 도움이 될 수 있다."[3]

> "대지와 인간 이하의 모든 피조물은 만인의 공유물이지만, 사람은 누구나 자기 자신의 일신에 대해서는 소유권을 갖고 있다. 신체

3) 로크, 『시민 정부에 관한 제2론』, 제5장 소유권에 대하여, 제26절.

에 대해서는 본인 이외의 어느 누구도 아무런 권리를 갖지 못한다. 그의 신체의 노동과 그의 손이 하는 일은 바로 그의 것이라고 말할 수 있다. 그러므로 자연이 제공해준 대로의 상태, 즉 자연의 있는 그대로의 상태로부터 끄집어낸 것은 무엇이든 간에 그는 그것에다 그의 노력을 투하한 것이며, 또한 무엇인가 자기 자신의 것을 첨가한 것이 되는데, 이렇게 함으로써 그것은 그의 소유물로 되는 것이다. 그것은 그에 의해서 자연 있는 그대로의 공유의 상태로부터 끄집어 내진 것이므로, 그의 노동에 의해서 다른 사람들의 공유의 권리를 배제하는 그 무엇인가가 그것에 첨가된 것이다. 이와 같은 노동은 바로 그 노동을 한 사람의 소유임에 틀림없으므로 오직 그 사람만이 자기의 노동이 일단 가해진 것에 대해서 권리를 갖게 된다."[4]

위의 인용문을 몇 가지 점에서 요약해보면, 하나, 자연은 하느님이 인간들의 이익과 편의에 도움이 되도록 공유물로 부여해주었다. 둘, 하느님은 인간이 자연에 존재하는 모든 것을 이용할 수 있도록 이성도 부여해주었다. 셋, 인간은 이성에 의해 자연 상태의 공유물을 사유물로 만들 수 있는 방법을 강구하는데, 그것이 바로 노동이다. 노동에 의해서 자연의 공유 상태에 개인의 무엇이 첨가됨으로써 공유 상태가 해제되어 개인의 소유물, 즉 사유 재산으로 된다. 넷, 로크는 여기서 공유지가 사유지로 되는 과정을 "토지를 울타리로 둘러싸서 차지하는 것(enclosure)"이라고 표현하고 있다. 로크가 『시민정부론』을 쓴 시기는(1690년에 출판됨) 영국이 모직 산업을 중심으로 상공업이 발달해가고 있는 때며, 제1차 엔클로저 운동(15~16세기)과 제2차 엔클로저 운동(18~19세기)의 도중이었다. 엔클로저 운동의 초기는 양모를 많이 얻기 위해 양들을 기를 수 있는 토지를 가능하면 많이 확보해가는 과정이었다.

---

4) 위의 책, 제5장 소유권에 대하여, 제27절.

로크는 더 나아가서, 노동에 의해 인간의 무엇이 첨가된 자연만이 '가치가 있으며', 반면에 하느님이 인간에게 부여해준 자연 그대로의 상태로 있다면, 그것은 '아무런 가치도 없는' 것이라고 한다. 그리고 되풀이해서 아메리카 인디언들의 예를 들면서, 그들은 이 세상의 누구보다도 비옥하고 광활한 토지를 갖고 있으면서도 노동력을 투하하여 그 땅을 개량하는 일을 하지 않았기 때문에 의식주 생활에서는 영국의 날품팔이 일꾼보다도 뒤떨어져 있다고 말하고 있다. 로크의 사유 재산 및 노동의 개념은 근대 이후 서양 사회의 근간이 될 뿐 아니라, 우리 아시아인들의 '발전'에 대한 사고 속에서도 지향 방향이 되었다.

근대의 이성론과 경험론을 토대로 하여 자기 자신의 철학을 정초한 칸트의 철학에서 자연과 문화의 개념이 어떤 것인지를 연구해본다. 그렇게 함으로써 근대 철학의 정점에 있는 칸트 철학과 근대 문화 및 현대 문화의 관계를 탐색하고자 한다. 그리고 칸트의 문화 개념이 근대 이후의 전통적인 서양인들, 예를 들어 로크의 사고와 어떤 점에서 유사점이 있고 어떤 점에서 차이가 있는지를 음미해보고자 한다. 나아가 우리들은 현재 어떠한 세계관을 지향해야 될지에 대해 반성하는 계기를 갖고자 한다.

2. 칸트 철학에서 인간의 마음

우리의 마음의 현상으로는 어떤 것들이 열거될 수 있을까? 하루의 생활을 살펴보건대, 우선 무엇을 지각하는 현상 없이는 사소한 생활조차 유지될 수 없을 것이다. 아침에 눈을 뜨면 시계를 보고(어디에 놓여 있는 무엇이 시계인지를 알고) 몇 시인지를 안다. 집을 나서서 몇 분쯤 걸어가면 버스 정거장이 있는 줄을 알며, 몇 번 버스를 타고 몇 정거장 지나서 내린 후 어느 역에서 전철을 타고 어느 역에서 내려서 몇 분쯤 걸어가면 학교가 있다는 사실을 안다.

일상 생활의 구체적인 사실들로부터 학문적인 지식에 이르기까지 지각 현상 없이는 수행될 수 없다. 과학의 추상적인 이론들도 그것들이 적용되는 사례들과의 관계없이 그 자체로는 지식이라고 할 수 없다. 어떤 추상적인 이론이 단지 가설로서 아직 경험적 사례에서 검증된 일이 없다 해도, 그것은 앞으로 언젠가 자연에서 검증될 것을 예상함으로써 의미가 있다.

물론 지각 현상에는 착각, 오류도 있다. 그러나 착각이나 오류도 무엇을 무엇으로 착각한다는 의미에서의 지각이다. 단지 그것은 틀린 지각일 뿐이다. 지각은 동일시함(identification)이다. 내 눈앞에 놓여 있는 것을 유리컵이라고 지각할 때, 나는 내 눈앞의 어떤 것이 유리컵이라는 의미와 동일한 물건이라는 것을 알며, 어제 사용했던 것과 동일한 유리컵이라는 것을 알며, 혹은 그것을 처음 보는 그것으로 동일시한다.

동일시의 지각 능력이 훼손된 사람에게 펼쳐지는 사물들의 세계는 매 순간 분절된 장면으로 지각되는 세계다. 사물을 동일시하지 못함은 자기 자신을 동일시하지 못함과 필연적으로 연결된다. 그런 사람에게는 자기 자신조차 매 순간 '다른 사람'으로 지각될 뿐이다. 한 사람 속의 '다른 사람들'은 서로를 연결해주지 못하기 때문에 진정한 의미의 한 사람의 의식(동일한 자아 의식)이 있을 수 없다.

우리의 생활은 무엇을 무엇으로 지각하는 것만으로 이루어지지 않는다. 우리들은 다른 사람들보다 앞서려고 하는 마음을 갖고 있으며, 그렇지 못해 고통스러워하기도 한다. 시기심, 질

투심도 이러한 마음에 포함된다. 이러한 욕심, 욕구 외에 또 다른 형태의 욕구도 있다. 우리들은 우리 자신이 바람직하다고 생각하는 바에 따라 살고 있지 못하다는 사실에 마음이 아프고, 더욱이 어떤 것이 가장 바람직한지를 잘 알면서도 그렇게 실천한다는 것은 낙타가 바늘귀 통과하는 것만큼이나 어려운 일이라는 것을 절감하면서 처절한 마음이 들기도 한다. 그럼에도 불구하고 살아있는 한 그쪽으로 향하려는 마음을 언제나 동시에 갖고 살게 될 것이라는 것을 예감한다. 이것은 앞의 이기적인 의지와 구별되는 것으로서, 선의지라고 할 수 있다.

또 우리들은 희한한 마음을 갖고 있다. 그것은 아름다운 것을 좋아하는 마음이다. 이 마음은 기본적인 생존 욕구와 직접적인 관계가 있는 것도 아니고, 도덕적인 삶을 위해 반드시 필요한 것도 아니다. 그럼에도 불구하고 아름다운 것은 우리들의 마음에 독특한 작용을 일으킨다. 그리고 아름다운 대상은 우리의 마음에 단지 수동적으로만 작용하는 것이 아니다. 우리들은 능동적으로 아름다운 것을 추구하기도 한다.

앞에서 말한 진선미의 마음 외에 우리들은 마음의 또 다른 현상을 체험하기도 한다. 그것은 실존의 감정과 사랑의 감정이다. 실존의 감정은 사물을 객관적으로 지각하는 현상도 아니고, 좋아함 및 싫어함의 감정과도 다르고, 더 나은 혹은 바람직한 방향으로 행위하고자 하는 의지와도 다르다. 실존의 감정은 우리들이 우리들 자신의 존재 자체에 대해 느끼는 심리적 기분이다. 이러한 기분은 문득문득 우리들의 일상 생활의 틈새를 비집고 들어와 잠시 우리의 발걸음을 휘청거리게 하며 때로는 생활감을 잊도록 한다. 이러한 실존적 기분 상태에서 다시 마음을 가다듬고 삶의 방향을 새로이 세워 확고한 의지를 갖고 앞으로 나아갈 수도 있지만, 이 실존적 기분 자체의 단초는 의지의 마음과는 다르다. 실존적 기분은 내 의지와 상관없이 막무가내로 내 마음 사이에서 튀어나와 나를 심란하게 하는 마음 상태다. 허무감도 여기에 들어간다고 볼 수 있다.

사랑의 감정은 실존의 감정과도 다르다. 실존의 감정이 나라고 하는 존재 자체 속에서, 나의 마음과의 관계 속에서 나오는 감정이라면, 사랑의 감정은 남과의 관계 속에서 나의 마음속에 불러일으켜지는 감정이다. 그리고 사랑의 감정은 타자에 대한 객관적 지각도 아니고 의지적으로 나의 마음을 정향시키는 마음도 아니다. 어떤 이들은 사랑은 마음속의 화학 반응에 불과한 것이라고 말하기도 하지만, 이 화학 반응이 사물 및 사람에 대한 객관적 지각이라는 화학 반응(그들에게는 다른 마음 상태들도 모두 화학 반응일 것이다)과 다를 것은 분명하다. 혹은 '의지의 화학 반응'과도 다를 것이다. 타자를 사랑하는 마음은 마음의 다른 현상들과 구별된다. 남을 사랑하는 마음이 우리 마음 속에서 일어난다는 사실은 실로 기적적이다.

우리들의 삶의 대부분은 이기적인 마음으로 점철된다. 그런 마음들과 무관하게 남을 사랑하는 마음이 객관적 이유를 설명할 길 없이 마음을 비집고 튀어나온다는 어찌 기적인 아닌가. 물론 사랑의 감정이라는 것은 다른 호불호의 감정과 마찬가지로 기호의 측면도 갖고 있어서, 동일한 사람이 시간, 장소, 부수적 조건 등에 따라 다르게 느껴지기도 한다. 다시 말해서, 한 번 사랑의 마음을 느끼게 한 대상이 언제나 동일한 마음을 불러일으키는 것은 아니다. 하지만 경우에 따라 변화가 있을지라도, 그러한 감정의 순간의 독특성은 참으로 기이한 상태다.

그리고 우리의 마음의 현상에는 또 감각적 욕구가 있다. 감각적 욕구들은 본능이라고도 부른다. 본능의 요소에 의해서 인간이 다른 동물들과 유사한 면을 갖고 있는 존재로 논의되기도 한다. 그러나 인간의 본능은 다른 동물들의 본능과 구별되는 면들도 많이 있다. 각자의 기호, 현재의 심리적, 신체적 상태 혹은 사회적, 문화적 조건 등에 따라 본능 또한 영향을 받는다. 이 외에 기쁨, 분노, 즐거움, 외로움 등의 마음, 싫어하는 마음 그리고 우정의 마음을 들 수 있다. 이렇게 해서, 우리들이 일반적으로 체험하고 지내는 마음의 현상들을 열거해보았다.

칸트는 위에서 열거한 마음의 현상 중에서 특히 진선미의 현상을 학문적 주제로 탐구했다. 『순수이성비판』, 『실천이성비판』, 『판단력비판』을 통해서 우리들은 그것을 확인할 수 있다.[5] 『순수이성비판』에서 칸트는 수학적 지식과 자연에 대한 객관적 지식의 문제를 다루고 있다. 비판 철학 이후의 칸트에서는 수학적 지식과 자연에 관한 지식은 모두 선험적 종합 판단의 성격을 갖는 지식이다. 선험적 종합 판단이란 대상, 존재, 내용에 관한 지식으로서 그것이 동시에 우리의 주관의 선험적 구조에서 비롯하는 지식이라는 뜻이다. 선험적 종합 판단은 대상의 내용이라는 경험성과 주관의 형식이라는 선험성을 포함하고 있는 판단이다.

종래에는 경험성과 선험성을 동시에 포함하고 있는 판단이란 모순으로 생각되었다. 우리에게 가능한 지식은 모두 경험적인 것으로 보는 이들은 지식의 선험성 및 필연성을 인정할 수 없었고, 참된 지식은 오로지 우리의 정신의 직접적인 확실성에 토대를 두고 있다고 주장하는 이들에게는 시공의 한계를 지닌 대상적인 지식은 우연적인 사례들의 모음일 뿐이었다. 칸트는 서로 모순되는 것으로 보이는 이 양자의 요소를 선험적 종합 판단이라는 명칭에 의해 통일하고자 한다.

---

5) 그러나 『실용적 관점에서 본 인간학』에서 칸트는 쾌적한 것에 대한 감정, 욕정, 정념, 남녀 성별, 국민, 인종, 인류의 성격 등에 관해 논하기도 한다.

칸트에 따르면, 사물의 지각은 선험적 종합 판단의 형식으로 이루어진다. 사물은 어떤 시점 및 어떤 공간에 있는 것으로서 나의 감관을 자극함으로써 지각의 과정이 시작된다. 나의 시공의 형식에 의해 받아들여진 사물의 내용은 나아가 사고의 범주에 의해 질서지워져 비로소 하나의 객관적 인식(지각)이 이루어진다. 이 객관적 인식은 외부에서 주어지는 질료(경험적)와 원래부터 가지고 있던 나의 주관의 구조(선험적)의 협동에 의해 발생한다. 주관의 외부로부터 주어지는 질료 없이 대상 인식은 성립할 수 없지만, 또한 나의 주관의 근본적 구조 없이도 대상 인식은 성립할 수 없다.

사물 지각에서 우리의 시공 형식(직관형식)과 사고 형식이 기능하지 않는다면, 어떤 것이 지각되었다고 말할 수도 없다. 나에게 무엇이 지각된다는 것은, 일체의 무규정적인 익명의 어떤 것이 나의 시공의 구조와 사유의 구조에 의해 규정되어 비로소 어떤 것이라고 파악된 것을 말한다. 칸트에게서 지각은 그것이 어떤 것에 대한 것이든 간에, 밖에서 주어지는 사물을 있는 그대로 혹은 감관 상태에 따라 불확실하게, 아니면 좀더 확실하게 파악되는 결과로서 생기는 것이 아니다. 어떤 것이 나의 감관을 자극하는 순간 즉시 나의 시간 형식과 사유 형식이 작동한다. 그러므로 내가 무엇을 지각할 때, 그 지각은 시간 형식과 사유 형식의 공동 작업에 의해 수행된다. 내가 무엇을 지각하는 현상에는 따라서 이미 판단 작용이 들어가는 것이다.

판단은 개념과 개념을 연결함으로써 일어난다. 산길을 걸어가다가 어떤 것을 보고 뱀이라고 생각하여 공포의 심정이 드는 경우를 예로 들어보자. 이 심정은 '판단'의 결과로서 일어난 것이다. 어떤 것을 보는 순간, 나는 그것(한 개념)을 뱀(한 개념)이라는 개념과 연결한 것이다("이것은 뱀이다"). 나중에 자세히 보니 그것은 뱀이 아니고 사실은 새끼줄이라고 하자. 그렇더라도 앞의 판단은 여전히 판단이다. 오류의 판단이긴 하지만.[6]

다시 말해서 우리의 지각은 모두 판단의 형식으로 수행되며, 판단은 맞는 판단(참)일 수도 있고 틀린 판단(오류, 거짓)일 수도 있다. 칸트에게서, 맞는 판단은 외부에서 주어진 질료가 시공 형식과 사유 형식에 따라 제대로 규정된 판단이고, 틀린 판단은 질료에다 시공의 질서를 잘못 부여하거나 다른 개념(나아가 범주)을 적용하거나(감성이 오성에 영향을 미쳐서), 혹은 이 양자의 활동이 함께 수행되었을 때 결과하는 판단이다. 그렇게 되면 참인 선험적 종합 판단이 아니라 거짓인 경험적 종합 판단이 된다.

그렇다고 해서 모든 경험적 판단이 다 오류의 판단이라는 뜻은 아니다. 참인 경험적 종합 판단은 동시에 참인 선험적 종합 판단이다. 앞에서도 논의했듯이 칸트의 비판 철학에서는 주관의 외부로부터 주어지는 질료와의 관계없이 객관적 인식이 있을 수 없다. 주관의 외부로부터 주어지는 질료는 주관이 선험적으로 만들어내는 것이 아니다. 그 질료는 주관에게 경험적인 것일 수밖에 없다. 주관은 그 질료를 경험함으로써만 인식을 성립시킨다. 그렇게 볼 때 선험적 종합 판단은 동시에 경험적인 판단이며, 참인 선험적 종합 판단은 동시에 참인 경험적 종합 판단이다.

개별적 사물의 지각에서 기능하는 직관 형식과 사고 형식을 칸트는 감성과 오성(지성)이라고 부른다. 객관적이며(사물에 대한 지식), 보편적이며(동일한 경우에는 모든 경우에 동일한 법칙이 적용됨), 필연적인(동일한 경우에는 언제나 동일한 법

---

6) 칸트에 따르면, 오류의 판단은 감성이 오성의 활동에 영향을 주어 생긴다. 『순수이성비판』 A 293-294/B 350-351 참조.

칙이 적용됨) 선험적 종합 판단은 감성과 오성의 협동 작업에 의해 이루어진다. 『순수이성비판』에서 감성의 역할은 대상을 시공상으로 파악하는 역할에 한정된다. 좋아함이나 싫어함과 같은 감정 및 의지에 따라 영향 받는 감정 등은 여기에서 제외된다. 그리고 오성도 단지 사물을 인식하는 기능에 한정된다. 도덕 법칙을 인식한다든가 의지와의 관계에서 작용하는 사고 작용은 여기에서 제외된다.

이렇게 볼 때 『순수이성비판』에서 칸트는 우리가 자연(Natur) 속에서 지각하는 두 가지 존재, 즉 물리적 자연(물체)과 심리적 자연(정신, 마음)에 대한 인식에 관해 논의하고 있다. 우리의 시공 형식과 사고 형식에 의해 파악되는 존재는 현상으로서의 대상이다. 우리가 인식하는 물질적 자연과 심리적 자연은 현상으로서의 대상이다. 두 가지의 자연이 현상이라는 점에서는 동일하지만, 물체적 현상에는 지속적인 실체(etwas Stehendes, oder Bleibendes)[7]가 대응한다면, 심리적 현상은 끊임없이 유동적이기(im kontinuierlichen Flusse) 때문에 그것에 대해 지속적인 실체를 말하기 어렵다는 차이가 있을 뿐이다.[8]

어쨌든 칸트는 『순수이성비판』에서 자연[9]에 대한 우리의 인식에 관해서 논하고 있다. 이러한 인식 외의 우리 마음의 현상들에 관해서는 논하고 있지 않다.

윤리(倫理)라는 용어가 가리키고 있듯이, 윤리는 사람들 사이의 관계에서 지켜야 할 도리를 뜻한다. 사람이 이 세상에 혼자 살거나 또는 다른 동물들과 다르지 않다면, 사람은 윤리라는 것을 필요로 하지 않을지도 모른다. 하지만 사람인 한, 그리

7) 실체 개념은 칸트에게서 범주에 속하며, 종래의 실재론적 관점에서의 실체 개념과는 구별된다.

8) 『순수이성비판』 A 381 참조.

9) 자연은 칸트에게서는 현상들의 총체로서의 자연이다.

고 사람들과 더불어 사는 한 우리들은 윤리에 대해 생각하지 않을 수 없다. 윤리란 범속한 삶보다 좀더 고상한, 고귀한 삶의 방식이 아니고 인간인 한 의식하지 않을 수 없는 삶의 방식이다. 칸트는 이 문제를 『도덕형이상학정초』, 『실천이성비판』, 『도덕형이상학』에서 집중적으로 논하고 있다.

앞에서 말했듯이, 윤리 문제는 사람들 사이에서 생기는 문제다. 사람이 둘만 있어도 윤리 문제가 생길 수 있다. 식량이 풍부해서 두 사람이 나눠 먹는 데 문제가 없다면 모르지만, 만일에 그 식량이 한 사람이 먹기에도 부족할 뿐만 아니라, 그 중의 어떤 한 사람이 지금 당장 음식을 섭취하지 않으면 생명에 지장이 있다고 하자. 한데 나머지 한 사람도 며칠 동안 굶었기 때문에 오로지 음식을 먹고 싶은 생각밖에 없다고 하자. 이때 누가 먼저 먹어야 하는가 하는 문제는 윤리 문제로 된다. 그리고 두 사람이 나눠 먹기에 풍부하지만, 그 중 한 사람이 욕심이 많아서 더 많이 가지려고 한다든지 다 가지려 할 수도 있다. 이때도 윤리 문제가 생긴다.

그런데 윤리, 도덕 법칙의 근거를 어디에 두느냐에 따라 해결책이 다를 수 있다. 윤리 법칙의 근거는 인간관과 근본적인 관계에 있다. 칸트가 주장하는 윤리 법칙은 칸트의 인간관과 필연적인 관계에 있다. 칸트는 인간을 한편으로는 자연 법칙에 속하는 존재면서 다른 한편으로는 자유 법칙에 속하는 존재로 본다. 자연 법칙에 속하는 존재로서의 인간에는 신체적 존재로서의 인간 및 그때그때 상황 속에서의 심리적 상태가 속한다.

어떠한 구체적인 상황 속에서 어떻게 행위하는 것이 인간으로서 옳은가라는 문제를 생각할 때, 인간은 전적으로 자유의 법칙에 속하는 존재로서 생각해야 한다고 칸트는 논하고 있다. 자유의 법칙이란 인간이 자연의 필연적인 법칙과 일체 관계없이 자기 자신을 절대적인 자유 의지를 지닌 존재로 보고 오로지 그것으로부터 자기의 행위의 근거를 이끌어낼 때 인식하게 되는 법칙을 말한다. 이때 자유는 도덕 법칙의 존재 근거(ratio essendi)이고, 도덕 법칙(정언 명법)은 자유의 인식 근거(ratio cognoscendi)[10]다.

칸트에 따를 때 인간의 바람직한 행위 문제는 절대적으로 자유로운 인간의 의지에 근거를 두고 있다. 최대 다수의 최대 행복을 우선적으로 계산하여 하는 행위는 '도덕적', '실천적'[11]일 수 없다. 절대적인 자유의 도덕 법칙을 인간이 지향해야 할 당위로서 인식하는 토대 위에서 인간은 절대적인 이성의 세계에 속하는 존재가 된다. 인간은 감성 및 오성(지성)의 세계에만 속하는 존재가 아니다.

그런데 감성과 오성의 관계에서도 실은 이성이 어떤 역할을 한다. 이미 『순수이성비판』에서 이성은 감성 및 오성을 정향시키는 통제적, 규제적(regulativ) 역할을 한다. 감성과 오성이 각자의 역할을 수행하지만, 다른 한편으로는 상위의 어떤 통일적 방향에 따라 작용한다. 감성과 오성은 하나의 방향, 즉 이성이 배후에서 조정하는 방향을 향하고 있다. 다시 말해서 감성과 오성은 이성과 더불어 '하나의' 마음에 속하며, 이 세 가지 능력은 이성의 능력의 조종을 받아 '하나의' 통일적인 체계를 이루는 것이다. 칸트에게서 우리의 마음은 하나의 통일적인 체계를

10) 칸트, 『실천이성비판』, Hamburg (Felix Meiner Verlag) 1974, 서언, 4쪽 각주(베를린 학술원판, 제5권, 4쪽).

11) 칸트에게서 '도덕적', '실천적'이라는 용어는 오로지 칸트 자신의 개념 정의에 따른 도덕 법칙에 근거하는 행위에만 적용될 수 있다. 그러므로 공리주의 도덕 원리는 칸트에 따를 때 '도덕적', '실천적'일 수 없다. 공리주의는 '자연'의 필연성에 의한 영리한 계산일 뿐이다. 공리주의는 '자유'에 속하는 것이 아니라, '자연'에 속하는 생각이다.

지닌 능력이다.

자연 인식에서 우리 마음의 하위 능력들(감성, 오성)을 배후에서 조종하는 이성이 도덕 법칙 인식에서는 전면에서 핵심적 역할을 한다. 그리고 이성 능력이 전자에서는 이론적, 사변적 인식[12]과의 관계에서 작용한다면, 후자에서는 실천적 행위 법칙과의 관계에서 작용한다는 차이가 있을 뿐이다.

이렇게 볼 때, 칸트는 이론적 인식(진)에서나 실천적 인식(선)에서나 이성이 마음의 최고의 상위 능력이라고 보고 있다. 이제, 우리의 마음의 현상 중에서 미의 인식 문제를 칸트가 어떻게 논하고 있는지 살펴보기로 한다.

우리들은 아름다운 것을 좋아하고 추한 것을 싫어한다. 그리고 대상에 대한 미추의 평가는 그 대상을 보는 즉시 우리 마음속에서 일어난다. 즉, 어떤 대상은 그것을 보는 즉시(개념적 추론이 아니라 직접적 감정) 우리 마음속에 아름답다거나 추하다는 생각을 일으키며, 그리고 동시에 우리의 기분이 좋거나(아름답다고 생각할 때) 나쁘다(추하다고 생각할 때).

『판단력비판』에서 칸트는 미 인식이 이론 철학과도 구별되고, 실천 철학과도 구별되고, 또한 본능적인 감각과도 구별된다는 점을 논함으로써 미 인식의 성격을 더욱 명확히 한다. 대상의 인식에 관한 이론 철학이나 올바른 행위 인식에 관한 실천 철학은 각기의 영역의 고유한 보편적인 개념 및 법칙의 인식을 전제로 해서 성립한다. 이 양 영역에서 우리들은 선험적인 능력인 오성(이론 철학) 및 이성(실천 철학)에 의해 우선 보편적인 법칙을 인식하며, 개별적인 지각 및 개별적 행위 상황에서 우리들은 그 상황들을 각 영역의 보편적인 법칙에 의해 규정한다. 이러한 규정은 개별적인 경우를 보편적인 법칙에 포함시키

---

12) 존재, 대상에 대한 인식 영역.

든가, 거꾸로 보편적인 법칙을 개별적인 경우에 적용함으로써 수행된다.

이러한 포함 및 적용은 판단의 형식으로 일어난다. 개별적인 경우와 보편적인 개념 및 법칙을 연결함으로써 하나의 판단이 성립한다. 이런 경우의 판단력을 칸트는 규정적 판단력이라고 부른다. 그런데 아름다움을 인식하는 경우는 상황이 이와 다르다. 현재 내 눈앞의 어떤 대상이 아름답다고 느낄 때(판단할 때), 이 느낌, 판단은 그 개별적인 경우를 내가 이미 인식하고 있는 어떤 보편적인 법칙에 포함시켜서, 혹은 어떤 보편적인 법칙을 그 개별적인 경우에 적용해서 일정한 무엇으로 규정한 것이 아니다. 이 경우에는 "이것은 아름답다"라는 느낌, 판단 외에 아무것도 없다. 이것이 왜 아름다운지를 근거지울, 증명할 다른 상위의 법칙[13]이 전혀 없다.

그러면 어떤 것이 아름답다고 느끼는 마음은 전적으로 주관적인 느낌에 불과한가? 칸트는 물론 미의 느낌은 객관적, 논리적[14] 인식 판단이 아니고 감성적 판단, 즉 취미 판단(주관적)일 뿐이라고 한다. 그럼에도 불구하고 그는 미 판단이 사람에 따라 임의적인 성격을 띠는 방식으로 주관적인 것은 아니라고 한다. 미 판단이 주관적인 느낌이긴 하지만, 그 주관적 느낌은 사람들 사이에 공통성을 갖는 느낌이라고 한다. 즉, 상호주관성의

---

13) 예를 들어 이론 철학에서 "이 세상에는 원인 없이 존재하는 것은 아무것도 없다"라든가, 실천 철학에서 "모든 인간은 단순히 수단이 아니라 목적 자체로서 대해야만 한다"라든가 하는 상위의 법칙을 말한다.

14) 『판단력비판』에서 칸트는 미 판단의 특징을 드러내는 데에 '감성적(미감적. ästhetisch)'이라는 개념과 '논리적(logisch)'이라는 대립적인 개념 쌍을 사용해서 논하기도 한다. 이때 '논리적'이라는 말은 대상에 관한 객관적 지식을 가리키고, '감성적(미감적)'이라는 말은 주관의 느낌에만 관계하는 생각을 뜻한다. 『판단력비판』, Hamburg (Felix Meiner Verlag), 1974, 39-40쪽, 제1절(베를린 학술원판, 제5권, 203-204쪽)(1793년 판에 따른 표시 : 4-5).

느낌인 것이다.

아름다움을 느끼는 것은 각 개인의 마음속에서 일어나는 현상인데, 내가 느끼듯이 남들도 그렇게 느낄 것이라는 것을 어떻게 아는가? 칸트는 주관적 느낌의 보편적 전달가능성의 근거로서 공통감을 전제한다. 칸트가 미 판단을 대상 판단(진)이나 행위 판단(선)과 근본적으로 다른 것으로 구별함으로써, 아름다움의 영역의 독립성을 정초하고자 했으나, 다른 한편으로 칸트는 이 세 가지 영역(진선미)을 하나로 통일시키고 있다.

내가 내 앞에 놓인 장미꽃을 보고 아름답다고 느낄 때, 이 느낌은 어떻게 해서 생기는가? 내 눈앞의 이것을 '장미꽃'이라는 보편적 개념에 포함시킴으로써는 아니다. 앞에서 논했듯이 미 판단은 보편적 개념 및 법칙에 의한 규정적 판단이 아니다. 그러므로 "모든 장미꽃은 아름답다"는 판단의 형식으로서가 아니라, 단지 "이것은(이 꽃은) 아름답다"는 판단의 형식으로서 내 마음속에서 느끼는 방식으로만 미 판단은 일어난다.

그리고 이 느낌은 내 주관 밖에 놓여 있는 이 장미꽃의 다양한 질료적 요소들이 나의 감관을 자극하여 일어나는 것도 아니다. 물론 내 주관 밖에 놓여 있는 어떤 것이 없는데 나의 마음이 상상에 의해 완전히 허구로 만들어낸 느낌은 아니다. 분명히 밖의 어떤 것이 나의 주관을 자극했다. 그러나 그 어떤 것의 질료적 요소들이 아니고, 그 대상의 형식이 나의 주관의 활동을 야기했을 뿐이다. 질료적 요소들은 경험적으로 파악되는 데 비해, 미의 형식은 선험적으로, 순수하게(경험적 요소에서 독립적으로) 파악된다. 칸트에 다르면 미 판단은 순수한 형식미에 대한 판단이다.

그런데 어떤 대상의 순수한 형식미는 나의 주관의 형식에 의해 파악되는 형식미다. 미 판단에서 직접적으로 작용하는 주관의 형식은 상상력과 오성이다. 어떤 대상에서 아름다움을 느끼는 경우, 우선은 상상력이 자유의 나래를 펴고 활동하기 시작하지만 상상력은 자유로이 노는(ein freies Spiel) 가운데 저절로 오성의 법칙에 맞아떨어지게 된다(합법칙성).[15] 그리고 우리들은 상상력의 자유로운 놀이가 저절로 오성의 법칙에 일치할 때 기분이 좋아지며 이때 대상이 아름답다고 느낀다. 칸트에 따를 때, 상상력이 자유로이 나래를 펴되 오성에 일치하지 않고 계속 자기 멋대로 나아갈 때는 기분이 좋지 않을 것이며, 또한 아름답다고 느끼지도 않을 것이다(추하다고 느낄 것이다).

그리고 숭고미의 경우에는 상상력과 이성 사이에 자유로운 일치 현상이 일어나며 나아가 미의 이념 및 도덕성의 이념과도 관계한다. 그리고 미의 이념은 합목적성의 개념에 관계하게 된다. 칸트에게서는 우리가 어떤 대상이 아름답다고 느끼든가 숭고하다고 느낄 때 이 양자의 경우는 규정적 판단이 아니라 반성적 판단이 작용한다. 반성적 판단이라 함은 미리 보편적 개념 및 법칙이 주어져 있지 않은 가운데, 각기 개별적인 경우에 합당한 보편적 법칙을 발견적 방법에 의해 모색해나가는 것을 말한다. 이러한 모색은 반성적 판단력에 의해 이루어지며, 미 판단이나 숭고 판단은 반성적 판단력에 의한 판단이다. 이 양자의 경우, 반성적 판단력은 종국에는 이성의 합목적성 개념에 이르게 된다. 우리들이 무엇이 아름답다고 느끼거나 숭고하다고 느낄 때, 칸트에 따르면 이것은 이성의 궁극 목적에 맞아떨어지는(합목적적) 경우다.

그리고 이성의 궁극 목적은 칸트에서, 그리고 서양의 전통적 사고에서 선의 개념과 필연적으로 연결된다. 이성의 궁극 목적

---

15) 『판단력비판』, Felix Meiner 판, 81-86쪽, 제22절과 "일반적 주석"(베를린 학술원판, 제5권, 239-244쪽)(1793년 판, 68-73) 참조.

이란 달리 표현해서 최고의 절대적 존재의 궁극 목적이며, 최고의 절대적 존재는 서양의 전통에서 선한 존재일 수밖에 없다. 그러므로 칸트 미학에서 아름다움 및 숭고함의 감정은 도덕적 선과 결합되어 있다.

이렇게 볼 때, 칸트의 이론 철학과 도덕 철학이 이원적 세계관에 토대를 두고 있고, 이 양자와 구별되는 미학은 그 자신의 자율성을 주장하고자 하지만, 이론 철학과 도덕 철학은 이성이라는 궁극의 통제적(규제적) 원리에 의해 통일되듯이(자연 + 자유), 미학 또한 이성의 합목적성 원리 위에 기초해 있기 때문에, 칸트에서 진선미의 세 영역은 각기 독립적인 영역이면서도 다른 한편으로는 이성이라는 절대적 이념에 의해 하나로 통일된다는 것을 알 수 있다.

그런데 이러한 통일은 이 세계의 세 영역의 통일이 아니고, 결국 나의 마음의 세 영역의 통일이다. 왜냐 하면 칸트에게서 진선미는 우리의 마음의 구조, 형식에 의해서만 가능하기 때문이다.

3. 칸트 철학에서의 자연

칸트의 비판 철학에서 자연은 물 자체로서의 자연이 아니다. 우리의 주관의 능력과 관계없이 그 자체로 존재하는 자연에 관해서 우리는 어떤 방식으로도 말할 수 없다. 아니, 그러한 것이 존재한다고도 말할 수 없다. 우리는 우리가 인식하는 것으로서의 자연에 대해서만 말할 수 있을 뿐이다.

우리가 인식하는 자연은 현상으로서의 자연이다. 현상으로서의 자연은 질료적으로 파악될 수도 있고 형식적으로 파악될 수도 있다. 자연은 모든 현상들의 총괄로서 질료적으로 본 자연(natura materialiter spectata)[16]이다. 질료적으로 본 자연이라 함은 자연 전체를 내용상으로 파악한 것을 말한다. 그러나 자연의 내용의 전체는 우리의 주관의 형식, 즉 시공 형식과 범주에 종속된다. 범주는 자연의 필연적인 법칙의 근원적 근거다. 그러므로 질료적으로 파악된 자연은 달리 생각하면 형식적으로 본 자연(natura formaliter spectata)[17]이다.

현상으로서의 자연은 심리적 자연(denkende Natur in uns)과 물리적 자연(körperliche Natur)으로 나뉜다. 칸트에게서 자연은 경험 가능한 대상 세계다. 우리가 경험할 수 있는 세계는 우리의 감성 구조 및 사유 구조에 의해 파악할 수 있는 세계다. 그런데 사유 구조에 의한 파악에 앞서 감성 구조에 의한 파악이 선결 조건이다. 우리의 감성에 의해 지각되지 않고 다만 사유 가능한 것이라면, 그것은 우리의 세계가 아니다. 우리들은 주위에서 물체들을 지각하며 마음들을 지각한다. 인간의 신체를 포함한 물체들과 나를 포함한 사람들의 다양한 심리 현상인 마음들을 우리의 감성 구조인 시공 형식에 의해 지각하며, 나아가 이것들을 범주에 의해 사유한다.

우리가 경험할 수 있는 자연은 개별적 현상들이다. 그것이 물리적 현상이건 심리적 현상이건 우리들은 그것들을 보편적 존재로서가 아니고 개별적 사태로서 경험한다. 그런데 인간의 경험적 지각에는 특이한 성질이 있다. 어떤 개별적 사태를 지각할 때, 그 개별적 사태를 완전히 고립된, 독립적인, 유일한 현상으로서 지각하는 것이 아니다. 이 지각에는 두 가지 서로 다른 '관계'가 들어 있다. 하나는, 개별적 사태를 단순히 여러 부

16) 『순수이성비판』, B 163.
17) 『순수이성비판』, B 165.

분들의 모음, 집합으로 지각하는 것이 아니라 이미 하나의 통일체로 지각한다는 것이다. 그리고 둘은, 그 개별적 통일체를 그 외의 무수히 많은 개별체들과의 관계에서 지각한다는 것이다. 이 관계는 나아가 또 두 가지 '관계'를 포함하고 있다. 어떤 개별체를 그와 유사한 개별체들과의 관계에서 서로 '유사한' 것으로 본다는 것과, 다른 면으로는, 어떤 개별체를 그것과 다른 것들과의 관계에서 서로 '다른' 것으로, 서로 '구별되는' 것으로 본다는 것이다. 그런데 어떤 개별체를 그와 유사한 것들과의 관계에서 본다는 것과, 그것을 그와 구별되는 것들과의 관계에서 본다는 것은 사실은 동일한 의미다. 어떤 것의 동일성을 파악하는 것은 차이성을 파악함으로써만 가능하기 때문이다.

이렇게 볼 때 개체에 대한 지각은 개체를 하나의 통일체로 지각하는 것을 뜻한다. 어떤 것을 지각한다는 것은 그것을 단일체로 지각한다는 것과 같다. 물론 그 개체의 많은 부분적 요소들도 지각한다. 그러나 부분적 요소들을 지각함은 그 부분적 요소들이 어떤 개체(통일체)에 속하는 것으로 지각된다는 것을 전제하고 있다. 개체(In-dividuum)는 더 이상 나눌 수 없는 궁극적 단위다.

그런데 개체라는 궁극적 통일체는 다른 통일체들과의 관계에서만 인식 가능하다. 우리들은 사물들 및 사태들을 서로 관계짓지 않고는 지각할 수도 없다. 이 관계는 수평적 관계일 수도 있고 수직적 관계일 수도 있다. 수평적으로는 유사한 것들 간의 관계와 서로 구별되는 것들 간의 관계들이 있고, 수직적으로는 인과간의 관계가 있다. 수평적 관계에 대해서는 위에서 말했으니, 여기서는 수직적 관계에 대해서 논하기로 한다.

우리들은 이 세상의 현상들에 관해 인과적으로 생각하는 마음 구조를 갖고 태어났다. 어떤 사태가 일어나면, 그것에는 반드시 원인이 있을 수밖에 없다고 생각한다. 인과 관계에 대한 이러한 생각을 계속 소급해 올라가다 보면, 위로 올라갈수록 원인의 수가 적어지고, 궁극적으로는 최초의 단 하나의 원인에 대한 생각에 미치게 된다. 물론 이와 다른 사유 방식도 가능하다. 모든 존재는 그것이 물질이든 마음이든 각기 원인을 갖고 있고, 그 원인들은 위로 소급해 올라가도 여전히 무한히 많은, 다양한 원인에서 유래한 것이며, 이러한 생각에 따르면 이 세계는 궁극의 단 하나의 원인에 의한 전개 과정일 수 없다. 그러나 서양의 전통적 사고에서는 이 세계를 최초의 궁극 원인에 의해 생각하고자 하는 추세가 우세했다. 칸트도 그의 전 철학 체계에서 이러한 추세를 따르고 있다.

우리가 경험할 수 있는 세계는 언제나 그 이전의 원인에 의해 생겨난다. 원인과 결과의 이러한 관계는 필연적이다. 필연적 인과 관계는 기계론적으로 전개된다. 어떤 원인이 있으면 그 원인의 본성에 따라 결과는 기계적으로 발생하는 것이다. 이렇게 해서 자연의 전 체계는 인과적으로, 기계론적으로 설명될 수 있다. 기계론적 세계는 자연의 왕국(Reich der Natur)이다.

그런데 자연의 왕국은 어떻게 해서 생겨나게 되었는지는 자연의 왕국의 체계 내부에서 설명될 수 없다. 자연 안에서 그 근거를 찾으려해도, 자연 속의 어떠한 것이든 다른 원인에서 생겨난 것이기 때문에 궁극적 근거는 자연 안에 있을 수 없다는 것을 인정하게 된다. 그리하여 자연의 왕국의 근거는 자연의 왕국의 외부에서 찾을 수밖에 없게 되고, 그 외부의 원인은 자연의 왕국의 일원이 아니다. 칸트는 자연의 왕국의 원인을 자유의 왕국, 목적의 왕국에서 찾는다. 무한히 기계론적으로 운행되는 이 자연에서 그러한 운행의 시발점은 궁극적 목적이고, 궁극적 목적은 절대적 자유 의지를 지닌 존재의 목적이다. 자연의 기계론과 궁극적 자유의 존재의 목적론은 본질적으로 구별되는 법칙이지만, 이 자연 세계를 설명하기 위해 동시에 필요한 법칙이기도 하다.

칸트는 『순수이성비판』에서는 자연의 왕국을, 『실천이성비판』에서는 자유의 왕국을, 그리고 『판단력비판』에서는 이 양자의 왕국의 연결점을 논하고 있다. 그런데 칸트가 이 세 가지 비판서를 통해 이와 같이 논의를 전개하고 있는 근거는 바로 우리 인간들의 사고의 본성에 놓여 있다. 우리들은 어떤 개체를 지각하는 데에 그 개체를 독립체, 통일체로 지각하며, 그리고 그 독립체들을 인과 관계에 따라 사고하며, 그리고 나아가 인과 관계의 궁극, 즉 더 이상 다른 원인을 필요로 하지 않는 최초의, 최고의 궁극 원인에 의해 이 세계 전체를 설명하고자 한다.

이러한 설명 욕구는 인간의 본성이다. 이러한 본성은 세계를 하나의 전체의 체계로 보는 것과 관계가 있다. 인간은 각 사물을 독립적인 사물 자체로 파악할 수 없다. 우리가 만일 모든 개체를 사물 자체로 파악할 수 있다면, 우리는 아마 개체를 통일적 단일체(In-dividuum)로 볼 필요도 없고, 각 개체를 다른 개체들과의 관계에서 볼 필요도 없고, 인과 관계에 따라 볼 필요도 없고, 또 궁극 원인에 따라 설명하려고 할 필요도 없을 것이다. 이미 어떤 개체를 '그 자체로' 인식할 수 있다면, 다른 관들과의 '관계에 의해' 파악할 필요가 없을 테니까.

그렇지만 우리들은 지각 능력, 인식 능력의 한계 때문에 '관계짓지' 않고는 인식할 수 없다. 어떤 사물 하나를 지각할 때, 우리들은 하나의 전체 공간과의 '관계에서', 하나의 연속적인 시간과의 '관계에서', 그리고 보편적 개념과의 '관계에서' 지각한다. 그리고 더 나아가 자연의 각 사물들을 하나의 전체의 자연과의 '관계에서' 생각하고, 이 하나의 전체의 자연은 궁극 원인과의 '관계에서' 생각한다. 이것은 인간의 인식 능력의 본성이자 한계다.

칸트의 이러한 사고에 따를 때, 칸트에서 자연의 개념은 인간의 능력과 연관되지 않을 수 없다. 그리고 자연에 대한 궁극적 설명[18]은 이성 개념과 연관되지 않을 수 없다. 칸트에게서 이성은 하나의 전체적 체계를 지닌 능력이고, 이에 대응하는 자연 및 세계 또한 하나의 전체적 체계다.[19]

4. 칸트 철학에서의 문화와 역사

정보 사회가 발전함에 따라 우리들은 자칫 환상을 품을 수 있다. 이제 인터넷을 통해 누구나 쉽사리 다양한 정보에 접할 수 있으니까 이 세상은 예전보다 훨씬 평등해지고 사람들간에 상대적 박탈감 현상도 훨씬 덜하게 될 것이라고. 정보화 사회를 간단히 진단하기는 어렵지만, 적어도 이것 한 가지는 명확히 예견할 수 있다. 앞으로도 우리의 사회에서 경쟁, 투쟁의 요소가 소멸하는 날은 없을 것이라고.

현실적으로 이전의 공산주의 국가 중 많은 나라가 그 체제를 포기한 오늘날 계급 투쟁이라는 말은 진부한 말이 되어버렸다. 공산주의가 적어도 지상의 많은 곳에서 힘을 발휘하고 있을 때

---

18) 특히 『판단력비판』, 『철학의 목적론적 원리의 사용에 대해서』, 『순수이성비판』 중의 "변증론"에서 자연과 이성과 목적론의 관계를 칸트가 어떻게 논하고 있는지 참고할 수 있다. 『철학의 목적론적 원리의 사용에 대해서』는 베를린 학술원판 제8권, 157-184쪽 (W. Weischedel 간행, Darmstadt 1983, 칸트 전집 10권 중 제8권, 139-179쪽)에 들어 있다.

19) 하나의 체계로서의 이성과 자연의 관계를 칸트는 『순수이성비판』 서언(Vorrede) 초판과 재판을 통에서 이미 명백히 표현하고 있다.

자본주의 국가에 대한 투쟁이라든가 자본가들에 대한 노동자들의 투쟁도 의미가 있지, 특히 오늘날 자본가와 노동자 사이에 협상 및 대화를 통해 문제 해결을 시도해나가고자 하는 움직임이 커지는 시점에서 투쟁의 기운은 점점 약해질 수밖에 없다. 그리고 투쟁을 위한 호소는 시대에 뒤떨어진 과격한 급진주의자쯤의 생각으로 폄하되기 십상이다.

그러나 사회 곳곳의 문젯거리들을 들여다보면 그 속에는 여전히 계급간의 괴리 현상이 숨어 있다는 것을 알게 된다. 그리고 기득권층에 속하는 계급은 자신의 굳건한 성벽을 더 튼튼히 쌓아 거기에 속하지 못하는 계급이 절대로 침범해 들어오지 못하게 언제나 무장하고 있다는 것을 알게 된다. 이러한 일은 문명 사회일수록 허울좋은 이론, 학문의 이름으로, 그리고 약자를 위한다는 명분으로 위장되곤 한다. 그리하여 기득권층에 속하지 못하는 이들의 투쟁 의지는 계속 약화되기 때문에 그들 자신의 신분[20]을 개선한다는 일은 점점 요원한 일이 되어버린다. 이에 비례해서 기득권의 범위 및 세력은 점점 커진다.

칸트는 우리들이 사회의 불합리한 요소를 제거하고 점점 더 나은 세상으로 만드는 길은 투쟁[21]의 방식일 수밖에 없다는 것

---

20) 현대에 '신분'이라는 말은 어불성설로 들릴 수 있다. 자유와 평등의 사회에서 '신분'이라니! 그러나 고대, 중세, 근세와 또 다른 신분이 우리 사회에 뿌리박고 있을 뿐 아니라, 그 뿌리는 아주 복잡하고도 단단히 얽혀 있다는 것을 알게 된다. 이 구조는 합리적 이성으로도 열정적인 의지로도 타파하기 힘든 구조다. 그러나 이러한 구조를 타파하려는 의지가 없다면 학문이 무슨 소용이 있겠는가.

21) 여기에서 투쟁은 반드시 폭력적 투쟁을 뜻하지는 않는다. 폭력을 사용하지 않고도 사회 구성원들의 의견을 결집하고, 그러한 의견 결집을 위해 지도자들이 강력한 의지를 갖고 인도하는 등의 노력이 가능할 수 있다. 이러한 노력은 사회적 여건이 어렵더라도 부단한 의지와 확고한 목표를 갖고 지향할 때 실현될 수 있다.

을 잘 알고 있었다. 우리들은 이러한 논지를 특히 그의 『학부들간의 투쟁』[22]을 통해서 확인할 수 있다. 『학부들간의 투쟁』에서 학부들이란 신학부, 법학부, 의학부 그리고 철학부를 가리킨다. 이 학부들간의 '투쟁'은 그 당시 독일 사회 (및 유럽 사회) 구조 속에서 이 학부들이 차지하는 일종의 권력 관계에 의해 야기되는 투쟁이다. 그러므로 이 투쟁은 단지 대학 사회 내부의 문제로만 한정되지 않는다. 그것은 정부와의 관계에서 각 학부가 지니는 역학 관계를 드러내며, 나아가 그 당시 독일 사회의 지배 구조를 보여준다. 칸트는 신학부, 법학부, 의학부를 묶어 상부학부(obere Fakultäten)라고 부르고 철학부는 하부학부(untere Fakultät)라고 부른다. 철학부에는 역사, 지리학, 언어학, 자연학, 순수수학, 순수철학, 자연형이상학, 도덕형이상학[23] 등이 속한다.

상부학부에 속하는 학부들이 '상부'인 이유는 정부의 권력과 관계가 있기 때문이다. 정부는 그 사회의 구성원들을 질서 속에서 통제하고자 한다. 사회를 통제하는 도구(Werkzeuge)로서 칸트 당시의 주요 부문은 성직자, 재판관, 의사였다.[24] 이들 세 가지 부문에 종사하는 사람들은 단지 정부의 관심을 통해서만

---

22) 이 책의 제목은 *Der Streit der Fakultäten* 으로, 우리들은 이 책의 명칭을 『학부들간의 논쟁』이나 『학부들간의 싸움』으로 번역할 수도 있다. 그러나 이 책을 자세히 읽어보면, 단순히 여러 학부들간의 '논쟁'이 아니라, 사회의 구조적인 역학 관계에 대한 의식을 갖고, 기존의 부조리한 역학 관계를 개혁 및 변혁하고자 하는 '투쟁 의지'가 중요하게 작용하고 있다는 것을 인정하게 된다. 그러므로 폭력으로서의 투쟁이 아니라 사회 개혁 의지로서의 투쟁이 이 책에서 중요한 의미를 지니고 있다고 생각되어, 제목을 『학부들간의 투쟁』이라고 옮겼다. 1798년에 최초로 출판되었으며, 베를린 학술원판의 칸트 전집에는 제7권 속에 들어 있고, W. Weischedel에 의해 간행된 칸트 전집(10권, Sonderausgabe : Darmstadt, 1983)에는 제9권 속에 들어 있다.

23) 베를린 학술원판, 제7권, 28쪽(바이셰델 판, 제9권, 291쪽).

24) 베를린 학술원판, 제7권, 18쪽(바이셰델 판, 제9권, 280쪽).

존재하는 것이 아니다. 국민들 측에서의 관심과 서로 맞아떨어지기 때문에 정부는 이들을 이용해서 국민들을 통제하고, 국민들 또한 자기네들의 관심사 때문에 정부에 복종한다.

국민들은 현생의 행복과 영생을 원하고, 사회 구성원으로서의 소속감을 갖고 살기를 바라며, 건강 및 장생을 바란다. 국민들의 이러한 바람과 정부의 관심에 의해 한쪽은 명령하고 지배하는 계급이 되고 한쪽은 굴종하는 계급으로 된다. 이렇게 해서 정부는 스스로 더 나은 존재라고 생각하게 된다.

공적으로 제정된 노선에 따라 정부는 사회의 각 구성원들의 마음에 '영원한 행복'에 대한 생각에 커다란 영향을 미치며, 공적인 법이라는 재갈에 의해 시민들의 외적인 관계를 방향지으며, 신체적 건강 및 장생의 방법에 노선을 정해준다.[25]

국민들에 대한 이러한 영향에 근거해서 대학 안에서 신학부, 법학부, 의학부는 '상부' 학부의 위치에 서게 된다. 그리고 그 서열은 신학부, 법학부, 의학부의 순서다.[26] 그런데 철학부는 왜 '하부' 학부인가? 철학부는 정부에게 이익이 되는 관심사가 아니기 때문이다. 철학은 단지 학문의 진리에만 관심을 갖고 있으며, 절대적 자유의 존재로서의 인간이 추구하는 것이다. 그리고 국민들 측에게도 철학은 어떠한 권력으로써 명령을 내릴 수가 없다. 아니, 철학은 명령하고자 하는 관심을 전혀 갖고 있지 않다. 그렇기 때문에 철학부는 정부에 대해서나 국민들에 대해서나 권력이 없는 '하부' 학부에 지나지 않는다.

---

25) 요즈음은 칸트 당시에 비할 수 없을 만큼 의학이 발달하여 정부가 의학에 직접적으로 영향을 미친다고 하기 어렵지만, 그 당시에는 의사들의 치료법에도 정부가 직접적인 영향을 미친 것으로 보인다.

26) 그러나 국민의 자연 본능(Naturinstinkt)에 따를 때는 의사, 법조인, 성직자의 순서일 것이라고 칸트는 말하고 있다. 베를린 학술원판, 제7권, 22쪽(바이셰델판, 제9권, 283쪽).

그러나 진리의 관점에서는 상부 학부와 하부 학부의 위치는 전혀 다르다. 철학부는 이성의 자율에 따라 자유로운 판단을 하며 오로지 이성의 입법에 복종할 뿐, 정부의 입법에 복종하려 하지 않는다.[27] 그에 비해 상부 학부의 이론은 이미 정부의 기본적 방침 및 명령을 따르도록 되어 있다. 상부 학부는 정부에 유용한 기능을 함으로써 '상부'의 권력을 향유한다.

이들 상부 학부의 학문적 성격은 정부에 의해 위임받은 바를 전파하는 기능으로서, 신학부는 성서를, 법학부는 국법을, 의학부는 인준된 의술을 각기 그 규범으로 삼는다. 성서(일정한 해석에 따른), 국법, 인준된 의술에 의해 상부 학부는 국가의 질서를 보위해주며, 국가는 그러한 보위의 대가로 이 세 기관에게 특권을 준다.

그런데 성서는 이성에서 나온 것이 아니라 절대적 신앙에 토대를 둔 것이며, 국법 역시 이성에 기초한 자연법에서 나온 것이 아니라 인위적 국법(Landrecht)이며, 의술 또한 인간 신체에 대한 순수 물리학적 탐구(이성에 근거한)에서 비롯한 것이 아니고 관습적인 의술에서 기인한다.

그러나 신학부와 법학부와 달리, 의학부는 단지 상부의 명령에 따라서만[28] 행하는 것이 아니라 사물 자체(신체)의 성질에도 커다란 관심을 갖고 있기 때문에, 상부 학부 중에서도 독자성이 더 크다고 할 수 있다. 그렇기 때문에 의학과 철학은 넓은

---

27) 베를린 학술원판, 제7권, 27쪽(바이셰델판, 제9권, 289-290쪽) 참조. 물론 철학부도 현실적으로 많은 제재를 받지만, 철학 그 자체의 성격으로 볼 때, 정부의 인위적인 법에 종속되지 않는다는 뜻이다.

28) 신학부는 성서에 따르는데, 신학부가 정부의 명령에 종속된다는 것은 당장은 기이하게 들릴 것이다. 하지만 달리 생각해 볼 때, 많은 경우 종교는 그 사회를 지탱해주는 도구 노릇을 해왔다. 근세에 들어와 성직자들의 권력이 세속의 국가 힘보다 약화되면서 성직자들은 국가에 봉사하는 경향이 커지게 되었다. 종전에는 세속의 세력이 성직자의 권력에 종속되었다면.

의미에서는 철학부에 속해야 한다. 그러나 정부는 국민들의 안녕을 위해 의사들에게 공적인 방침을 지시해주기 때문에, 의사들은 단지 의술의 경찰(medizinische Polizei)로서 정부의 관심에 따라 움직이는 의학부에 종속되는 존재들이다.[29]

이런 의미에서, 상부 학부가 양성해내는 성직자, 법조인, 의사는 정부의 관리(Geschäftsmänner, Geschäftsleute)에 불과하다. 그들은 스스로의 이성에 따라 자율적으로 사고하는 사람들이 아니다. 정부의 공무를 대신 수행하는 사람들(Praktiker)로서 국민에게 영향을 미친다.[30]

그런데 상부 학부와 하부 학부는 투쟁할 수밖에 없게 된다. 하부 학부는 궁극적인 진리에 관심을 갖고 있으며 이성이 명하는 바에 따라 생각하고 말할 권리를 주장한다. 그리고 국민들 또한 그러한 권리를 지닌 존재로 스스로 자각하도록 계몽하고자 한다. 하부 학부인 철학부는 이것을 단지 권리로서만이 아니라 의무로 생각한다. 기존의 권리를 고수하고자 하는 상부 학부와 이에 의혹의 눈길을 보내며 비판하는 철학부 사이에 투쟁은 불가피하다(unvermeidlich).[31]

상부 학부와 철학부를 혼합, 절충함으로써 이 투쟁을 해소하려고 해서는 안 된다. 궤변으로써 이 양자를 섞을 수는 없다. 이 양자간의 어울리지 않는 결혼(Mißheirath)[32]은 문제를 더 어렵게 할 뿐이다.

정부의 임의적 제재에 의한, 공적인 판단의 자유에 대한 모든 제한을 철폐하는 것을 지향하면서 철학부는 점점 국민(시민)의 의사와 일치하게 되고(계몽에 의해), 언젠가는(dereinst) 하부

29) 베를린 학술원판, 제7권, 26-27쪽(바이셰델판, 제9권, 288-289쪽) 참조.
30) 베를린 학술원판, 제7권, 31쪽(바이셰델판, 제9권, 294-295쪽) 참조.
31) 베를린 학술원판, 제7권, 32쪽(바이셰델판, 제9권, 296쪽).
32) 베를린 학술원판, 제7권, 23쪽(바이셰델판, 제9권, 285쪽).

학부인 철학부가 상부 학부가 될 날이 올 것이라고 칸트는 희망하고 있다. 그러나 철학부가 상부 학부가 된다 해서, 종래의 상부 학부인 신학부, 법학, 의학부가 정부의 권력과의 관계에서 누린 인위적 힘으로서의 '상부'가 아니라, 참다운 진리의 힘에 토대를 둔 '상부'가 될 것이다. 그렇게 되면 철학은 직접 권력을 장악함으로써가 아니라, 권력을 가진 자들(정부)에게 자문함으로써 철학의 통찰력을 보여줄 수 있을 것이다.[33]

이러한 논의를 통해서 볼 때, 칸트는 사회가 이성이 인도하는 바에 따라 발전하도록 하기 위해서는 서로 상이한 관심을 가진 집단들이 투쟁하게 됨을 필요불가결한 과정으로 보았다.

투쟁이 필요불가결하다 함은 사회의 진정한 발전은 현재 자신이 속한 사회 속에서 어떤 일정한 지향점을 향해 부단히 노력함으로써만 가능하다는 것을 말한다. 이러한 부단한 노력은 단지 개인적 의식이나 혹은 영원을 향한 절대적 의식이 아니라, 사회 구성원들의 권력 관계를 통찰함으로써 그 권력 관계를 공적이고(öffentlich) 자유로운(frei) 의사 결정에 따라 합리적으로 유도하고자 하는 사회적 의식과 결합되어 있을 때만 그 사회의 개혁 및 변화를 야기할 수 있다. 문화 및 역사의 바람직한 방향으로의 발전을 위해서 사회 구성원들간의 투쟁은 필수적 요소인 것이다.

칸트는 앞에서 고찰했듯이, 인간을 본질적으로 이성적인 존재로 보았으며, 자연 또한 이성의 궁극 목적이 실현되어가는 자리로 보았다. 그렇다면, 시간이 지남에 따라 사회는 이성이 제 기능을 발휘할 수 있도록 발전되지 않을까? 칸트는 왜, 그 당시 사회의 구성원들 중에서 지배층의 입장을 대변한다고 본 사람들(신학부, 법학부, 의학부)을, 진리를 당위로 삼아 추구하

33) 베를린 학술원판, 제7권, 35쪽(바이세델판, 제9권, 299-300쪽) 참조.

는 사람들(철학부)이 표적으로 하여 투쟁해야 함을 주장했을까? 그 이유는 바로 인간의 본성에 놓여 있다. 인간은 다른 동물들과 달리 이성(자유)을 본질적 속성으로 하지만, 다른 한편으로 인간은 다른 동물들과 같은 '자연'을 본질적 속성으로 갖고 있다. 칸트에 따르면 인간은 이원론적 존재인 것이다.

우리들은 사회 속에서 반성적으로 숙고하며 살아가는 자세를 포기한다면, 누구나 쉽사리 이기적인 본성 쪽으로 자연스럽게 기운다(경향성). 이것은 지식인이건 그렇지 않건 마찬가지다. '반성적' 태도를 버리는 경우, 지식인일수록 사회에 더 큰 악이 될 수도 있다. 지식을 교묘하게 이용하여 다른 사람들을 조작, 통제, 억압하는 사회 장치를 마련하고, 나아가 그러한 사회 장치를 사회 전반적인 구조로 만들어가는 힘을 갖게 된다. 그러한 힘이 점차 사회의 당연한 체제로 굳어져버리게 되면, 그 사회 속에서 개인들의 삶은 왜곡될 수밖에 없다.

칸트는 그 당시의 사회에서 지식인들로 이루어진 지배층에서 이러한 왜곡된 구조를 보고, 반성적으로 사고하며, 이러한 왜곡된 구조를 타파하고자 한 것이다. 인간 속에 본질로 갖추어진 절대적 이성도 사회 속에서 의식적으로 계발하려는 노력 없이는 현실적으로 현상할 수 없다. 그리고 사회 안에서 왜곡된 요소들을 끊임없이 비판하고, 그 왜곡된 요소들에 의해 삶이 왜곡되어 있는 힘없는 사람들(국민, 시민)을 부단히 계몽하려는 긴장적 노력 없이는 문화의 역사란 실현될 수 없다는 것을 칸트는 꿰뚫고 있었다.

칸트는 역사를 이성이 발현하는 과정으로 보았다. 이성의 발현이 바로 문화다. 그런데 이성의 발현으로서의 문화는 인간의 의식적인 자각에 의해서만 가능하다. 칸트는 사회 속에서 왜곡된 힘의 구조를 이용하여 자기네들의 이익을 우선시하는 사람들, 그리고 그러한 바탕 위에서 다른 나라에 대한 침략 전쟁을 정당화하며 국민을 전쟁으로 몰아가는 지배층의 논리를 주시하며 철학자로서의 자신의 사명을 명백히 자각하고 있었다. 그것은 국가 안에서나 국가들간의 관계에서나 이성이 충분히 계발되어 세계시민적 공동체를 지향하며 나아가도록 선도하는 것이었다.[34)]

5. 맺음말

우리들은 흔히 문화와 자연을 서로 대립된 의미를 지닌 것으로 파악한다. 필자는 서두에서 로크의 견해를 통해서 그러한 의미를 서술했다. 그러나 칸트의 철학에서 이 양자의 개념은 결코 대립된 것이 아니다. 자연의 이념을 인간이 자신의 이성능력에 따라 계발해낸 것이 문화다.

자연의 이념은 인간 사회에서 저절로, 자연적으로 전개되지 않는다. 우리들 각자 자신의 안에 있는 능력 및 소질을 자각하여 사회 속에서 그 능력 및 소질을 실현시키려는 의지가 없다면 자연의 이념은 우리에게 숨겨진 채 있을 것이며, 문화는 실현될 수 없을 것이다.

프랑스혁명이 실패로 끝났다고 해도 그 혁명이 일어났다는 사실 자체는 변할 수 없으며, 그 사건은 인간의 의식을 한 단계 비약시킨 것이 된다. 더 바람직한 삶, 더 바람직한 사회 실현에 대한 소질이 인간의 심성 속에 있다는 것을 사람들에게 이미

---

34) 특히 『세계시민적 관점에서 본 보편사의 이념』(베를린 학술원판, 제8권), 『영구 평화를 위하여』(베를린 학술원판, 제8권), 『학부들간의 투쟁』을 통해서 칸트의 이러한 생각을 읽을 수 있다.

자각시켰기 때문이다.[35] 칸트에게도 프랑스혁명은 커다란 인상을 남긴 사건이었다.

앞 장에서 논의했듯이, 칸트는 지식인들간의 논쟁 및 투쟁을 통해서 사회 구조의 개혁을 희망했으며, 헌법의 제정 및 개정을 통해 사회의 이성적 발전이 가능하다고 보았다.[36] 칸트는 사회의 구조적 변화를 통해서만 인간 사회의 진정한 발전이 가능하다고 보았다. 그리고 사회 안에서 예술과 학문을 통해 스스로를 개화하고 문명화하고 도덕화해야 하는 것은 인간의 이성에 의해 부과된 사명을 수행하는 길이라고 생각했다.[37] 이러한 문명화, 도덕화를 위해 교육의 역할이 중요하다. 교육에 의해 인간의 '자연성'이 '인간성'으로 교화, 문명화된다. '인간성'의 이상은 도덕성의 실현이고, 도덕성이 사회 속에서 실현된 것이 최고의 문화 형태다.

□ 참고 문헌

Locke, J., *Two Treatises of Government*, New York(Hafner Publishing Company), 1947.

Kant, I., *Kritik der reinen Vernunft*, Hamburg(Felix Meiner Verlag), 1956.

---

35) W. Ritzel, *Immanuel Kant*, 베를린 / 뉴욕(Walter de Gruyter), 1985, 639쪽 참조.

36) 칸트는 공화제 헌법(republikanische Verfassung) 및 시민사회 헌법(bürgerliche Verfassung)을 지지했다.

37) 칸트, 『실용적 관점에서 본 인간학』, 베를린 학술원판, 제7권, 324-325쪽(바이셰델판, 제10권, 678쪽) 참조. 위의 제목으로 밀양산업대 이남원 교수가 번역하여 1998년 울산대 출판부를 통해서 출판함.

Kant, I., *Kritik der praktischen Vernunft*, Hamburg(Felix Meiner Verlag), 1974.

Kant, I., *Kritik der Urteilskraft*, Hamburg(Felix Meiner Verlag), 1974.

Kant, I., *Der Streit der Fakuktäten*, 베를린 학술원판, 제7권(Weischedel 간행, 칸트전집 10권(Sonderausgabe) 중, 바이셰델판 제9권).

Kant, I., *Anthropologie in pragmatischer Hinsicht*, 베를린 학술원판, 제7권(바이셰델판, 제10권).

Kant, I., *Über den Gebrauch teleologischer Prinzipien in der Philosophie*, 베를린 학술원판, 제8권(바이셰델판, 제8권).

Kant, I., *Idee zu einer allgemeinen Geschichte in weltbürgerlicher Absicht*, 베를린 학술원판, 제8권(바이셰델판, 제9권).

Kant, I., *Zum ewigen Frieden*, 베를린 학술원판, 제8권(바이셰델판, 제9권).

Ritzel, W., *Immanuel Kant*, Berlin / New York(Walter de Gruyer), 1985.

앙드레 모로아, 『프랑스사』(신용석 옮김), 서울, 기린원.

칸트 미학에서 공통감과 사교성의 문제*

김 광 명

1. 들어가는 말

지난 세기의 100년 동안 인류가 이룩하거나 겪은 변화의 폭은 그전 1000년 동안의 변화를 합한 것보다도 컸다고 한다. 그러나 우리는 변하는 것과 변하지 않은 것이 공존하는 동시대에 살고 있다. 그리고 이 양자는 서로 연관 속에 있다. 변하지 않은 것 속에서 변하는 것을 찾기 위한 노력이 새로운 해석이요 이해라 한다면, 칸트 미학은 이러한 시도를 위한 보고(寶庫)임에 틀림없다.

칸트 사상의 형성 과정을 보면 그의 『판단력비판』으로 가는 지적 노력을 볼 수 있는데, 무엇보다도 칸트 사상의 중요한 특징 가운데 하나를 건축술적 체계성(*KrV*, A832, B860)에 있다고 할 때, 공통감과 사교성(社交性. Geselligkeit)의 문제는 그의

* 본 논문은 2002학년도 숭실대학교 교내 연구비의 지원에 의해 이루어졌음.

사회철학 혹은 정치철학에의 연결 시도를 엿볼 수 있는 용의주도한 작업이 아닐까 생각해본다. 우리가 잘 알고 있듯이 칸트 미학은 미의 본질에 대한 해명이 아니라 미의 판정 능력에 대한 탐구며, 나아가 취미를 위한 규칙들을 수립하여 예술에서의 기준들을 세우는 일이다.[1] 1763년 칸트의 글인, "부정적 크기의 개념을 철학에 도입하는 시도"를 전후하여 방법론적으로나 구체적인 형이상학적 문제의 토론에서나 중요한 분수령을 맞게 된다.[2] 바로 여기서 '아름다움'과 '감성적인 것' 사이의 대비를 미에 대한 객관주의적 이론을 견지하면서도 미에 대한 감정적 반응의 개별성, 주관성을 염두에 두는 칸트의 태도를 엿볼 수 있다. 칸트가 미의 객관주의 입장을 표방하면서도 개별성과 주관성을 늘 염두에 두는 태도에 그의 독특한 미적 태도가 있다고 하겠으며, 이러한 문제지평은 공통감과 이의 확장으로서의 사교적 영역에서 만나게 된다.

이른바 공통감은 감성적 인식의 혼연함을 드러내게 되는데, 이는 감성계의 고유한 인식론적 위상과 그것의 인식적 판명함의 관계에서 인식의 지평을 넓힐 수 있게 된다. 이는 바움가르텐(A. G. Baumgarten : 1714~1762)이 말하는 이성의 유비 혹은 유추로서 감성을 해석하고 있는 것과 연관하여 그 의미가 크다고 할 것이다. 감성적인 진리는 가상적인 방식으로 존재하는 진리다. 여기서 허용된 가상은 거짓(Lüge)이 아니라 비진실

---

1) Hannah Arendt, *Lectures on Kant's Political Philosophy*, ed. and with an Interpretive Essay by Ronald Beiner, The University of Chicago Press, 1982, Fifth Session, P.32.

2) 비판 시기 이전에 이미 비판 시기 칸트 미학의 핵심적인 문제 의식과 그 해결 방향을 큰 줄기에서 상당한 정도의 '성과'를 얻고 있다면, 이로부터 제3비판이 나오기까지 30여 년간 미학의 출현에 대한 칸트 자신의 회의적이며 소극적인 태도는 아마도 건축술적 체계 구성을 위한 엄격한 숙고의 과정이었을 것으로 생각된다.

또는 비진리(Unwahrheit)다. 또한 감성적 가상을 인식하는 관찰자가 대상에 대해 무관심한 방식으로 만난다고 했을 때 가상과 무관심의 관계는 실제적, 이론적인 것과의 분명한 거리를 뜻한다. 이때, 가상 개념은 무관심성을 전제한다. 감성적 진리가 즐거움을 동반하며, 통일성을 지각하고 완전성 개념의 내적 구조에 의존한다고 볼 때, 이는 감성적 이미지들이 이루는 독특한 질서 원리의 결과로 보인다. 감성적 이미지들은 공통감의 원리에 근거한 사교성의 문제를 담고 있다.

본 논문에서는 미적 판단의 근간이 되는 감성의 문제를 인식의 관점에서 논의하고 그 공통의 기반이 되는 공통감의 이해를 통해 사교성의 의미를 적극적으로 드러내고자 한다. 아울러 이때, 감성을 근거로 하는 미적 판단은 논리적 판단과 어떻게 다르며, 또한 그것은 어떠해야 할 것인가를 밝히고자 한다.

2. 감성적 인식으로서의 공통감

감성론 혹은 감성학이란 감관 기관에 의해 지각되는 것에 관한 이론적 탐구다. 감관 기관에 의해 지각된 것은 곧 감성적인 것으로서, 이는 개념적 사고에 의해 파악된, 명석하고 판명한 이성적인 것에 비해 혼연하고 저급한 것으로 받아들여진다. 라이프니츠(G. W. Leibniz : 1646~1716)나 볼프(Ch. Wolff : 1679~1754)의 흐름을 이어받은 바움가르텐에 이르러 이성적 인식에 관한 학인 논리학(Logica)에 상대되는 것으로서 감성적 인식의 학인 감성학(Aesthetica)이 등장하게 되었다. 논리학의 중심 문제가 진위 판단을 전제로 한 진(眞)의 문제라면, 감성학의 인식 목표는 궁극적으로 미(美)인 것이다. 추상적, 개념적 사고를 통해 얻어지는 이성적 인식에 대해, 감각이나 지각 등 사물의 직접적 작용에 의해 주어지는 대상 인식을 감성적 인식이라 한다. 감성적 인식은 감각, 지각, 표상이라는 세 가지 형태로 구별된다. 감각은 사물이 감각 기관에 미치는 작용의 결과로 얻어지는 대상의 개별적 특성의 모습이다. 지각은 이러한 감각의 복합으로 얻어지는 대상의 객관적 관계에 대한 인식으로서, 이를테면 공간 지각, 시간 지각, 운동 지각 등을 말한다. 감성적인 인식에서 출발하여 추상적 사고를 통해 이성적 인식으로 나아가며, 인간의 인식은 이 양자의 끊임없는 상호 전환과 보완의 과정을 거쳐 발전한다. 인간의 감성적 영역에 대한 새로운 평가는 특히 근대 미학의 성립에서 이루어진다. 인간의 감성적 능력은 이론 이성에 비해 열등하고 일시적이며 주관적인 것이 아니라 이론 이성의 방식과는 다르게 이념적 보편성에까지 도달할 수 있는 능력이 되었다. 감성적 주체의 정립은 수학적으로 틀지워진 협소한 이성 개념으로 인간을 규정하려는 추상적 합리주의에 대한 저항에서 시작되었다. 감성의 학으로서의 미학은 추론적인 사유 능력인 오성과는 다르며 하위 인식 능력이다. 그럼에도 오성만으로는 도달할 수 없는 보편적인 가치 영역을 담당하는 자율성을 지닌다. 바움가르텐에게 유사 이성으로서의 감성학은 인간의 비합리적인 영역과 이성적 합리성의 영역을 매개하고 결합한다. 이런 점에서 감성적 능력이 오성보다 저급한 능력이라기보다는 오히려 미적 인식과 연관하여 독자적인 영역과 성격을 갖는다고 보아야 할 것이다.

오늘날 감성에 관한 다양한 논의가 여러 맥락에서 이루어지고 있는 바, 원래 감성은 근대 서구의 철학에서 이성(실천 이성) 또는 오성(좁은 의미의 이성, 즉 이론 이성)과 더불어 인간의 대표적인 인식 능력 가운데 하나로 여겨졌다. 이론 이성은 자연 현상에 대한 개념적 인식이며, 실천 이성은 인간의 자유의지에 바탕을 둔 실천적 인식이다. 이렇듯 서양철학에서의 감성 문제는 이성과의 관계 속에서 자리매김되고 있다. 우리가 대개 사용하는 이성이라는 용어는 이론 이성을 일컫는다. 이성은 개념을 자발적으로 구성하고 이것을 토대로 세계를 인식한다. 감성은 이성의 자발성에 비하여, 감각을 매개로 하여 외부 대상을 받아들이는 능력, 즉 수용성을 지니며, 인간의 유한성을 나타낸다. 그것은 인간과 대상 세계를 이어주는 원초적 유대로서 인간 생활의 기본적 영역을 최초로 열어주는 역할을 한다. 즉, 감성에 의해 대상이 우리에게 받아들여지며, 오성에 의해 대상은 우리에게 인식된다. 인간 인식의 대상들을 주어지도록 하는 조건으로서의 감성은 인식의 대상들을 생각하도록 하는 조건인 오성보다 앞서 있다.[3] 말하자면 선천적인 조건이다.

세계의 본질이나 근원을 묻는 전통적인 형이상학에서는 감성의 독립된 영역을 인정하지 않고 다만 정신이 밖으로 드러난 것으로 보고, 정신의 관점에서 파악하려 한다.[4] 이론적 인식에서 감성은 이성적 사고를 위해 감각적 소재를 제공하고, 실천적 도덕적 생활에서는 이성 이념의 일방적인 지배를 받으며, 미적 인식에서는 자신의 순수한 모습을 나타냄으로써 인간적 삶의 상징적 의미를 지니게 된다. 따라서 감성은 인간 인식 능력의 여러 영역을 매개하면서도 독자적인 영역을 지니는 아주 중요한 부분이라 하겠다.

흔히들 말하는 감성과 이성의 이분법적 사고 위에서 이성주의나 감성주의를 나누는 일은 인간이 지니고 있는 인식 능력의

---

3) I. Kant, *Kritik der reinen Vernunft* (이하 *KrV*로 표시), Hamburg : Felix Meiner, 1956, A.16(관례대로 초판은 A, 재판은 B로 표시함).

4) 막스 뮐러 / 알로이스 할더, 『철학소사전』(강성위 역), 이문출판사, 1988, 14쪽.

전체 모습을 파악하는 데 그르치는 일이 되고 말 것이다. 감성과 이성의 진정한 관계를 이성의 감성화나 감성의 이성화라는 상호 연관 속에서 모색하는 일이 중요하다. 문맥적 관점에서 보면, 이성과 감성은 인식 체계에 내재한다. 인간 경험의 문맥적 이해란 감성의 이성화다. 어떠한 감성적 경험도 언어적인 것이고 그리하여 어떠한 감성도 이성화의 대상이 된다. 이를테면 예술에 대한 언어적 접근도 좋은 예라 할 것이다.[5] 감성의 활동을 통해 인간은 삶의 현장에서 경험과 직접 만나게 되며 세계를 인식하게 된다. 이는 특히 문화 예술의 장에서 우리가 피부로 느낄 수 있는 바다.

좀더 살펴보면, 미학의 어원과 깊은 연관을 맺고 있는 감성(Sinnlichkeit)이나 '감성적인(aesthetisch)'의 의미에는 감각, 상상력, 감정 등이 포괄적으로 포함되어 있다.[6] 또한 미학을 뜻하는 라틴어 학명인 에스테티카(aesthetica)는 '느끼다, 감각하다'는 뜻을 지닌 그리스어, 아이스타노마이(aisthanomai)에서 유래했다. 그리스 철학자들은 감각된 것들(aistheta)과 사유된 것들(noeta)을 엄격히 구별했다. 감성학(에스테티카)이 대상으로 삼는 감성이란, 외적 대상에 관련하는 감각(sensus)뿐 아니라, 상상력(phantasia), 통찰력(perspicacia), 기억력(memoria), 허구로 무엇인가를 빚어내는 능력(facultas fingendi), 앞을 내다보는(praevisio), 판단력(judicium), 예언력(praesagitio) 및 기호능력(facultas characteristica)을 포함하는 이른바 저급한 인식능력 일반을 말한다. 감성적 인식의 학(學)인 미학은 감성적 인식을 개념적 인식, 즉 오성에 의한 판명한 인식에 종속되는 것

---

5) 정대현, 「감성의 이성화」, 정대현 외 저, 『감성의 철학』, 민음사, 1996, 15쪽. N. Goodman, *Languages of Art*, Indiana, 1976.

6) Artikel, Ästhetik, ästhetisch, in : *Historisches Wörterbuch der Philosophie*, hrsg. v. J. Ritter, 1971, Bd.,I, 555쪽.

이 아니라 판명한 인식과는 다른 원리를 갖지만, 바움가르텐은 이를 '유사 이성의 학(ars analogi rationis)'[7]이라 부른다. 이성을 유비적으로 감성에 적용하여 결국 이성의 영역을 넓힌다는 말이다.

데카르트(R. Descartes : 1596~1650)에 의하면 사유하는 존재로서의 주체에게 이성적 진리란 명석하고 판명한 인식을 말한다. 명석하다는 것(claritas)은 '주의를 기울이는 정신에 현전(現前)하여 명백한 것'이며, 판명하다는 것(distinctio)은 '명석하면서 다른 모든 것과 구별되며 그 자신 안에 명석한 것 이외의 아무것도 포함하지 않음' 을 뜻한다. 따라서 이런 기준에 적합하지 않은 감각, 감정, 상상과 같은 것들은 오류의 원천이 된다. 또한 라이프니츠(Gottfried Wilhelm Leibniz : 1646~1716)에게 인식이란 판명성의 정도에 따라 최하의 어두운 단계로부터 최상의 신적 인식의 단계에까지 연속적인 서열을 이루고 있으나, 이런 단계는 편의상 설정된 것이지 근본적으로 상이한 것은 아니라고 하겠다. 따라서 이에 의하면 데카르트에게서처럼 우리들의 의식 위에 떠오르지 않는 표상이라 하여, 이를 존재하지 않는 것이라 함은 잘못이다.[8]

감성적 인식의 학인 에스테티카는 감성적인 표상, 즉 판명하지 않고 혼연한 표상 전체의 학문이다. 판명한 표상들을 대상으로 하는 학은 논리학이다. 바움가르텐이 말하는 혼연함이란 어떤 사태의 표징들이 혼란스럽게 뒤섞여 있다는 뜻이 아니라 이 표징들이 서로 긴밀하게 융합되어 있다는 말이다. 볼프는 감각(sensus), 상상력(imaginatio), 시(詩)를 짓는 능력(facultas

---

7) A. G. Baumgarten, *Ästhetik*, Hamburg, 1988 (*Aesthetica*, 제1부 1750, 제2부, 1758 간행), 제1절.

8) G. W. Leibniz, *Philosophische Schriften*, Hgs. v. Hans H. Holz, Darmstadt, 1985, 14f쪽.

fingendi), 기억(memoria)은 인식 능력의 하위 부분에, 주의 깊음(Aufmerksamkeit), 반성(Reflexion), 비교(Vergleichen), 추상(Abstraktion)의 능력들은 오성에 속한다고 한다.[9] 바움가르텐이 유사 이성이라 부르고 있는 하위 인식 능력들의 구조는 사물들간의 공통점을 인식하는 하위 능력, 사물들간의 차이점을 인식하는 하위 능력, 감성적 기억, 시작 능력, 판정 능력, 비슷한 경우들의 예견, 감성적 표출 능력[10]으로 이루어진다.

이론적 인식은 통일성을 지향하되, 감성적인 것은 직접적인 경험으로서 삶의 풍요로움과 다양성을 지향한다. 칸트는 자신의 학위 논문인 『감성계와 예지계의 형식과 원리(*De mundi sensibilis atque intelligibilis forma et principiis*)』(1770)에서 감성계의 다양성과 예지계의 통일성의 상호 관계에 대해 논의한 바 있다. 통일과 종합을 이루기 위한 전제는 지각의 다양성이며, 특히 그의 『순수이성비판』(1781)의 '선험적 감성론'에서 감성의 순수한 형식으로 시간과 공간을 말한다. 시간과 공간은 사물이 존재하기 위한 근본 조건이며, 무엇인가를 지각하기 위한 필요 조건이 된다. 따라서 모든 인식의 기저에 놓인 것이 직관적 인식으로서의 감성적 인식일 수밖에 없다.

바움가르텐은 감성의 권리를 옹호하면서도 감성을 속박으로부터 벗어나게 하려는 것이 아니라 정신적 완성으로 이끈다. 그는 감각주의와 이성주의 사이의 대립을 넘어서고, 이성과 감성 간의 새로운 생산적 종합을 꾀했다.[11] 바움가르텐에게서 감

---

9) A. Baeumler, *Die Irrationalitätsproblem in der Ästhetik und Logik des 18. Jahrhunderts bis zur Kritik der Urteilskraft*, Halle an der Saale, 1923/Darmstadt, 1967, 195쪽.

10) A. G. Baumgarten, Metaphysica, 3. Teil 1739, 640절, in: *Texte zur Grundlegung der Ästhetik*, hrg.v. H.R. Schweizer, Hamburg: Felix Meiner, 1983.

성은 합리적 인식의 전 단계일 뿐 아니라 그 자체가 특수한 합리성을 구현한다.[12] 감성적 인식의 학문인 에스테티카는 감성적인 표상들 전체를 대상으로 하는 학문이다. 확실하고 의심할 여지없는 판단을 세울 수 있는 인식은 진리의 표징으로서 명석함과 판명함을 지녀야 한다. 그런데 예술가의 인식과 과학자의 인식을 비교해보면, 전자는 혼연하며, 후자는 판명하다. 예술가의 정서와 감정을 어떤 판단 근거에서 보편적으로 인식할 수 있는가? 거기에 특유한 판단은 무엇인가? 이런 판단은 공통감의 전제 위에서만 가능하다. 미적 판단의 토대로서의 공통감은 공동체의 감각이다. 공동체의 감각은 그로 인해 야기된 감정을 공유하게 한다. 다음에 감정의 특성을 살펴보고, 이에 근거한 미적 판단의 문제를 살펴보기로 한다.

3. 감정과 미적 판단

고유한 철학 용어로서의 감정(Gefühl)이란 그림 형제(Jakob & Wilhelm Grimm)의 사전에 의하면[13] 17세기말에 처음으로 등장하였다고 한다. 그 후 18세기에 들어와서 이 문제에 대한 반성적 고찰이 있었으며 도덕 감정이라든가 미적 감정 등으로

---

11) E. Cassirer, *Die Philosophie der Aufklärung*, Tübingen : J. C. B. Mohr, 1932, 476쪽 이하.

12) Heinz Paetzold, *Ästhetik der deutschen Idealismus : Zur Idee ästhetischer Rationalität bei Baumgarten, Kant, Schelling, Hegel und Schopenhauer*, Wiesbaden : Franz Steiner, 1983, 13쪽.

13) Jacob und Wihilm Grimm, *Deutsches Wörterbuch*, Leipzig : Vons Hirzel 1987, 2167쪽 이하. 또한 다음을 참조. U. Franke / G. Oesterle, Gefühl, Artikel, *Historisches Wörterbuch der Philosophie*, hg. J, Ritter, Basel / Stuttgart 1974, Bd.3, 82-89쪽.

그 말의 뜻이 비교적 분명해졌다. 미적 감정과는 달리 도덕적 감정의 근거는 도덕적 이념에서 나온다고 칸트는 보고 있다.[14] 물론 고대나 중세에도 감정에 해당하는 고유한 이름은 없었고, 다만 쾌나 불쾌와 같은 심성(心性) 상태나 사랑, 증오, 기쁨, 공포와 같은 심성의 움직임을 나타내는 말로 그리스어인 파토스(παΘοσ) 혹은 라틴어 파씨오(Passio)를 사용하였으며, 더 나아가 이와 비슷한 표현이라 할 아펙투스(affectus)나 아펙티오(affectio)를 사용한 듯하다. 칸트도 아펙트(Affekt)를 정의하기를 "감각을 통해 갑자기 일어나는 것"[15]이라고 말하였다. 근대에 들어와서는 넓은 의미로는 심성의 움직임(Gemütsbewegungen ; emotions), 좁은 의미로는 격정이나 열정(Leidenschaften ; passion)의 뜻으로 사용하였으며, 또한 감관의 감각(Sinnesempfindungen ; Sensation)이란 의미로도 사용하였다.

라이프니츠주의자인 에버하르트(J. A. Eberhard)에 의하면 감정이나 감각은 그 의미가 유사하지만, 18세기 후반의 특출한 심리학자라 할 테텐스(J. N. Tetens : 1736~1807)[16]는 감정을 감각이란 말과 구분하면서, 감정은 감각보다는 더 넓은 범위를 지니고 있다고 했다. 그는 인식 능력의 모든 활동을 느끼는 것(fühlen), 표상하는 것(vorstellen), 생각하는 것(denken)으로 나누고 이에 따라 영혼 능력을 감정, 의지, 오성으로 구분했다.[17]

---

14) I. Kant, *Kritik der Urteilskraft* (이하 *KdU*로 표시), Hamburg : Felix Meiner, 1974, 263쪽.

15) I. Kant, *KdU*, 252쪽.

16) J. N. Tetens, *Philosophische Versuche über die menschliche Natur und ihre Entwicklung*, 2Bde. Leipzig 1777, I. 167쪽 이하.

17) 같은 책, I, 590쪽 ; Tetens의 이러한 구분 이래로 Kant에 이르러 더욱 체계를 갖추어 발전되었다고 보인다. 정신의 이론적인 측면이 사유라면, 그 정서적인 측면이 심성이고, 실천적인 측면이 의지다. 또한 감성의 이론적인 측면이 감각이고, 정서적인 측면이 감정이며, 그 실천적인 측면이 충동이다. Vgl. A. Diemer / Ivo

그에 의하면 우리는 감정을 주관적인 활동 혹은 행위에다, 감각을 객관적인 대상에다 관련지을 수 있는데, 이는 타당한 구분이라 여겨진다. 대상화된 감각과는 달리, 감정은 우리 안에 그리고 우리를 향한 변화나 인상이 느껴지는 곳에 있다. 하지만 우리는 이것을 야기시키는 인상을 통해 대상을 직접 인식하는 것은 아니다.[18] 여기에 감각과 감정의 독특한 면이 있다.

19세기에 립스(Th. Lipps : 1851~1914)는 인식론적인 입장에서가 아니라 심리학적인 입장에서, 감관 기관을 통해 외부 세계를 지각하는 것(Wahrnehmung)을 감각이라 하고, 인간의 내적인 것의 상황이라든가 움직임을 아는 것(Gewahrwerdung)을 감정이라 하였다. 이렇듯 감정을 파악하거나 이해하는 일은 인간이 세계를 현재화하는 것이며, 현재라고 하는 시간 안에서 세계를 보는 독립적인 방식인 것이다.[19] 라이프니츠, 볼프 및 그 학파도 느낌 또는 감각이란 세계를 현재화하는 것이며, 이 세계에 대한 이러한 파악을 곧 감성적 인식(cognitio sensitiva)이라고 한 바 있다. 이것은 바움가르텐이 주장하는 바, 그의 예술이론의 중심을 이루는 유사 이성(類似理性, analogon rationis)과도 관련되는데, 이는 바로 불합리한 것 혹은 비합리적인 것이나 있을 법한 것을 인식하는 문제와 연관된다. 바움가르텐은 비합리성의 근원을 주관적 취미나 위트 등으로 보고 있으며, 이것을 판단하는 정당한 근거가 칸트에게서 마련되고 있다.

데카르트는 배고픔이나 갈증의 감각에 대해 '쌍띠망(Sentiments)'이라 했는데, 이는 라틴어 센수스(sensus)에 해당되며, 원초적인 감정을 말한다. 그에 의하면 격정 혹은 열정(passion)에 대

Frenzel, *Philosophie*, Frankfurt a.M. : Fischer 1969, 13쪽.

18) 같은 책, I, 167쪽 이하.

19) Vgl. A. Baeumler, *Das Irrationalitätsproblem in der Ästhetik und Logik des 18. Jh. bis zur Kritik der Urteilskraft*, 1923(ND.1981), 18-64쪽.

한 물음은 바로 인간에 대한 물음으로 동일시된다. 이런 입장은 칸트에게로 이어진다. 칸트에 와서야 비로소 감정 이론에 대한 철학적 물음이 실제로 나타나게 되고 이에 대한 적절한 지평이 열리며 인간에 대한 물음이 전면에 등장했다고 볼 수 있다. 이때 인간학적인 실마리가 이론의 전체적인 고찰을 위한 당연한 귀결로서 따르게 된다. 왜냐 하면 무엇을 인식한다(erkennen)는 것과 무엇을 느낀다(fühlen)는 것은 다같이 인간의 실존 양식에서 없어서는 안 될 심성 활동들이기 때문이다. 줄처(J. G. Sulzer : 1720~1779)는 인식의 주체로서의 사유와 그 사유가 실천되는 장이라 할 행위간에 매개적 위치를 느끼는 일(fühlen)에다 부여하고 있다. 이를테면 느낌이란 인식과 행위를 이어주는 관계적 기능을 한다는 말이다.[20] 그리하여 감정에 대한 반성은 동시에 주체 자신에 대한 반성이 되는 것이다. 즉, 감정과 주체란 말은 하나의 동일한 본질로 환원된다는 말이다. 왜냐 하면 감정은 감각에 의해 촉발된다 하더라도 주체의 주관적인 활동이기 때문이다. 감정에 대한 이론적 작업은 감정을 객관화하는 인식의 지평을 스스로 실현하는 인간 존재, 즉 구체적이고 일상적인 실천(Konkrete alltägliche Praxis)[21]의 존재로 옮겨놓는다. 이때 실천이란 느낌의 매개에 의해 이루어진 행위며, 여기에 감정이 구체적이고 일상적인 실천과 직접 만나게 되는 이유가 있는 것이다. 따라서 감정을 제대로 파악할 수 있는 장소란 바로 인간의 자기 경험의 장이요, 삶의 활동 무대가 된다. 이러한 활동 무대에서 우리는 감정을 공유하며 공동체적 감각을 향유한다고 칸트는 지적한다.

---

20) J. G. Sulzer, *Allgemeine Theorie schönen Künste*, 4Bde., Leipzig 1771-1774.

21) Wolfahrt Henckmann, "Gefühl", Artikel, *Handbuch philosophischer Grunbegriff*, Hg. v. H. Krings, München : Kösel 1973, 521쪽.

칸트에 의하면 경험은 하나의 의식 안에서 여러 현상이 필연적으로 나타나는 한, 이것들의 종합적인 결합에서 생긴다.[22] 경험이란 특수한 대상에 대한 인식인 것이며, 이에 반해 일반적인 인식이란 다만 가설적 구성물에 지나지 않는 것이다. 칸트는 경험을 감관적 지각에 관계되는 대상의 인식이라고 말한다. 그에게 인식의 대상이란 일반적인 규칙, 즉 범주에 의해 지각이 종합되면서 성립되는 것이고 그것은 일반적인 규칙에 따른 종합에서 온 성과라 할 것이다.[23] 일반적 규칙은 그것이 지각에 관계되는 한, 하나의 인식을 이끈다. 여기에서 우리의 주의를 요하는 점은 지각이 일반적 규칙과 이에 대한 하나의 인식을 이어주는 관계적 위치를 차지하고 있다는 데에 있다. 경험적 세계에 대한 인식은 시간·공간의 직관 형식에 의하여 받아들여진 다양한 지각의 내용에 통일과 질서를 부여하는 순수 오성의 범주에 의해서 구성된다. 이러한 범주 및 이것을 직관적인 지각 내용에 적용할 수 있는 바탕이 되는 '순수 오성의 원칙'을 구성적 원리라고 하는데, 이 원리는 한편으로는 받아들이는 것으로서의 직관 형식과 다른 한편으로는 통제적 혹은 규제적 원리로서의 이념으로 구별된다.

칸트는 유기적인 통일을 지니고 있는 기관(器官)들을 이미 전제로 해서 가능한 동물적 삶과 이보다 높은 존재 단계로서의 인간 유기체를 구분하고 있는데, 인간 유기체란 동물과는 달리 그 자체가 이미 직접적인 삶이라기보다는 "삶의 유추(ein Analogen des Lebens)"[24]인 것이다. 삶이란 욕구 능력의 법칙에 일치하

---

22) I. Kant, *Prolegomena*, 제22절, Akademie Ausgabe (이하 AA로 표시), Ⅳ, 305쪽.

23) Vgl. A. Schöpf u.a., "Erfahrung", Artikel. *Handbuch philosophischer Grundbegriffe*, München : Kösel 1973, Bd.2, 377쪽 이하.

24) I. Kant, *KdU* 제65절, 293쪽. 삶의 유추의 문제는 삶의 追體驗의 문제와도

여 행위하는 존재의 능력 일반인 것이며, 결국 삶 자체와 삶의 유추의 구별은 곧 동물과는 구분되는 인간적인 특수성에 기인한다고 보이는데, 이는 다시 말하면 인간 감정의 특수성에서 비롯된다. 이는 바로 인간과 동물을 구별해주는 하나의 근거가 된다. 대상이 촉발시키며 또한 대상으로 하여금 촉발되는 감각은 이윽고 우리의 감정의 내용이 되며, 이것이 미의 판단과 관련될 때는 곧 간접적이며 반성적이 되기 때문이다. 말하자면 미적 감정의 반성 작용이 전달 가능하게 한다. 주체와 대상 간에 놓인 관계가 객관적이며 대상 중심적이라는 사실은 대상으로서 어떤 것을 아는 것이며 제1차적 의식이라 하겠고, 제2차적인 의식으로서의 미적 판단은 행위 중심적이며 반성적이라 할 것이다. 이것은 삶에 대한 인식이나 인식 판단이라기보다는 삶에 대한 유추적인 구조인 것이다.

이러한 유추적인 구조를 보편적으로 받아들일 만한 가능적 근거로서 우리는 판단의 문제를 고찰해야 하고, 이에 앞서 일반적인 경험에 이르도록 이끌어주는 판단의 전제인 감각의 의미를 살펴보아야 할 것이다. 칸트에 의하면 감각이란 사물을 통한 감성의 정감에 달려 있으며, 이는 의식의 수용성에 대한 주관적 반응인 것이다. 감각을 통해 우리는 우리 밖에 있는 대상을 인식으로 가져온다. 따라서 감각은 우리 밖에 있는 사물에 대한 우리들의 표상을 주관하며, 그것은 경험적 표상의 고유한 성질을 이룬다. 그것은 "감정의 순수한 주관적 규정이거나 객관적 감관 지각"이며, "대상을 표상하는 질료적 요소"[25]다. 이 질료적 혹은 실재적 요소에 의해서 어떤 현존하는 것이 우리에게 주어진다. 란트그레베(L. Landgrebe)는 칸트의 감각

연관된다.

25) I. Kant, *KdU*, Einl, XL 11f, XLIII.

을 "우리가 대상에 의해 촉발되는 방식을 통해 표상을 얻는 능력"[26]으로 이해한다. 감각은 시간을 벗어나 있는 것이 아니라 늘 시간 안에서의 현상과 관련된다. 감각은 우리로 하여금 대상을 직관할 수 있게 하는 직접적인 재료인 것이며, 또한 "공간 속에서 직관되어야 하는 것"[27]이니, 이를테면 시간과 공간에 걸쳐 있는 실질적이며 실재적인 것이라 하겠다. 그러므로 감각이란 우리가 시간 및 공간 속에서 현실적인 것으로 그 특징을 드러낼 수 있는 그 무엇이다. 즉, 그것은 개념이라든가 순수 사유 혹은 순수 직관과는 구별되는 감관의 표상이요, 경험적 직관[28]이다. 이런 까닭으로 감각이란 그 본질에서 경험적인 실재 혹은 현실(Realität)과 직접적인 관련을 맺고 있으며, 그것은 다름아닌 대상이 우리의 감각 기관에 미치는 영향인 것이고, 우리가 우리를 둘러싸고 있는 환경, 즉 세계와 접촉하는 결과를 기술해준다. 감각은 자아와 세계가 일차적으로 소통하고 전달하며 교섭하는 방식이기 때문이다. 그리하여 감각은 "경험적 표상들[현상들]의 고유한 성질을 결정"[29]해준다. 여기에서 감각의 성질 그 자체는 경험적이며 주관적이다. 감각은 직관의 순수한 다양성과 관계하고 있으며, 현상이 비로소 일어나는 곳과도 관계를 맺고 있다. 감관 대상을 감각하는 데에서나 쾌나 불쾌를 고려해볼 때, 이러한 현상의 다양함은 더욱 두드러진다.

감관을 통해 심성에 와닿은 쾌(快)를 향수할 때는 수동적 혹은 수용적인 데 비하여, 도덕적 성질을 지닌 행위에 대해 만족을 느낄 때는 자기 활동적이며 자발적이다. 반성으로서의 미적

---

26) L. Landgrebe, "Prinzip der Lehre vom Empfinden", *Zeitsch. f. Philosophische Forschung*, 8/1984, 199쪽 이하에서.
27) I. Kant, *KrV*, A.373.
28) I. Kant, *Anthropologie*, 제8절, Anm.
29) I. Kant, *Prolegomena*, 제24절.

인 쾌는 여하한 목적이나 근본 명제 없이 구상력(構想力)을 통해 대상을 일반적으로 파악하며, 아주 일반적인 경험에 이르도록 하는 판단력의 처리 방식에 결합되어 있다. 칸트에 의하면 하나의 의식 안에서 서로 다른 표상들이 파악될 수 있는 방식이 반성인 것이며, 특수가 보편 속에 포함된 것으로 생각할 수 있는 능력이 판단력이다. 따라서 반성적 판단력이란 특수하며 개별적이고 구체적인 표상들을 하나의 보편적 의식 안에 포함하는 능력 혹은 포함된 것으로 생각할 수 있는 능력을 말한다. 칸트에 의하면 판단력은 쾌 혹은 불쾌 감정의 구성적 원리를 선천적으로 내포하고 있다.[30] 이렇게 판단력과 감정의 선천적인 내포 관계는 칸트에게 더 이상 환원되거나 해명될 수 없는 한계로 보인다. 왜냐 하면 그 근저에는 늘 경험에 앞서 주어지는 선천성이 깔려 있어 가능한 경험에까지 확장되기 때문이다.

미적인 쾌는 누구에게서나 공통의 동일한 조건에 근거해야 한다. 왜냐 하면 그것은 인식 일반의 가능성에 대한 주관적 조건이며, 모든 사람에게 전제된 취미를 요구하는 인식 능력의 비례 관계이기 때문이다. 이 비례 관계는 인식 능력 자체 아래 판단력의 주관적 장치에서 오는 조화가 아니라 유기체의 통일로서 객관적으로 생각된 전체적 능력 상호간의 조화다. 판단력은 주관적 관점에서 자신에 대한 반성을 위한 법칙을 지시해주며, 우리는 그것을 자연의 경험적 법칙들을 고려하여 자연의 특수화의 법칙이라 부를 수 있다.[31] 그런고로 취미와 더불어 판단하는 일은 주관적 합목적성, 이를테면 각각의 다른 사람에게도 쾌적함을 주고 그의 감정이 일반적으로 전달할 수 있는 대상에서 오는 만족감이라 할 것이다.[32]

30) I. Kant, *Prolegomena*, 제24절.
31) Vgl. I. Kant, *KdU*, Einl, XXXIII.

반성적 판단력은 경험적 인식의 다양함을 체계적으로 정돈하고 통일하려는 것으로 '자연의 기술 혹은 기교(Technik der Natur)'를 수행한다. 여기서 '자연의 기술'이란 제반 사물이 우리들의 판단과 맺고 있는 관계를 뜻하는데, 이 안에서만이 우리는 자연의 합목적성의 이념과 만날 수 있다. '기술'이란 여러 법칙에 따른 하나의 체계 안에서의 자연의 합목적적인 배치 혹은 배열인 것이며, 우리는 오성 안에서 이 원리와 만날 수 있는 것은 아니다. 물론 칸트는 판단에 관한 기술적 처리 문제를 목적론적 반성 행위에서 말하고 있으나,[33] 여기에서 제기된 문제의 해결은 자연과 기술 간에 놓여 있는 긴장 관계가 어떻게 해결되느냐의 여부에 달려 있다. 판단력은 그 자신의 사용을 위해 다음과 같은 선천적인 원리를 상정하고 있다. 이를테면, "특수한(혹은 경험적) 자연 법칙들에는 인간의 자연 법칙들을 결합하여 그 자신 가능한 하나의 경험을 이루도록 하는 법칙적인 통일성이 내포되어 있다. 이러한 법칙적 통일은 우리들에게는 물론 밝혀지지는 않지만, 사유될 수는 있는 것이다."[34] 이것은 곧 판단력의 선천적 원리이니, 즉 법칙적 통일에 의하여 우리는 다양한 자연 법칙들이 경험이 아니라, '가능한 경험'으로 종합될 수 있는 것처럼 생각해야 한다.[35] 따라서 주어진 현상들을 자연 사물들에 관한 경험적 개념 아래에 포섭시키기 위해 반성적 판단력은 주어진 현상들을 도식적으로(schematisch) 다루지 아니하고 기교적으로(techisch) 다룬다. 말하자면 마치 도구처럼 오성의 지도 아래 기계적으로(mechanisch), 즉 인과

---

32) Vgl. I. Kant, *KdU*, 제39절.
33) Vgl. H. Mertens, *Kommentar zur Ersten Einleitung in Kants Kritik der Urteilskraft*, München, 1975, 124쪽.
34) I. Kant, *KdU*, Einl. XXXIII.
35) 같은 책, Anm.

적으로 다루는 것이 아니라, 자연을 하나의 체계 속에 합목적적으로 정리하는 보편적인, 그러나 동시에 부정적인 원리에 따라 기술적으로(künstlich)[36] 다룬다는 것이다. 이것은 가능적 경험에 적합하며 우리의 판단력에 유리하기 때문이다.

4. 감정의 소통 가능성과 사교성

미적 판단의 근간으로서의 공통감이 사교성에 연결되는 고리가 되는 일은 칸트 미학을 사회 정치적 영역으로까지 확장할 수 있는 계기가 된다. 이를테면, 아렌트는 정치적 활동 혹은 정치 영역의 문제를 칸트의 실천 이성의 원리가 아니라 판단 이론, 특히 반성적 판단의 도움을 받아 전개한다. 칸트의 미적 판단력 개념은 보편적 원리가 존재하지 않은 가운데 개별적 사례를 다루지만, 개별 사례의 범례적 타당성을 찾아 그 상호 주관적 근거를 마련하게 된다. 칸트에게서 판단은 "단지 실천될 뿐 가르쳐질 수 없는 독특한 재능"이다. 판단은 특수자와 관련된다. 사유하는 자아가 일반자 사이에서 움직이다가 특정 현상들의 세계로 돌아갈 때, 정신은 그 특정 현상들을 다룰 새로운 "재능"을 필요로 한다. 판단력을 돕는 것은 규제적 이념들을 가진 이성이다.[37]

칸트의 관심은 종으로서의 인간의 미래다. 역사의 과정은 진보며, 그 과정의 산물은 때로는 문화라고 불리기도 하고 때로는 자유라고 불리기도 한다. 이는 곧 "인간에게 의도된 최고의

---

36) I. Kant, *KdU*, EEV.
37) Hannah Arendt, *The Life of the Mind*, New York : A Harvest Book, 1978, One / Thinking, Postscriptum.

목적, 즉 사교성"[38]을 산출하는 문제다. 인간에게 사교성이란 어떤 인간도 혼자서는 살 수 없다는 사실, 즉 인간은 그들의 필요나 보살핌에서 뿐만 아니라 그의 최고의 기능인 인간 정신도 인간 사회를 떠나서는 가능할 수 없다는 상호 의존적인 존재임을 말해준다. 이처럼 칸트는 인간의 기본적인 사교성에 대해 주의 깊게 관찰하면서, 그것의 요소로서 인간이 소통해야 할 필요성을 뜻하는 소통 가능성을 제시했다.

"도덕적 존재로서의 인간에 대해서는 왜 인간은 존재하는가라고 물을 수 없다."[39] 왜냐 하면 인간은 그 스스로 목적이기 때문이다. 그러나 다수의 인간 존재로 인해 사교성이 필요하다는 말이다. 다수의 인간은 공동체 안에서 살고 있으며 공통감, 곧 공동체적 감각을 지니고 있다. 또한 "계몽의 시대는 이성을 공적으로 사용하는 시대다."[40] 따라서 자신의 이성을 모든 면에서 공적으로 사용하도록 만드는 일이 아마도 칸트에게도 필요했을 것이다. 철학적 타당성이 반드시 가져야 하는 것은 칸트가 취미 판단에 요구했던 바, 일반적 소통 가능성이거니와, 인간 자체와 관련된 모든 문제에 대하여 자신의 생각을 말하는 것은 인류의 자연적 소명인 까닭이다.[41]

그런데 칸트에게 소통 가능성을 이끄는 능력이 취미다. 미적 대상을 경험하기 위한 필수 조건은 소통 가능성이다. 관찰자의 판단은 그것 없이는 어떠한 미적 대상도 등장할 수 없는 어떤 공간을 창조한다. 공적 영역은 행위자나 제작자가 아니라 비평

---

38) Hannah Arendt, *Lectures on Kant's Political Philosophy*, ed. and with an Interpretive Essay by Ronald Beiner, The University of Chicago Press, 1982, First Session, P.8.
39) I. Kant, *KdU*, 제84절.
40) Hannah Arendt, 앞의 책, Sixth Session, 39쪽.
41) Hannah Arendt, 앞의 책, Sixth Session, 40쪽.

가와 관찰자에 의해서 이루어진다.[42] 달리 말하면 공적인 영역이란 소통이 가능한 영역이다. 무엇으로 소통이 가능한가에 대한 답이 바로 취미였음을 앞서 살펴보았다. 취미 문제가 곤란한 이유는 그 문제가 소통 가능하지 않기 때문일 것이다.

미는 사회 안에 있을 때만 관심을 끈다. "무인도에 버려진 사람은 자기 혼자서라면 자신의 움막이나 자기 자신을 치장하지 않을 것이다. 오히려 단지 인간일 뿐만 아니라 또한 자기 나름으로 기품 있는 인간이고자 하는 생각은 오직 사회에서만 그에게 떠오른 것이다."[43] 사람은 어떤 대상에 대하여 다른 사람들과 함께 만족을 느낄 수 없는 상황에 대하여 만족하지 못한다. 공통감에 대해 말하면, 칸트는 가장 사적이고 주관적인 감각인 것처럼 보이는 감각 속에서 주관적이지 않은 어떤 것이 있음을 깨달은 셈이다. "우리는 우리의 취미가 다른 사람의 취미와 어울리지 않는다면 부끄러움을 느끼게 되고, 또 한편 우리는 놀이를 하다가 속이게 되면 자신을 경멸하게 되지만 들키게 되면 부끄러워한다고 말한다. 취미의 문제에서 우리는 다른 사람의 편이 되거나 다른 사람을 즐겁게 해주기 위해 자신을 포기해야 한다."[44]

우리는 타인을 위해 우리의 특별한 주관적인 조건들을 극복하지 않으면 안 된다. 자신의 반성 작용에서 다른 모든 사람들의 표상 방식을 사고해야 한다.[45] 비객관적인 감각들 가운데 있는 비주관적인 요소가 곧 상호주관성이다. 취미 판단은 늘

---

42) Hannah Arendt, 앞의 책, Tenth Session, 63쪽.

43) I. Kant, *KdU*, 제41절, 163쪽.

44) I. Kant, "Reflexionen zur Anthropologie", no.767, in *Gesammelte Schriften*, Prussian Academy ed., 15 : 334-335, Hannah Arendt, 앞의 책, Eleventh Session, 67쪽.

45) I. Kant, *KdU*, 제40절, 157쪽.

다른 사람들 및 그들의 취미를 성찰하는 가운데, 그들이 내릴 수 있는 가능한 판단들을 고려하게 된다. 나는 다른 사람들과 함께 하며 공동체를 이루는 한 구성원으로서 판단하는 것이지 초감각적 세계의 구성원으로서 판단하는 것이 아니다. 또한 나는 이성을 부여받은 존재들과 더불어 거주하고 있는 것이지 그러한 감각 장치들과 함께 살고 있는 것이 아니다.[46] 이성과의 유비적인 관계에서 의미를 지니는 감성인 만큼 공통감은 공통적 감각의 이념이다.

감각은 지각의 실재적인 것으로서 인식과 관계를 맺을 때 이를 감관의 감각이라고 한다.[47] 누구나 우리의 감관과 같은 감관을 가지고 있다고 가정할 수 있기 때문에 감각 작용이 일반적으로 소통 가능하다는 것은 옳다. 공통감이란 모든 사람에게 아주 사적인 가운데에서 동일한, 이를테면 다른 감각들과 소통을 이루어 같은 감각이 됨을 뜻한다. 인간의 공동의 오성은 어떤 사람에게 인간의 이름으로 요구할 수 있는 최소한의 것이다. 그것은 인간을 동물이나 신으로부터 구별해주는 능력이다. 이러한 감각 가운데 드러나는 것이 곧 인간의 인간성이다. 공통감은 특히 인간적인 감각인 바, 의사 소통의 매체로서의 언어가 거기에 의존하고 있기 때문이다. 우리는 요구를 한다거나 공포나 기쁨 등을 표현하기 위해 반드시 언어를 필요로 하지는 않는다. 소통은 몸 동작이나 표정으로도 얼마든지 가능할 것이다. 이를테면, "광기의 유일한 일반적 증상은 공통감의 상실이며, 자기 자신만의 감각을 논리적으로 고집스럽게 우기는 것인데, 자신의 감각이 공통감을 대신한다."[48] 광기는 소통의 단절

46) Hannah Arendt, 앞의 책, Eleventh Session, 67-68쪽.
47) I. Kant, *KdU*, 제39절, 153쪽.
48) I. Kant, *Anthropology from a Pragmatic Point of View*, trans. Gregor, 제53절.

이요 공유할 감각의 상실이다.

"공통감이라는 이름 아래 우리는 모두에게 공통적인 감각이라는 이념을 포함시켜야 한다. 이는 사고 속에서 다른 모든 사람들을 재현하는 방식을 스스로의 반성 가운데 선천적으로 고려하는 판단 기능으로서, 이 가운데 자신의 판단을 인간성의 총체적인 이성과 비교하게 된다. 이러한 것은 우리의 판단을 다른 사람들의 실제가 아닌, 가능하다고 생각되는 판단과 비교함으로써, 그리고 우리를 다른 사람의 자리에 놓음으로써, 우리 자신의 판단에 우연적으로 부여된 한계로부터 추상화함으로써 이루어진다."[49] 인간성의 이념은 공통감의 전제 아래 가능하다.

취미는 공동체적인 감각인데, 여기서 감각은 정신에 대한 반성의 결과를 뜻한다. 이 반성은 마치 그것이 감각 작용인 것처럼 그리고 분명히 하나의 취미, 즉 차별적이고 선택적인 감각인 것처럼 나에게 영향을 미친다.[50] 사람의 공통적 감각이 자신의 심성의 확장을 가능하게 한다. 만일 사회에 대한 충동이 인간에게 자연스러운 것이라면, 그리고 사회에 대한 그의 적합성과 그에 대한 성향, 즉 사교성이 사회를 위해 운명지어진 존재라고 할 정도로 인간에게 필수적인 것이라면, 그래서 그것을 인간성에 속하는 속성으로 인정한다면, 우리는 취미를 우리의 감정을 모든 다른 사람들과 소통할 수 있는 판단의 기능으로 간주해야 한다. 따라서 모든 사람의 자연적 성향이 욕구하는 것을 진작시키는 수단으로 간주하지 않을 수 없게 된다.

우리는 인간이 오직 이 세상의 존재인 한, 더불어 살 수 있는 바탕이 되는 성향으로서의 사교성이 인간의 본질이라는 사실을 알게 된다. 이것은 우리가 필요와 욕구를 위하여 동료 인간

---

49) I. Kant, *KdU*, 제40절.
50) Hannah Arendt, 앞의 책, Twelfth Session, 71-72쪽.

에 의존하는 만큼 인간의 상호의존성을 강조한 모든 이론과 근본적으로 다른 점이다. 사람은 다른 관점에서 생각하고 느낄 수 있을 때만 소통할 수 있다. 소통 가능한 사람들의 범위가 넓으면 넓을수록 대상의 가치 또한 커질 것이다. 모든 사람이 어떤 대상에 대해 갖는 쾌감이 미미해서 그 자체로는 어떤 특정한 관심을 끌지 않는다 하더라도, 그의 일반적 소통 가능성의 관념은 거의 무한하다고 할 정도로 그 가치를 증대시킨다. 사람은 자신의 공동체 감각, 즉 공통감에 이끌려 공동체의 한 구성원으로 판단을 내린다. 자유로이 행위하는 인격적 존재라 하더라도 혼자 외롭게 식사하면서 생각하는 사람은 점차 쾌활함을 잃게 될 것이다.[51] 인간은 개인으로서가 아니라 유적인 존재로서만이 이성 사용을 지향하는 자신의 자연적 소질을 완전히 계발할 수 있으며, 인간은 사회 속에서만 자신을 인간 이상으로 느끼기 때문에 자신을 사회화하려는 경향을 갖는다.[52]

"경험적으로는 미는 오직 사회에서만 관심을 일으킨다. 그리고 만일 우리가 사회에 대한 본능이 인간에게 본연의 것임을 받아들이고, 또 사회에 대한 적응성과 집착, 즉 사교성은 사회를 만들도록 이미 정해져 있는 피조물로서의 인간의 조건에, 따라서 인간성에 속하는 특성임"[53]을 받아들이게 된다. 하지만 아름다운 대상으로부터 오는 만족의 보편적인 전달 가능성에 대한 칸트의 파악은 미적 경험의 선험적 징후를 아직도 보이고 있다. 왜냐 하면 그는 경험에 의하지 아니 하면서도 경험의 가능성에 대한 근거를 마련하려고 하기 때문이며, 위에서 언급한 바와 같이 자연의 기술 혹은 기교의 원만한 조화를 경험 속에

---

51) W. Weischedel, *Kant Brevier* (손동현 / 김수배 역, 『별이 총총한 하늘 아래 약동하는 자유』, 이학사, 2002)에서 인용, 『칸트의 인간학』, VI 619 이하.
52) W. Weischedel, 앞의 책, 『칸트의 속언에 대하여』, VI 166 이하.
53) I. Kant, *KdU*, 제41절, 162쪽.

서가 아니라 초감성적인 가상적(假象的) 이념에서 마련하고자 하기 때문이다. 그럼에도 불구하고 칸트에 의하면 인간은 자기 감정의 전달 가능성, 즉 다른 사람과의 사교성 안에 더불어 같이 있는 존재로 규정된다. 여기서 사교성이란 말은 사회성이라는 용어보다는 사회적 가치 지향의 측면에서 소극적으로 들리지만, 미적 정서를 사회 속에서 보편적으로 그리고 합리적으로 이해할 수 있는 실마리가 있다. 칸트는 이러한 전달 가능성의 근거를 경험적으로나 심리학적으로 "인간의 자연적이며 사교적인 경향"[54]에 의해서 설명할 수 있다고 본다. 인간의 사교적인 경향은 감성적 공통의 감각, 즉 공통감과 관련된다. 일찍이 아리스토텔레스가 인간을 가리켜 사회적 동물이라 말한 바와 같이, 만일 우리가 사회에 대한 본능을 인간에게 본연의 요건이라 한다면, "우리는 취미를 우리의 감정조차 다른 모든 사람들에게 전달할 수 있도록 해주는 일체의 것을 판정하는 능력으로 간주해야 하며, 따라서 모든 사람들의 자연적 경향성이 요구하는 것을 촉진하는 수단으로 간주하여야 한다."[55] 인간 본성에 내재되어 있는 동물적 성향이 기본적인 삶을 지탱해주는 본능적인 힘이라는 사실은 부인할 수 없지만, 인간은 학적 인식과 더불어 그리고 예술을 통해 심성을 가꾸며 도덕화하고 사회화한다.[56] 도덕화란 곧 사회화를 뜻한다. 말하자면 감관 기관을 통해 우리는 현상으로서의 환경에 접하여 이를 느낄 수 있고 감정의 사교적 전달 가능성을 통해 안녕과 행복의 상태에 다다를 수 있다. 이러할 때 감각은 그것의 경험적 연관체와 관련을 맺게 되는데, 감각은 인식을 위한 다양한 소재를 제공해

54) I. Kant, *KdU*, 28쪽 이하.
55) 같은 글.
56) I. Kant, *Anthropologie* AAVII, 324쪽 이하.

주며 충족시켜준다. 감성적 인식은 이성적 인식의 제한된 폭을 다양하게 넓혀주는 일을 한다.

5. 맺음말

감각이 지각의 실재적인 것으로서 인식에 관련될 때, 이를 두고 칸트는 감관의 감각이라고 부른다.[57] 우리가 우리의 감관을 통해 대상을 지각할 때 느끼는 것은 자발적이 아닌 수동적인 향수의 쾌감이다. 이에 반해 스스로의 활동의 결과 얻게 되는 쾌감은 어떤 법칙적인 합목적성을 드러내는 것이며, 이성을 매개로 하여 전달된다.[58] 미적 취미 혹은 교양이란 서로가 공유할 수 있는 일종의 공통감이다. 우리는 그것을 공통의 감각에 기인한 하나의 이념으로 이해한다.[59] 우리가 상식이라 일컫는 보통의 인간 오성의 격률들도 취미 판단의 원칙들을 해명하는 데 도움을 준다. 자의적이지 않으며, 편견에 사로잡히지 않는 사고의 격률은 결코 수동적이지 않은 이성의 격률이다. 그것은 스스로 사유하며 법칙을 부여하는 오성의 격률과도 관련된다. 따라서 언제나 일관성있게 사유하는 것은 이성의 격률이요, 오성의 격률이다. 다른 모든 사람의 입장에서의 사유는 보편적 입장에 서서 사유하는 격률인 셈이며, 이것은 판단력의 격률에도 어느 정도 적용된다.

지적 판단력보다는 미적 판단력으로서의 취미는 주어진 표상에 관하여 우리가 느끼는 감정을 개념이나 논리의 매개 없이

---

57) I. Kant, *KdU*, 제39절, 153쪽.
58) 같은 책. 제39절, 154쪽.
59) 같은 책, 제40절, 157쪽.

선천적으로 판정하여 보편적으로 전달할 수 있는 능력이다.[60] 그러기에 이것은 지적 판단력이 아님에도 불구하고 거기에 버금가는 것이요, 한낱 사적 감정이 아니라 공동체적인 성격을 띤 것이다. 공통감은 취미 판단의 주관적 원리이긴 하지만,[61] 그것은 보편적 의사 소통 일반의 필연적이되 주관적인 조건이 된다. 우리는 공통감을 "심리학적 관찰에 입각하여 상정하는 것이 아니라, 우리 인식의 보편적인 전달 가능성의 필연적인 조건으로서 상정하는 것이다."[62] 이러한 필연적인 조건은 논리학에서는 물론이거니와 어떠한 인식의 원리에서도 전제된다고 하겠다. 그리하여 보편적으로 전달 가능한 심성 상태나 감정이란 반드시 공통감과 연관되며, 이는 미적 판단의 필연적 조건이자 그 전제가 된다.

취미는 그 능력의 행사와 존재를 선천적 원리에 의존하는 판단 능력이다. 이때의 원리가 공통감이며, 보편적으로 전달 가능하고 소통 가능한 감정을 체험할 수 있는 능력이다. 그런데 공통감이란 하나의 감정이라기보다는 감정을 위한 능력이다. 왜냐 하면 그것은 하나의 원리요 규칙이며 이념이자 규범이기 때문이다. 그리하여 공통감은 한낱 감정이 아니라 판단의 능력을 위한 객관적인 원리가 된다. 공통감은 공동체적 이념이기 때문에, 단지 감관의 경험에 적용하는 데에만 머무르는 것이 아니다. 칸트는 취미를 감성적인 공통감(sensus communis aestheticus)이라 하고, 우리가 보통의 인간 오성이라 일컫는 상식을 논리적인 공통감(sensus communis logicus)이라고 부른다. 하지만 미 및 예술과 연관하여 감성적으로 공통인 근거를 마련한다는 점

60) I .Kant, *KdU*, 제40절, 161쪽.
61) 같은 책, 제21절, 64쪽.
62) 같은 책, 제21절, 66쪽.

에서 미적 취미 또는 교양은 더욱 중요하다. 이는 바움가르텐이 물론 감성학의 학명(學名)을 자율적으로 부여하기는 했지만, 논리적인 것을 고급의 인식 능력이라 하고 감성적인 것을 저급의 인식 능력이라 한 데에서 진일보한 것이라 하겠다. 앞으로의 남은 문제는 공통감에 근거한 사교성을 사회성으로 적극 수용하여 사회철학적 기반을 다지는 일이라 생각한다. 아울러 인문학적 차원에서의 감성 문제를, 원래의 공통감적 특성을 유지하면서, 과학적 객관성을 어느 정도로 마련해보는 시도가 필요할 것이다.

□ 참고 문헌

막스 뮐러 / 알로이스 할더, 『철학소사전』(강성위 역), 이문출판사, 1988.

정대현, 「감성의 이성화」, 정대현 외 저, 『감성의 철학』, 민음사, 1996.

Arendt, Hannah, *The Life of the Mind*, New York : A Harvest Book, 1978.

Arendt, Hannah, *Lectures on Kant's Political Philosophy*, ed. and with an Interpretive Essay by Ronald Beiner, The University of Chicago Press, 1982.

Baeumler, A., *Die Irrationalitätsproblem in der Ästhetik und Logik des 18. Jahrhunderts bis zur Kritik der Urteilskraft*, Halle an der Saale, 1923 / Darmstadt, 1967.

Baumgarten, A. G., Metaphysica, 3. Teil 1739, 640절, in : *Texte zur Grundlegung der Ästhetik*, hrg.v. H. R. Schweizer,

Hamburg : Felix Meiner 1983.
Baumgarten, A. G., *Ästhetik*, Hamburg, 1988(*Aesthetica*, 제1부 1750, 제2부, 1758 간행).
Cassirer, E., *Die Philosophie der Aufklärung*, Tübingen : J. C. B. Mohr, 1932.
Diemer, D. / Ivo Frenzel, *Philosophie*, Frankfurt a.M. : Fischer 1969.
Franke, U. / G. Oesterle, Gefühl, Artikel, *Historisches Wörterbuch der Philosophie*, hg. J, Ritter, Basel / Stuttgart 1974, Bd. 3.
Goodman, N., *Languages of Art*, Indiana, 1976.
Grimm, Jacob und Wihilm, *Deutsches Wörterbuch*, Leipzig : Vons Hirzel, 1987.
Halder, A., Artikel, ästhetisch, in : *Historisches Wörterbuch der Philosophie*, hrsg. v. J.Ritter, 1971, Bd., I.
Henckmann, Wolfahrt, "Gefühl", Artikel, *Handbuch philosophischer Grunbegriff*, München : Kösel 1973, Bd. 2.
Kant, I., *Kritik der reinen Vernunft*(본문에서는 *KrV*.로 표시), Hamburg : Felix Meiner, 1956.
Kant, I., *Kritik der Urteilskraft*(본문에서는 *KdU*로 표시), Hamburg : Felix Meiner, 1974.
Landgrebe, L., "Prinzip der Lehre vom Empfinden", *Zeitsch. f. Philosophische Forschung*, 8 / 1984.
Leibniz, G. W., *Philosophische Schriften*, Hgs. v. Hans H. Holz, Darmstadt, 1985.
Mertens, H., *Kommentar zur Ersten Einleitung in Kants Kritik der Urteilskraft*, München, 1975.
Paetzold, Heinz, *Ästhetik der deutschen Idealismus : Zur Idee*

ästhetischer Rationalität bei Baumgarten, Kant, Schelling, Hegel und Schopenhauer, Wiesbaden : Franz Steiner, 1983.

Ritter, J. Artikel, Ästhetik, in : *Historisches Wörterbuch der Philosophie*, hrsg. v. J.Ritter, 1971, Bd. I.

Schöpf, A., u.a., "Erfahrung", Artikel. *Handbuch philosophischer Grundbegriffe*, München : Kösel 1973, Bd. 2.

Sulzer, J. G., *Allgemeine Theorie schönen Künste*, 4Bde., Leipzig 1771-1774.

Tetens, J. N., *Philosophische Versuche über die menschliche Natur und ihre Entwicklung*, 2Bde. Leipzig 1777.

Weischedel, W, *Kant Brevier*(손동현 / 김수배 역, 『별이 총총한 하늘 아래 약동하는 자유』) 이학사, 2002.

칸트의 숭고함과 예술

최 준 호

1. 들어가는 말

오늘날 예술을 예술가의 창작 활동이나 그 활동의 결과물로 한정하기 어렵다는 사실은 분명해보인다. 이미 모더니즘 예술 이후 그리고 20세기 초·중반 전통적인 틀을 벗어나 새로운 철학적 미학의 길을 모색했던 시도들(하이데거, 가다머) 이후, 예술은 예술가와 예술가의 작품은 물론이고 그 작품에 대한 해석을 포괄하는 의미로 이해되기 시작했다. 그리고 20세기 후반에 이르러서는, 예술의 본질이 있다면 그것은 작품이 아니라 작품의 해석에 놓여 있다고 얘기해야 할 만큼 예술의 무게 중심이 작품에서 작품의 해석 쪽으로 이동하게 되었다. 예술과 비예술의 경계가 애매해진 것은 물론이고, 종종 예술의 종말이 주장되기도 한다. 이런 사태는 시간이 경과할수록 심화되고 있는 듯이 보이기도 한다. 그렇기 때문에 작품에 초점을 맞춰, 오늘날의 예술의 상황을 "작품 개념의 위기(die Krise des Werkbegriffs)"로

압축해서 말하는 것은 여전히 설득력을 지닌다.[1)]

필자는 이러한 인식을 바탕으로 칸트의 자연의 숭고함과 예술의 관계에 대해 살펴보려고 한다. 좀더 분명하게 말하자면 『판단력비판』[2)]의 자연의 숭고함이 칸트의 논의 내에서 예술의 영역에도 적용될 수 있는 것인가, 만일 적용될 수 있다면 그 근거는 무엇인가, 또 그럴 경우 그 미학적 현재성은 무엇인가를 살펴보는 것이 논문의 주제다.

논의는 다음과 같이 전개될 것이다. 필자는 우선 칸트의 자연의 숭고함의 논의를 살펴볼 것이다. 이때 초점은 『판단력비판』에서 전개되고 있는 자연의 숭고함의 경험이 심의(Gemüt)의 역설적 역동성을 수반하는 순수(rein) 심미적인 경험이라는 사실을 밝히는 데로 모아질 것이다.

그 다음으로 필자는 자연의 영역에 국한된 듯이 보이는 칸트의 숭고함의 논의가 예술의 영역으로까지 확장될 수 있는가를 고찰해볼 것이다. 이때 논구의 구체적 대상은 칸트가 『판단력비판』에서 예술과 천재에 관해 성찰하고 있는 부분이다(KU, §43-§54). 마지막으로 필자는 칸트의 숭고함의 논의에 담긴 미학적 현재성을 재고해볼 것이다.

---

1) Rüdiger Bubner, *Ästhetische Erfahrung*, Suhrkamp, Frankfurt am Main 1989. 30-34쪽 참조.

2) 『판단력비판』은 Felix Meiner 판 (I. Kant, *Kritik der Urteilskraft*, Felix Meinder, Hamburg 2001)을 텍스트로 삼았다. 이하에서 『판단력비판』을 인용할 경우 KU로 약하고 §표시(서론의 경우 Einleitung으로 표시)와 함께 칸트 원문(B판)의 쪽수와 학술원 판(Akademie Ausgabe, V)의 쪽수를 병기하였다 (예 ; KU, §10, 32/220).

2. 자연의 숭고함

1) 숭고함의 경험과 심의의 역설적 역동성

자연의 숭고함에 대한 칸트의 논의를 입체적으로 이해하려면 그 역사적 지평은 물론이고, 『판단력비판』이 그의 철학 체계에서 차지하는 위치 또한 살펴보는 것이 마땅하다. 그뿐만 아니라 그럴 경우 우리는 취미 판단에 대한 칸트의 논의 역시 자세하게 고찰해야 한다. 그러나 그러한 연구는 이 논문의 한계를 넘어서 있다. 그런 까닭에 필자는 아래에서 자연의 숭고함의 경험에 대한 칸트의 논의를, 그 경험에 담긴 역설적 역동성에 초점을 맞춰 간략하게 살펴볼 것이다.

칸트에 의하면 자연의 숭고함의 판단 역시 취미 판단과 마찬가지로 심미적인(ästhetisch) 것이다. 심미적이라 함은 어떤 사물에 대한 표상이 그 사물에 대한 객관적 규정과 관계를 맺는 것이 아니라, 인식 주체의 쾌·불쾌의 감정과 관계 맺는 것을 의미한다(KU, §1, 3-4/203). 그러므로 숭고함의 판단이 심미적이라 함은 취미 판단과 마찬가지로 그 판단도 개념에 근거하는 판단이 아니라, 감정에 근거하는 판단임을 의미한다.[3] 물론 숭고함의 판단도 보편타당성을 담고 있다(KU, §23, 74/244 참조). 왜냐 하면 취미 판단과 마찬가지로 그것도 무관심적 만족(uninteressiertes Wohlgefallen)의 판단, 즉 순수 심미적인

---

3) 칸트에게서 취미 판단과 인식 판단이 어떻게 다른가에 대한 상세한 고찰을 위해서는 다음을 참조할 것. Wolfgang Wieland, *Urteil und Gefühl*, Vandenhoeck & Ruprecht, Göttingen 2001. 비란트(Wieland)는 감정에 근거하는 취미 판단이, 일상 언어에 의해서 (객관적 규정에 근거하는) 인식 판단과 동일한 것으로 간주될 수 있음을 지적하면서, 칸트가 왜 언어 분석에 주목하지 않고, 판단 분석에 주목했는가를 상기시키고 있다.

판단이기 때문이다. 숭고함의 판단 역시 사적인 감정이나 그 감정의 대상에 얽매이지 않는 판단이기 때문에, 그 판단도 다른 사람에게 그 판단의 보편타당성을 요구하고 고지할 수 있는 심의력들(Gemütskräfte)의 보편적 전달 가능성을 담고 있다.

그러나 취미 판단과 달리 숭고함의 판단은 상상력(Einbildungskraft)의 활동의 한계와 관련된 판단이다. 취미 판단의 경우 자연 대상을 보고 아름다움을 느낄 때, 우리들의 심의력들, 즉 상상력과 비규정적인 오성(unbestimmter Verstand)은 자유로운 유희(ein freies Spiel)의 상태에 놓인다. 이때 자유롭다는 것은 어떤 규정적인 규칙에 얽매이지 않는다는 의미이지 조화나 균형으로부터도 벗어나 있다는 의미는 아니다. 다시 말해 상상력과 비규정적인 오성 간의 자유로운 유희의 상태란 이미 정해져 있는 틀에 얽매이지 않는 조화와 균형의 상태를 의미한다. 우리가 자연의 아름다움을 느낄 때, 심의력들의 이러한 구조를 칸트는 주관적인 합목적성(subjektive Zweckmäßigkeit), 또는 목적 없는 합목적성(Zweckmäßigkeit ohne Zweck)이라 일컫고 있다(KU, §11, 35/221 참조).

그런데 숭고함의 판단에서는 심의력들이 그러한 조화의 상태에 놓이지 못한다. 숭고함의 판단의 경우에는 오히려 그러한 조화가 깨진다고 하는 것이 더 타당하다. 숭고함의 판단에서는 감성적인 것을 현시(Darstellung)하는 상상력의 활동이 일단 좌절된다. 왜냐 하면 취미 판단은 한계를 가진 대상의 형식과 관련되어 있는 반면, 숭고함의 판단은 몰형식적인(formlos) 대상과 관련되어 있기 때문이다(KU, §23, 75/244 참조). 이처럼 숭고함의 판단은 몰형식적인 자연 대상을 현시할 수 없다는 상상력의 활동의 좌절과 관련되어 있다.

그럼에도 불구하고 칸트에 의하면 숭고함의 판단의 본질은 그러한 좌절을 낳게 하는 자연 대상이나 혹은 그 좌절 자체에 있는 것이 아니라, 그 좌절을 딛고 일어서는 심의의 활동에 있다.[4] 압도적인 자연 대상을 바라보는 순간, 상상력은 그 대상 전체를 감성화해서 하나의 상으로 제시하지 못하고 좌절하지만, 그 좌절을 통해 우리 내부의 초감성적인 능력이 일깨워짐으로써 생겨나는 감정이 숭고함의 감정이다.[5]

절대적인 것으로 보이는 자연 대상과 마주한 상상력은 그 대상을 현시해보려고 노력을 해보지만 그러한 노력은 실패한다. 왜냐 하면 절대적인 것, 무한한 것은 이성과 관계하기 때문이다. 따라서 일단 상상력의 활동은 좌절된다. 압도적인 자연 대상은 상상력이 그것을 현시하기에 부적합한 것처럼 보이며, 그런 까닭에 상상력에게 그런 자연 대상은 위협적인 것으로 보인다(KU, §23, 76/245).

그러나 상상력의 활동이 무한한 것에 부적합하다는 사실을 통해서 우리 내부에 감춰져 있던 초감성적인 능력이 일깨워짐으로써 숭고함의 감정이 생겨난다. 폭풍우에 의해 광폭해진 대양(Ozean)을 바라보는 순간, 우리의 심의는 감성을 떠나서, (아름다움을 느낄 때의 주관적 합목적성보다) "더 높은 합목적성[6]

---

4) 전례 없이 강력해진 거대 테크놀로지의 위력 앞에서 그것을 현시할 수 없다는 고통의 감정에 주목하는 이른바 탈현대론자들의 숭고함, 즉 탈현대적 숭고함(the postmodern sublime)과 칸트의 숭고함은 이 점에서 분명하게 구분된다(Joseph Tabbi, *Postmodern Sublime*, Cornell Univ. Press, New York 1995, 서론 참조).

5) 주지하다시피, 칸트에 의하면 이러한 숭고함의 감정은 수학적인 것과 역학적인 것으로 나뉜다. 전자가 자연의 크기와 관련된 것이라면, 후자는 자연의 위력과 관련된 것이다. 그런데 이 점은 이 논문의 주제와 관련해서 보자면 그리 중요한 문제가 아니다. 그런 이유 때문에 필자는 여기서 수학적 숭고함과 역학적 숭고함을 각각 따로 고찰하지는 않았다.

6) "보다 높은 합목적성"이 구체적으로 어떤 합목적성인지, 또 그러한 합목적성 하에서 우리의 심의력들은 어떤 구조를 갖는지에 대한 칸트의 논의는 명확

을 담고 있는 이념"(KU, §23, 77/246)과 관계하게 된다. 그리고 바로 그러할 때, "우리 내부의 초감성적인 능력의 감정"(KU, §25 85/250), 즉 숭고함의 감정이 생겨난다. 물론 이러한 사실은 동시에 "상상력의 확장(die Erweiterung der Einbildungskraft)"을 의미하는 것이기도 하다(KU, §25, 83/249).

절대적 크기 혹은 절대적 힘으로 우리 앞에 다가온 자연 대상을 바라보는 순간, 우리들은 일단 자연의 크기와 위력에 압도되지만, 곧 이성의 이념과 관계하게 되고 그럼으로써 숭고함의 감정을 느끼게 된다. 이처럼 숭고함의 본질은 유한한 것을 뛰어넘는 심의의 활동 능력에 있다. 다시 말해 감성적 직관을 초월하는 심의의 활동 능력에 숭고함의 본질이 놓여 있다. 그래서 칸트는 "참된 숭고성은 자연 대상이 아니라, 단지 판단하는 사람의 심의에서 찾아야만 한다"(KU, §26, 95/256)고 분명하게 밝히고 있다.

폭풍우를 동반한 구름, 커다란 산맥, 대양 등을 보면서 우리가 그것을 숭고하다고 부르는 것은 그것들이 그 자체로 숭고하기 때문이 아니다. 그 이유는 그것들이 우리의 심의력들을 일상적 수준을 넘어서게 해주며, 그것을 통해 그것에 맞서려는 우리의 능력을 우리 자신에서 발견하게 해주는 데 있다(KU, §28, 104/261 참조).

요컨대 자연의 숭고함의 감정의 핵심은 압도적인 자연 대상이나 혹은 그로 인한 상상력의 좌절에 놓여 있는 것이 아니라 그 좌절을 딛고 일어서는 심의력들의 활동, 즉 우리들의 반성

하지 않다. 그 이유는 그것이 초감성적인 것과 관련되어 있다는 사실에 있다. 그럼에도 불구하고 상상력과 비규정적 오성 간에 성립하는 주관적인 합목적성이 감성적 영역에서 얘기될 수 있는 합목적성이라면, "보다 높은 합목적성"이란 감성적 차원의 합목적성의 관점에서 보면 반목적적인 것처럼 보이지만 초감성적인 것을 위해서는 합목적적인 것이라고 말할 수는 있다.

활동에 놓여 있다는 것이 칸트의 견해다. 그리고 그 반성 활동은, 우리가 거기에 다다르려고 하면 할수록 한계를 느끼지만, 더 이상 접근해갈 수 없다고 절망하고 좌절하는 순간 그 한계의 초월에 이르게 되는 역설적인(paradoxical) 성격을 지니는 반성 활동이다.

그렇기 때문에 숭고함을 경험할 때 우리의 심의 상태는 아름다움을 경험할 때와 분명하게 구별된다. 칸트는 아름다움을 경험할 때 우리들의 심의는 "정적인 관조(ruhige Kontemplation)"의 상태를 유지하는 데 반해, 숭고함을 경험할 때는 "심의의 운동(eine Bewegung des Gemüts)"이 수반된다고 말하고 있다(KU, §24, 80/247). 비유적으로 말하자면 아름다움을 경험할 때의 심의 상태가 목가적인 안온함에 안주하는 상태라고 한다면, 숭고함을 경험할 때의 심의 상태는 자체 내의 불일치와 부조화를 통해 초감성적인 것으로의 고양이 유발되는 상태라 하겠다.[7]

이상에서 필자는 칸트의 자연의 숭고함의 경험을 그 경험에 담긴 역동성을 중심으로 간략하게 살펴보았다. 그런데 우리의 논의에서 중요한 것은 자연의 숭고함의 경험이 역설적 역동성을 담고 있다는 사실 자체라기보다는, 그러한 역동성을 담고 있는 심미적 경험이 자연의 영역에만 한정된 것인가 혹은 예술의 영역에도 적용될 수 있는 것인가 하는 점이다. 칸트의 논의에서 그러한 역동성을 담고 있는 심미적 경험은 자연의 영역에만 국한되는 것처럼 보인다. 왜냐 하면 『판단력비판』 어느 곳에서도 예술의 숭고함의 경험이 가능하다고 칸트가 분명하게

---

7) 이를 숭고함의 감정을 불러일으키게 하는 자연 대상과 우리들의 심의력 간의 관계에서 보자면, 그것은 "끊임없이 상호 밀쳐내는"(KU, §23, 75/245) 관계다.

주장하고 있지는 않기 때문이다.

그러나 칸트의 명시적인 언급보다는 자연의 숭고함의 경험에 담긴 심의의 특성에 주목할 때, 그 경험이 칸트의 논의 내에서도 자연의 영역에만 국한되는 것이 아님을 우리는 확인할 수 있다. 왜냐 하면 예술에 관해 성찰하는 곳에서, 칸트는 순수 예술의 경험도 그와 같은 심의의 특성을 담고 있다는 사실을 암묵적으로 말하고 있기 때문이다.

칸트는 『판단력비판』 「서론」(B판)에서 숭고함의 판단을 정신이라는 용어를 써서 표현함으로써 취미 판단과 구별하고 있다. 그는 숭고함을 "정신의 감정(Geistesgefühl)"으로부터 생겨나는 것이라고 일컫고 있다(KU, Einleitung, XLVIII). 물론 「서론」에서 언급되고 있는 내용만으로 칸트가 정신의 감정 혹은 정신을 어떤 의미로 사용하고 있는지 명확하게 알 수는 없다. 그러나 앞서 고찰했던 내용을 토대로 추론을 해보자면, 정신의 감정이란 우리의 심의가 자연미를 경험할 때보다는 더 고차적이고 더 역동적인 상태에서 생겨나는, 다시 말해서 우리의 심의력(상상력)이 심미적으로 무한히 확장되는 상태에서 생겨나는 감정이라는 사실을 우리는 어렵지 않게 알 수 있다.

그런데 바로 그와 같은 감정의 상태, 즉 순수 심미적 경험이라는 표현만으로는 그 의미가 다 드러나지 않은 심미적 경험의 상태, 다시 말해 정신이라는 표현과 결부되어야만 그 의미가 다 드러날 수 있는 순수 심미적 경험의 상태가 예술을 성찰하는 곳에서 다시 얘기되고 있다(KU, §49, 192/313, 201/318 참조).

이런 사실에 주목해본다면, 예술의 숭고함의 경험이 칸트의 논의 내에서 가능하다는 것을 일단 짐작해볼 수 있다. 물론 이를 설득력 있게 논증하려면 간단치만은 않은 절차가 필요하다.

필자는 아래에서 이를 좀더 구체적으로 논구해보고 그 논구를 바탕으로 칸트의 숭고함의 논의에 담긴 미학적 현재성을 재고해볼 것이다.

그러나 칸트의 숭고함의 논의에 담긴 미학적 현재성에 접근하는 필자의 관점을 명확하게 하기 위해서, 필자는 이에 앞서 먼저 칸트의 자연의 숭고함을 그 역설적 성격에 주목해서 예술의 영역에까지 확장시켜보려고 시도했던 크로서(Paul Crowther)의 논의를 비판적으로 검토해보도록 하겠다.

2) 숭고함의 경험과 심미적 자율성

크로서는 취미 판단과 숭고함의 판단 간의 차이에 주목하여, 칸트의 숭고함의 논의를 재구성하려고 시도한 바 있다. 그도 숭고함의 판단의 역설적인 성격에 주목하면서 칸트의 자연의 숭고함의 논의를 예술의 영역에까지 확장시키려고 시도하였다.[8] 이러한 한에서 필자의 논의는 크로서와 그 궤를 같이 한다. 그러나 그가 숭고함의 판단이 역설적이라고 하는 것과 필자가 역설적이라고 하는 것은 다르다. 그뿐만 아니라 칸트의 숭고함에 접근하는 관점 자체가 필자와 상이하다.

크로서는 자연의 숭고함의 경험을 예술의 영역으로까지 확장시키기 위해서, 칸트의 심미적 판단의 근본 구성 요소를 재구성한다. 주지하다시피 칸트에 의하면 취미 판단은 상상력과 비규정적인 오성 간의 자유로운 유희에 근거하는 판단이다. 그는 이러한 유희를 우리 인간의 두 요소, 즉 감성적인 요소와 합리적인 요소 간의 조화로움으로 변경시킨다.[9] 그래서 그는 취

8) Crowther, Paul Crowther, *The Kantian Sublime*, Oxford Univ. Press, New York 1989, 150쪽 참조.

미 판단은 합리적 요소와 감성적 요소 간의 양립성을 느끼는 데 근거한다는 주장을 한다.[10]

그가 칸트의 심미적 판단을 이와 같이 재구성하고, 이를 토대로 숭고함의 경험의 확장을 시도하는 궁극적 이유는 심미적 경험이 진공 상태에서 이루어지는 것이 아니라는 사실, 더 나아가서는 숭고함의 경험은 도덕적 통찰을 이끌 수 있다는 사실을 끌어내려는 데 있다.[11] 숭고함의 경험에 대한 크로서의 관심은 미학 자체와 관련된 것이라기보다는 형이상학적 혹은 도덕적 통찰과 관련되어 있다.[12]

그는 칸트의 자연의 숭고함의 경험을 감성적 요소와 합리적 요소 간의 긴장, 더 나아가 감성적 요소에 대한 합리적 요소의 우위로 설명한다. 그에 의하면 숭고함의 경험에는, 그 숭고함의 대상의 절대적 크기와 위력을 우리의 감성적 능력으로는 도저히 감당해낼 수 없다고 분명하게 인식(knowledge)하는 것이 전제되어 있다.[13] 숭고함의 판단은 취미 판단과 달리 논리적 요소를 분명하게 전제한다는 것이 크로서의 주장이다. 이를 근거로 그는 숭고함의 경험을, (경험 대상이 인위적인 것이라는 사실의 인식을 전제하는) 예술의 영역에까지 확장시킬 수 있다고 본다. 크로서에 의하면 내재성과 초월성을 동시적으로 경험하는 숭고함의 역설적 특성은 바로 그러한 전제 하에서 생겨난다. 다시 말해 감성 능력의 한계를 분명하게 인식할 때 우리는 숭고함을 경험한다는 것이 그의 주장이다.[14]

---

9) Crowther, 앞의 책, 142쪽 참조.
10) Crowther, 앞의 책, 143-145쪽 참조.
11) Crowther, 앞의 책, 173-174쪽 참조.
12) Crowther, 앞의 책, 4쪽 참조.
13) Crowther, 앞의 책, 149-150쪽 참조.
14) 크로서에 따르면, 이때 우리는 우리 자신의 원초적 모습을 발견하게 되는데, 그러한 원초적 모습의 발견은 우리를 도덕적 통찰로 이끈다 (Crowther, 앞

그러나 크로서 자신이 말하고 있는 것처럼, 숭고함을 재구성한 그의 논의의 핵심이 근본적으로 칸트의 것이라고 하는 한에서,[15] 그는 오류를 범하고 있다. 왜냐 하면 주지하다시피 칸트의 자연의 숭고함의 경험의 핵심은 그것이 순수 심미적인 것이라는 데 있기 때문이다. 칸트의 자연의 숭고함의 경험의 역설적인 특성은 크로서가 말하는 것과 같은 인식을 전제하는 데서 생겨나는 것이 아니라, 순수 심미적인 경험의 상태에 놓인 인식력들간의 불일치와 부조화에서 생겨난다. 달리 말하면 숭고함의 경험과 관련된 이념은 실천 이성이 아니라 심미적인 이념이다.

물론 칸트의 논의에서 자연의 숭고함의 감정과 도덕성이 관계가 없는 것은 아니다. 칸트에게서 자연의 숭고함의 감정과 도덕성 간의 관계를 우리가 배제할 수는 없다.[16] 그럼에도 불구하고 인식 능력, 쾌·불쾌의 감정, 욕구 능력은 하나의 공동적인 근거로 소급될 수 있는 것이 아니라는 언급에서 알 수 있듯이(KU, Einleitung, XXII 참조), 칸트에게서 숭고함의 감정이 도덕성으로 환원될 수 있거나 혹은 도덕성에 종속되는 것은 아니다.

요컨대 칸트에게서 자연의 숭고함의 경험은 그 자체로 완결성을 갖는, 자율적인 심미적 경험이다. 필자가 분명히 하고자 하는 것이 바로 이 점이다. 그리고 이는 칸트 숭고함의 미학적 현재성과 관련해서도 시사하는 바가 크다.[17] 이제 이러한 사실을 분명히 하면서, 칸트가 예술에 대해 성찰하고 있는 곳으로

의 책, 171-174쪽 참조).

15) Crowther, 앞의 책, 151쪽 참조.

16) 칸트에 의하면 자연의 숭고함은 그 토대를 도덕적 감정의 소질에서 갖는다 (KU, §29, 112/255 참조).

17) 이와 관련해서는 논문 4장, 특히 각주 30)-31)을 참조할 것.

우리의 시선을 돌려보자.

3. 예술과 숭고함

1) 예술의 이중성

예술에 관한 칸트의 성찰 내용(KU, §43-§54)은 우리를 대단히 혼란스럽게 한다. 언뜻 보면 칸트가 앞뒤가 안 맞는 말로 일관하고 있는 것처럼 보인다. 그 이유는 근본적으로 예술의 이중적 특성 혹은 예술이 그러한 특성을 지니고 있다고 보는 칸트의 견해에 있다.

칸트에 의하면 자연과 달리 예술 일반에는 인간의 목적이나 의도가 들어가 있다. 그렇다고 해서 예술의 쾌가 결과물의 유용성 여부에 얽매어 있는 것은 아니다. 예술은 결과물의 유용성에 얽매이는 수공업(Handwerk)과 달리, 그 자체로 유쾌한 것, 그 자체로 만족을 주는 것이다.[18] 그렇지만 예술에는 인간의 목적이나 의도가 들어가 있다는 명백한 사실 때문에, 예술의 심미적 경험은 자연미를 경험할 때나 자연의 숭고함을 경험할 때와 달리 순수 심미적인 것일 수 없는 것처럼 보인다. 따라서 이럴 경우 예술의 보편성을 주장하는 것도 터무니없는 일이다.

이러한 사실에도 불구하고 칸트는 『판단력비판』 44절에서 예

18) 예술 일반에 관한 칸트의 견해는 『판단력비판』 43절에 있다. 그는 자연이나 수공업과의 차이뿐만 아니라 학문과의 차이를 통해 예술 일반에 대해 언급하고 있다. 요컨대 칸트에 의하면 예술이란 "의도적으로 산출된 객체로서, 이는 이론적 지식이 아니라 기술(숙련. skill)을 필요로 하는 것이며, 유용성 때문이 아니라 그 자체로 만족을 주는 것"(BjØrn, Myskja, *The Sublime in Kant and Beckett*, Walter de Gruyter, Berlin 2002, 234쪽)이다.

술의 보편성에 대해서 말하고 있다. 칸트는 그저 향유(Genuss)를 목적으로 하는 예술, 따라서 모든 자극이나 충동과 관련되어 있는 예술을 쾌적함의 예술(angenehme Kunst)이라고 부르고 있다. 그러한 쾌적함의 예술과 달리, "그 자신에 대해서 합목적적이고, 그렇기 때문에 비록 목적이 없다 하더라도 심의력이 사교적으로 전달되게끔 도야될 것을 촉구하는 표상 방식"(KU, §44, 179/306)으로서의 예술이 있다. 그것이 칸트가 말하는 순수 예술(schöne Kunst)이다. 따라서 순수 예술의 쾌는 보편성(심의력의 보편적 전달 가능성)을 담고 있다. 달리 말하면 그것은 단순한 향유나 감각의 쾌로부터 유래한 것이 아니라 반성의 쾌로부터 유래한 것이다.[19]

이처럼 칸트의 논의는 일관성을 결여하고 있는 것처럼 보인다. 44절의 내용에 따르면 순수 예술의 경험은 자연의 순수 심미적인 경험과 사실상 다르지 않다. 따라서 그런 심미적인 경험은 아무런 문제없이 예술의 영역에서도 가능한 것처럼 보인다. 그러나 43절에서 얘기된 것처럼 예술 일반은 근본적으로 특정한 목적이나 의도를 담고 있다. 순수 예술의 경우라고 해서 예외일 수는 없다.

앞뒤가 맞지 않은 것처럼 보이는 칸트의 생각은 45절에서 집약적으로 표현되고 있다. 우리가 순수 예술 작품을 볼 때, 우리는 그것이 자연 산물이 아니라 예술 작품이라는 사실을 의식해야 한다. "그러나 그럼에도 불구하고 마치 자연의 산물인 것처럼, 그것이 그 형식에서의 합목적성이 자의적인 규칙들의 모든 강제로부터도 벗어나 있는 것으로 보여야만 한다"(KU, §45, 179/306)고 칸트는 말하고 있다.

19) 순수 예술은 감관의 감각을 그 척도로 갖고 있는 것이 아니라, 반성적 판단력을 그 척도로 갖고 있다 (KU, §44, 179/306 참조).

이것이 어떻게 가능하단 말인가? 위의 인용문을 읽고 이러한 의문이 드는 것은 너무도 당연한 일이다. 의도와 목적이 담긴 객체가 그렇지 않은 객체, 즉 자연 사물인 것처럼 판단되어야 한다는 주장은 선뜻 납득되지 않는다. "예술은 우리가 그것을 예술로 의식함에도 불구하고 그것이 우리에게 자연으로 보일 때만 아름답다고 불릴 수 있다"[20](KU, §45, 179/306)는 칸트의 언급은 우리에게 수수께끼 같은 얘기처럼 들린다. 순수 예술은 이중적 특성을 담고 있다는 사실, 혹은 칸트는 순수 예술을 그러한 것으로 파악하고 있다는 사실만 분명해보일 뿐이다.

따라서 앞뒤가 안 맞는 것 같은 칸트의 성찰을 일관성 있게 이해하고, 더 나아가 칸트의 논의 내에서 순수 심미적 경험의 확장을 확인해보려면, 인간의 목적이나 의도로부터 원천적으로 벗어날 수 없는 예술 작품이 어떠한 근거에서 순수 심미적으로 판단되는가라는 점이 우선 밝혀져야 한다. 그리고나서 그러한 예술의 심미적 경험이 숭고함까지도 포함하는 것인가 하는 물음이 또한 해명되어야 한다.

2) 자연, 천재 그리고 예술

『판단력비판』의 숭고함을 분석하는 곳(KU, §23-§29)에서든 혹은 예술에 관해 성찰하는 곳(KU, §43-§54)에서든, 칸트는 예술의 숭고함에 관해서 직접적인 언급을 거의 하지 않고 있다. 『판단력비판』에서 자연의 숭고함만을 다루고 있다고 해

---

20) 여기서 '예술이 자연인 것처럼 보여야 한다'는 것은 예술이 자연을 충실하게 모사해야 한다는 의미에서 그러해야 한다는 것이 아니라, 예술이 비의도적인 것으로 보여야 한다는 의미에서 그러해야 한다는 것이다(Henry E. Allison, *Kant's Theory of Taste*, Cambrige Univ. Press, Cambridge 2001, 276쪽 참조).

도 그것은 지나치지 않다. 그는 예술의 숭고함에 대해서는 단편적이고 제한적으로만 얘기하는 데 그치고 있는 것처럼 보인다. 그 일례로 우리는 "예술의 숭고함은 자연과 일치해야 한다는 조건들에 늘 제한된다"고 말하고 있는 경우를 들 수 있다(KU, §23, 76/245).

그런데 숭고함의 예로, 그것도 가장 숭고한 것의 예로 칸트가 들고 있는 것이 흥미롭게도 인위적 가공물, 즉 이시스 신전에 새겨진 글귀(KU, §49, 197/316 참조)다. 이는 칸트가 예술의 숭고함이 불가능하다고 본 것이 아니라는 사실을 간접적으로 시사해준다. 『판단력비판』에서 예술의 숭고함이 직접적으로 논의되지 않은 가장 큰 이유는 칸트가 예술의 숭고함을 경험할 수 없다고 본 데 있다기보다는, 순수 심미적인 숭고함의 판단을 정초하는 데 예술의 숭고함의 경험은 적절치 못하다는 사실에 있다는 주장은 그렇기 때문에 설득력을 지닌다.[21] 달리 말해 칸트의 논의 내에서 예술의 숭고함의 경험 역시 가능하다는 가설은 일단 설득력을 지닌다는 것이다.

필자는 이러한 가설의 타당성을 검토하기 위해서, 목적과 의도로부터 자유로울 수 없는 예술품과 순수 심미적인 경험 간의 관계에 대해 칸트가 어떻게 얘기하고 있는가 하는 점부터 살펴보기로 하겠다. 이를 위해서 우리는 『판단력비판』에서 그의 논의의 초점이 바뀌고 있는 지점에 주목할 필요가 있다. 천재(Genie)를 성찰하는 곳(KU, §46-§49)에서 칸트 논의의 초점은 '주체가 객체를 판단하는 문제'로부터 '객체가 어떻게 생겨났는가의 문제'로 전환되고 있다.[22]

천재를 논하는 곳에서 칸트의 초점이 바뀌고 있다고 해서 칸

21) Myskja, 앞의 책, 233쪽 참조.
22) Myskja, 앞의 책, 232쪽, 234쪽.

트의 기본 입장(주체가 객체를 판단하는 문제)이 바뀌고 있는 것은 물론 아니다. 이 점은 칸트의 숭고함의 논의에 담긴 미학적 현재성을 재고해보는 문제와 관련하여 중요한 의미를 지닌다. 이에 대해서는 아래에서 다시 얘기하기로 하고 여기서는 일단 먼저 천재에 대한 칸트의 성찰 내용을 바탕으로, 예술의 순수 심미적인 경험에 대해서 그가 어떻게 얘기하고 있는가를 살펴보기로 하자.

앞서 언급했듯이 예술 일반은 특정한 목적이나 의도를 담고 있기 때문에, 다시 말해 개념적 규정성을 담고 있기 때문에 예술의 순수 심미적인 경험은 불가능한 것처럼 보인다. 그럼에도 불구하고 칸트는 예술의 영역에서도 그러한 경험이 가능하다고 했다. 순수 예술의 경험이 바로 그것이다. 따라서 그 경우에는 그 예술품이 의도적으로 제작된 것임에도 불구하고, 의도적이지 않은 것으로, 즉 특정한 의도와 목적을 넘어서 있는 것으로 보여야 한다. 다시 말해 그런 경우에는 그 예술품이 특정한 목적이나 의도를 담고 있는 인위적인 산물임을 우리가 의식함에도 불구하고, 마치 그러한 목적이나 의도로부터 벗어나 있는 자연 대상인 듯이 보여야 한다.

그렇다면 이것이 어떻게 가능한가? 그 근거는 순수 예술의 원천이 천재로 불리는 "자연 소질(Naturgabe)"이라는 사실에 있다. 칸트에 의하면, "천재란 예술에 규칙을 부여하는 (자연 소질) 재능이다"(KU, §46, 181 / 307). 천재는 예술가의 선천적인 창작 능력으로, 특정 목적이나 의도로부터 벗어나 있는 자연에 속한다(같은 곳, 참조). 이런 까닭에 "순수 예술은 필연적으로 천재의 예술로 고찰되어야만 한다"(같은 곳).

이러한 사태를 그러한 경험을 촉발시킨 작품에 초점을 맞추어 얘기해보자면, 그것은 "순수 예술은 천재의 창작물로써만 가능하다"(KU, §46, 182/307)는 말로 요약될 수 있다. 순수 예술 작품은 예술가가 의도적으로 만들어낸 것이지만, 그의 의도나 목적에 의해서 통제되지 않는 특징을 담고 있다. 다시 말하자면 그것은 예술가 개인의 의도나 목적 차원을 뛰어넘는 것이 표현되어 있는 작품이다. 그렇기 때문에 순수 예술 작품은 인위적인 산물임에도 불구하고 마치 자연 산물인 듯이 느껴지지 않을 수 없다.

이제 이렇게 놓고 보면 '순수 예술 작품을 볼 때, 그것이 예술품이라는 사실을 우리가 의식해야 함에도 불구하고 그것이 마치 자연의 산물인 듯이 보여야만 한다'(KU, §45, 179/306 참조)는 칸트의 언급이 혼란스럽기만 한 것은 아니다. 왜냐 하면 예술의 순수 심미적인 경험과 그 경험을 촉발시키는 예술 작품이 선천적인 자연 소질로서의 천재를 통해 매개되고 있기 때문이다. 다시 말해보면, "자연이 천재를 통해 예술에 규칙을 부여"(KU, §46, 181/307)하는 까닭에, (특정한 목적과 의도를 담고 있고 우리가 그 사실을 의식함에도 불구하고) 예술 작품이 순수 심미적으로 경험된다.[23]

그런데 천재를 통해서 칸트의 논의 내에서 예술의 순수 심미

---

23) Myskja는 예술 작품이 순수 심미적으로 판단될 수 있다는 사실과 관련된 칸트의 논의를 다음의 네 단계로 요약하고 있다. ① 의도적인 산물이 어떻게 목적 없는 합목적성의 원리에 따라 판단될 수 있는가? 칸트의 대답은 예술 작품은 비의도적인 것으로 판단되어야 한다는 것이다. ② 예술가가 비의도적인 것을 어떻게 의도적으로 만들어낼 수 있는가? 이것이 가능할 수 있는 근거는 예술가의 의도에 의해 통제되지 않는 창조적 힘, 즉 천재에 있다. ③ 천재로 불리는 재능에는 무엇이 담겨 있는가? 거기에는 심미적 이념을 표현하는 것이 담겨 있다. ④ 순수 예술 작품 이외의 인위적 가공물에서도 이 재능이 표현될 수 있는가? 『판단력비판』 48절에 따르면 가능하다(Myskja, 앞의 책, 235쪽 참조). 그러나 칸트가 순수 예술 작품 이외의 인위적 가공물에서도 천재의 재능이 표현될 수 있다고 했는지는 사실상 명확하지 않다.

적인 경험이 가능할 수 있는 근거가 주어진다고 해서, 숭고함의 논의가 곧바로 그의 논의 내에서 예술의 영역으로까지 확장될 수 있는 것은 아니다. 왜냐 하면 천재를 성찰하는 곳에서 예술의 숭고함이 직접적으로 언급되고 있는 것은 아니기 때문이다. 예를 들면 자연미와 예술미는 명시적으로 비교되고 있지만(KU, §48, 188/311), 자연의 숭고함과 예술의 숭고함은 그렇지 못하다.

그렇다면 칸트의 논의 내에서 숭고함을 예술의 영역으로 확장시키는 것이 가능하다는 가설이 타당성을 지니려면 또 어떤 절차 혹은 어떤 재구성이 필요한가? 필자는 일단 가장 손쉽지만 그러나 가장 확실할 수 있는 방법을 취해보도록 하겠다. 즉, 필자는 먼저 자연미와 자연의 숭고함의 가장 근본적인 차이로 칸트가 무엇을 들고 있는가를 명확히 한 뒤, 이를 근거로 그러한 차이가 예술에 관해 성찰하는 곳에서도 재차 얘기되고 있는가를 살펴보도록 하겠다. 만일 그러하다면 우리는 이로부터 예술의 숭고함이 칸트 논의 내에서 가능하다는 사실을 추론해낼 수 있을 것이다.

칸트에게서 자연미와 숭고함의 가장 근본적인 차이는 무엇인가? 이 점을 분명히 하기 위해서 필자는 다소 길지만 이에 대한 칸트의 직접적인 언급을 인용해보도록 하겠다.

> "그러나 숭고함과 미의 가장 중요하고 내적인 차이는 분명히 다음과 같은 것이다 … 자연미는 그 대상이 우리의 판단력을 위해서 흡사 미리 규정되어 있는 것처럼 보이게끔 해주는 그 형식에서의 합목적성을 수반한다. 이에 반해서 우리 내부에서 … 숭고함의 감정을 불러일으키는 것은 그 형식상 우리의 판단력에게 반목적적인 것처럼, 우리의 현시 능력에 부적합한 것처럼, 그래서 상상력에게 위협적인 것처럼 보일 수 있다. 그러나 그럼에도 불구하고 더욱 그러

면 그럴수록 그것이 숭고한 것으로 판단된다”(KU, §23, 76/245).

위의 인용문에 의하면 자연미가 그 형식에서의 합목적성을 수반하는 데 반해서, 숭고함은 그렇지 못하다. 그런데 자연미에 수반되는 합목적성이란 무엇인가? 그것은 미의 대상이 (아무런 규정적 규칙들이 주어져 있지 않음에도 불구하고) 상상력과 비규정적 오성의 자유로운 유희에 수반되는 쾌의 감정을 통해서 아름답다고 판단됨으로써, “흡사 그 대상이 상상력과 오성을 매개해서 판단을 수행하는 판단력을 위해서 미리 규정되어 있는 것처럼 보이게끔 해주는” 합목적성이다. 단적으로 말하자면 그것은 판단력을 위한 합목적성이다.

그런데 이러한 합목적성은 숭고함의 경험에는 걸맞지 않다. 그런 합목적성의 관점에서 보자면 숭고함을 불러일으키게 하는 것은 반목적적인 것처럼 보인다. 숭고함을 경험할 때는 그러한 합목적성이 철저하게 부셔진다고 해도 그것은 크게 어긋난 얘기가 아니다. 그렇다고 해서 숭고함의 경험에 그 어떤 합목적성이 수반되지 않는 것은 아니다.

여기서 우리는 숭고함의 경험은 “보다 높은 합목적성”과 관계된다는 칸트의 언급을 다시 떠올려볼 필요가 있다. 앞서 간략하게 말했던 것처럼,[24] 칸트의 논의에서 그것을 명확하게 규정하는 것은 거의 불가능하다. 왜냐 하면 그것은 초감성적인 영역과 관련되어 있기 때문이다. 그럼에도 불구하고 우리는 그것이 판단력을 위한 합목적성이라기보다는 심미적인 이념을 위한 합목적성이라 해야 마땅하다는 사실은 분명히 할 수 있다.

이렇게 볼 때 자연미와 숭고함 간의 가장 중요한 차이는 전자가 감성적 차원의 합목적성과 관계된 것이라면, 숭고함은 초

---

24) 각주 6) 참조.

감성적 차원의 합목적성과 관계된 것이라 할 수 있다. 이는 동시에 자연미와 숭고함의 본질적 차이는 숭고함의 경험에 담긴 역설적 역동성(상상력의 무한한 확장이자 심미적 이념의 운동)에서 분명하게 확인될 수 있음을 의미한다. 왜냐 하면 숭고함의 합목적성은 감성적 차원의 합목적성이 좌초되면서 생겨나는 역설적 역동성에 기초하기 때문이다. 따라서 우리는 이제 정신의 고양이라고 해야 그 의미가 충분히 전달될 수 있는, 심의력들의 역설적 역동성이야말로 칸트에게서 자연미와 숭고함을 가르는 중요한 지표가 된다고 말할 수 있다.

필자는 이러한 사실을 분명히 하면서, 칸트가 천재를 구성하는 심의 능력을 통해서 예술미를 성찰하고 있는 데로 시선을 돌려 그의 논의 내에서 예술의 숭고함이 가능함을 밝혀볼 것이다.

3) 예술의 숭고함과 천재

앞서 확인했던 것처럼, 칸트에 의하면 순수 예술은 천재의 예술이다. 달리 말하면 예술의 순수 심미적인 경험을 촉발시키는 순수 예술 작품은 천재의 창작물이다(KU, §48, 187/311 참조).

그렇다면 그러한 예술의 경험은 자연의 경우처럼 미의 경험과 숭고함의 경험으로 구분되지 않는가? 분명히 칸트는 예술의 경험을 자연의 경우처럼 명시적으로 구분하고 있지 않다. 그는 예술미만 명시적으로 얘기하고 있을 뿐 예술의 숭고함은 따로 구분해서 얘기하고 있지 않다.

그러나 천재를 구성하고 있는 것에 대한 칸트의 성찰 내용을 보면, 그가 말하는 예술미는 숭고함을 포함하고 있을 뿐 아니라 사실상 그 핵심이 숭고함이라는 사실을 알 수 있다. 예술미가 숭고함을 포함한다거나 예술미의 핵심이 숭고함이다라고 단정적으로 말할 순 없더라도, 그렇게 간주되어야만 한다는 사실은 분명하다.

칸트는 "자연미는 아름다운 사물이지만, 예술미는 어떤 사물에 관한 아름다운 표상(Vorstellung)이다"(KU, §48, 188/311)라고 말하고 있다. 언뜻 잘 이해되지 않은 이 인용문은 '예술미의 경우 추한 것에서조차 아름다움을 느끼게 된다'(KU, §48, 189/312 참조)는 데서 그 의미가 단적으로 드러난다. 자연미를 경험할 경우 그 대상은 그냥 주어진다. 그러나 예술미의 경우는 다르다. 예술가의 목적과 의도가 들어간 예술가의 손길을 거치지 않고서는 예술의 경험의 대상, 즉 예술 작품은 주어지지 않는다. 어떤 대상이 예술가의 의도와 목적을 통해서 심미적으로 표현되었을 때 비로소 예술미의 경험이 가능하다. 따라서 예술의 경험을 위해 중요한 것은 (자연의 심미적 경험과 달리) 예술가가 다루는 대상 자체라기보다는, 그 대상에 대한 예술가의 표현이다.

이런 까닭에 예술미의 성찰을 위해서는, 예술미를 촉발시키는 예술 작품, 더 정확히 말하자면 예술가가 그런 예술 작품을 만들어내는 표현 방식에 대해서 살펴보지 않을 수 없다. 그런데 주지하다시피 칸트의 논의 초점은 순수 예술에 놓여 있다. 그렇기 때문에 성찰의 주된 내용이 천재의 표현 방식에 놓여 있음은 당연하다. 천재를 구성하고 있는 것에 대한 칸트의 성찰 내용이 바로 이것에 다름아니다. 그리고 바로 이 지점에서 예술의 숭고함의 경험이 가능하다는 사실이 암묵적으로 언급되고 있음을 우리는 확인할 수 있다. 따라서 천재를 구성하고 있는 것에 대한 칸트의 성찰 내용을 우리가 살펴보는 것은 불가피하다.

예술가가 예술 작품을 만들 경우 예술가는 우선 자신의 작품의 목적을 설정해야 한다. 즉, 자신이 다루려고 하는 것이 무엇인가에 대한 개념을 전제해야 한다(KU, §48, 188/311 참조). 따라서 예술가의 작품 활동은 결국 어떤 개념을 전제로 해서 어떤 대상을 아름다운 것으로 표현한다는 것을 의미한다. 순수 예술이 경우라고 해서 이 점이 예외일 수는 없다. 예술 일반과 마찬가지로 순수 예술에서도 이러한 과정이 필요하다.[25]

그러나 그것을 모름지기 순수 예술 작품이라고 할 수 있기 위해서는 이것만으로 부족하다는 것이 칸트의 견해다. 그는 그러한 예술 작품에는 정신이 깃들어 있다고 말한다. 그렇다면 칸트가 여기서 말하는 정신이란 무엇인가? 일단 그것은 "심미적 의미의 정신"을 뜻한다. 그것은 우리의 혼(Seele)에 생동감을 불어넣는, 심의의 원리다'(KU, §49, 192/313). 이를 칸트는 다시 다음과 같이 얘기하고 있다. "이 원리란 심미적인 이념을 현시하는 능력과 다르지 않다"(KU, §49, 192-193/314). 그렇다면 심미적 이념이란 또 무엇인가? 그것은 그 어떤 언어를 통해서도 완전히 도달할 수 없고, 이해 가능하게 할 수 없는 상상력의 표상이다(같은 곳, 참조). 그런 까닭에 그 어떤 규정적 개념도 그것에 적합할 리 없고, 따라서 그것은 이성 이념의 대리물이라고밖에 달리 말할 수 없는 것이다(같은 곳, 참조).

칸트가 상상력의 표상을 이념이라 부르는 이유는 두 가지다. 첫째는 상상력은 그 표상을 통해 경험의 한계 너머에 있는 어떤 것을 추구하려고 하고, 이성이 현시하는 것에 접근하려고 시도한다는 데 있다. 둘째는 그러한 표상은 그 어떤 개념과도 적합할 수 없다는 사실에 있다(같은 곳 참조).

결국 이렇게 볼 때 칸트가 말하는 심미적 정신이란, 상상력의 무한한 활동을 통해서 경험 너머에 있는 심미적 이념을 표현하

25) 이것을 위해 요구되는 것이 취미(Geschmack)다(KU, §48, 190/312 참조).

는 능력이라 할 수 있다. 그리고 예술가의 혼이 밴, 다시 말해 예술가의 정신이 살아 숨쉬는 작품이란, 상상력에 의해 그러한 심미적 이념이 표현된 작품이다.[26] 그리고 칸트의 이러한 성찰 내용에서 우리는 그의 논의 내에서 예술의 순수 심미적인 숭고함의 경험이 가능하다는 사실을 확인할 수 있다. 정신은 상상력의 무한한 활동을 통해서 경험 너머에 있는 심미적 이념을 표현하는 능력인 바, 그런 정신이 깃들은 작품을 칸트가 강조한 데서 일단 그러한 사실을 읽어낼 수 있다. 상상력의 무한한 확장과 경험 너머에 있는 심미적 이념을 표현하는 능력에 의해 창작된 예술 작품의 경험이 그저 심의의 "정적인 관조" 상태를 수반하는 심미적 경험에 그치지 않는 것임을 우리는 어렵지 않게 짐작해볼 수 있다. 즉, 그 경험이 자연의 경험과 차이점을 지님에도 불구하고, 근본적으로 순수 심미적인 경험이라는 점에서, 그것이 심의의 정적인 관조 상태를 수반하는 자연미의 경험으로 다 설명될 수 없는 경험임은 분명해보인다.

다시 말하면 정신이 깃들은 예술 작품의 경험은 상상력의 무한한 확장과 이념의 자기 고양으로 요약될 수 있는 자연의 숭고함의 경험과 근본적으로 다르지 않은 순수 심미적 경험일 것이라 사실을 우리는 추론해낼 수 있다는 것이다. 요컨대 필자가 말하고자 하는 요지는 칸트의 예술미는 숭고함을 포함한다

---

26) 칸트에 의하면 이러한 상상력의 표상 활동은 그것이 예술 작품과 관계된 것인 한에서 거기에 아무런 제한과 규정이 없는 것은 물론 아니다. 그 활동은 작품의 목적을 함축하는 어떤 개념과 상응 관계에 놓여야 한다(KU, §49, 194-195/315, 197/316 참조). 상상력의 활동이 예술 작품과 관련된 것인 한에서 이런 관계를 배제할 수는 없다. 왜냐 하면 이 관계가 자체를 배제하고서는 예술미를 촉발시키는 예술 작품이 생겨날 수 없기 때문이다. 이를 위해서 요구되는 것이 오성이다. 즉, 오성 역시 천재를 이루는 요소다. 그래서 칸트는 천재를 위해서는 상상력, 오성, 정신, 취미가 요구된다고 말하고 있다(KU, §50, 203/320 참조).

라고 단정적으로 말할 수는 없다고 하더라도, 그러한 것으로 간주되지 않으면 안 된다는 것이다.[27]

위와 같은 추론을 뒷받침해주는 내용이 (천재의 이루는 것에 대해 성찰하는 부분에서) 암묵적이기는 하지만 재차 언급되고 있다. 앞서 언급했던 것처럼, 칸트에 의하면 상상력이 표상한 심미적 이념(다시 말해 심미적 정신의 능력에 의해 표현된 이념)은 규정적인 개념적 사유의 틀을 통해서는 도달할 수 없는 것이었다. 그런데 칸트에 의하면, 바로 그때 그 표상은 많은 것을 생각하게끔 유발시킨다고 말하고 있다(KU, §49, 193/314 참조).

그렇다면 상상력의 표상이 유발시키는 것이란 무엇인가? 상상력이 표상한 심미적 이념이 유발시키는 것은 (우리들에게) 규정적인 개념적 사유의 틀을 심미적으로 무한하게 확장해서 생각하게끔 하는 것이다(KU, §49, 194/315 참조).[28] 그리고 그럴 경우 그 상상력의 표상을 동인으로 해서, 지성적인 이념은 그 이념에서 파악될 수 있는 것보다 더 많은 것을 사고하게끔 동적인 상태에 놓인다고 칸트는 말하고 있다(같은 곳, 참조).

이쯤 되고 보면 정신이 깃들은 예술 작품의 경험이란 자연의 숭고함의 경험과 다르지 않은 것임을 우리는 충분히 추론해낼 수 있다. 오성적인 개념으로는 도저히 파악할 수 없고, 그래서 우리의 심의가 심미적으로 무한하게 확장되게끔 유발하는 예술 작품의 경험, 지성적 이념으로 파악될 수 있는 것 이상을 사

27) 이는 『판단력비판』의 논의가 "어떻게 판단된다"는 것과 관련된 것이 아니라 "어떻게 판단되어야만 하는가"와 관련된다는 사실에 상응하는 것이기도 하다(KU, Einleitung, XXXI 참조).

28) 칸트는 이러한 사실을 예술의 표현 형식인 ― 규정적인 개념을 통해서 표현될 수 있는 것보다 더 많은 것을 생각하게 해주는 ― 심미적 상징물(Attribute)과 관련하여 반복적으로 언급하고 있다(KU, §49, 195,196/315 참조).

고하게끔 그 이념을 동적인 상태에 놓이게 유발하는 예술 작품의 경험은, 상상력의 무한한 확장과 심미적 이념의 자기 고양으로 특징지워지는 자연의 숭고함의 경험과 다르지 않다고 해야 마땅할 것이다.

그렇기 때문에 "덕에서 평화가 나오는 것처럼, 태양이 떠오른다"고 어떤 시인이 말했을 때, "비록 우리가 생각으로만 덕의 상태에 파묻혀 있다고 하더라도, 덕의 의식이 (우리들의) 심의 속에 일련의 숭고하고 평온한 감정과 함께, 규정적 개념에 적합한 방식을 통해서는 결코 완전하게 도달할 수 없는 행복한 미래에 대한 무한한 통찰을 발산시킨다"(KU, §49, 197/316; 강조 필자)는 칸트의 성찰 속에 놓인 예술 경험의 핵심은 사실상 숭고함이라고 말해도 그 주장은 지나치지 않다.

다시 한 번 요약해서 말하자면, 칸트가 말하는 예술미는 자연의 숭고함의 경험에서 확인되는 심의 상태를 포함하는 의미의 예술미로 간주되지 않으면 안 될 뿐 아니라, 바로 그러한 심의 상태야말로 칸트가 말하는 예술미의 핵심으로 간주되지 않으면 안 된다.

4. 숭고함의 경험과 미학의 현재성

앞서의 논의를 통해서 우리는 칸트의 논의 내에서도 예술의 순수 심미적인 숭고함이 가능하다는 사실을 확인할 수 있었다. 칸트의 논의 내재적으로 자연의 숭고함의 경험을 예술의 숭고함의 경험으로까지 확장시키는 것이 가능했다. 좀더 정확하게 말하자면 예술의 숭고함의 경험이 가능한 것으로 간주되지 않으면 안 되었다.

그렇다면 칸트의 숭고함의 논의를 그의 천재에 대한 성찰을 기반으로 하여 예술의 영역으로까지 확장시키는 것은 어떤 의의를 지닐까? 일단 그것은 미학에 관한 칸트의 논의, 특히 숭고함의 논의는 자연에 국한될 뿐, 예술에 관해서는 어떤 구체적인 의미를 담고 있지 못하다는 주장들이 편협한 것일 수 있음을 보여준다는 점에서 그 의의를 지닐 수 있다. 더군다나 그 논의가 원론적인 수준에 그치지 않고 예술의 구체적 양태들과 매개된 형태로 전개된다면, 그 의의가 더 클 것이다.[29)]

그러나 그럼에도 불구하고 그러한 논의의 초점이 예술의 경험보다는 예술 작품 자체로 모아진다면, 그 의도와는 달리 칸트 논의에 담긴 미학적 현재성을 무디게 할 수도 있다.[30)] 왜냐

29) Myskja는 칸트의 자연의 숭고함의 논의를 사뮤엘 베케트(Samuel Beckett)의 소설 「몰로이(Molloy)」에 적용시켜 연구하였다(Myskja, 앞의 책). 칸트의 자연의 숭고함은 복합적 감정을 통해 도덕성을 고양시키는 데 기여하는 것으로 요약될 수 있으며, 그의 그러한 논의가 베케트의 소설 「몰로이」를 분석하는 중요한 이론적 틀이 될 수 있다는 것이 Myskja의 견해다(Myskja, 앞의 책, 서론 참조).

30) Myskja는 이 문제를 분명히 인식하고 있다. Myskja는 '숭고함이 텍스트 자체에서 발견되어야 하는 것이라기보다는 텍스트에 기초한 독자의 창조적 작업에서 발견되어야 한다'고 주장하고 있다. 그럼에도 불구하고 Myskja는 곧바로 다음과 같은 주장을 하고 있다. "「몰로이」에서 세 가지 형태의 숭고함이 발견된다"(Myskja, 앞의 책, 11쪽). 이러한 사태는 칸트의 이론을 「몰로이」에 적용시키는 곳에서도 반복된다(Myskja, 앞의 책, 273쪽 참조). 여기서 이러한 원인을 상세히 밝히는 것은 필자의 한계를 넘어서 있다. 다만 필자는 Myskja가 칸트의 숭고함의 경험을 그 자체로 완결성을 갖는 경험으로 간주하기보다는 도덕성을 전제하는 것, 도덕성을 위한 것으로 간주하고 있다는 사실을 지적하고자 한다. 사실상 심미적 경험 자체보다는 도덕성이 Myskja 논의의 핵심에 놓여 있다. 도덕성을 축으로 해서 칸트의 숭고함이 베케트의 소설 「몰로이」에 적용되고 있다. 칸트의 숭고함은 복합적 감정을 통해 도덕성을 고양시키는 데 기여하는 것으로 특징지워지는데, 베케트의 소설이 바로 그러하다 것이 Myskja의 기본 전제이자 그 점을 밝히는 것이 연구의 목적이다. 단적으로 말하자면 소설 「몰로이」는 도덕적이고, 따라서 도덕성의 고양에 기여한다는 것

하면 칸트 숭고함의 논의의 미학적 현재성은 무엇보다도 그의 기본적인 입장, 즉 작품보다는 자기 완결적인 심미적 경험 자체에 주목했던 점에서 끌어낼 수 있을 것이기 때문이다.[31)]

작품보다는 작품에 대한 경험이나 해석을 중시하는 경향은 예술 활동의 영역에서는 이미 20세기 초반에 나타난 현상이라 할 수 있지만, 철학적 미학에서는 20세기 후반에 이르러서 뚜렷해졌다. 아리스토텔레스 이후 서구 예술사에서 거의 절대적 권위를 누렸다고 할 수 있는 작품의 위치가 20세기에 들어오면서 흔들리기 시작했고, 20세기 후반에 이르러서는 철학적 미학의 영역 내에서조차 위기를 맞게 되었다.

이러한 상황을 "작품 개념의 위기"로 명명한 바 있는 부브너에 따르면, 진리를 철학적 반성을 통해서가 아니라 예술 경험

(혹은 그러한 것으로 판단되어야만 한다는 것)을 밝히는 것이 Myskja 논의의 핵심이다. 이러한 사실은 왜 자신이 칸트의 숭고함에 주목하고 있는가를 밝히는 곳(Myskja, 앞의 책, 8쪽 참조)에서, 그리고 왜 굳이 「몰로이」를 선택했는가를 밝히는 곳(Myskja, 앞의 책, 5쪽 참조)에서 분명하게 드러난다. Myskja가 작품의 경험을 강조하면서도, 논의의 초점이 사실상 작품 자체로 모아지고 있는 주요한 원인 중에 하나는 이와 같은 사실에 놓여 있다고 필자는 생각한다. 그리고 필자가 Myskja로부터 고무된 바가 적지 않음에도 불구하고, 비판적 거리를 유지하려는 이유도 여기에 있다.

31) 부브너(Rüdiger Bubner)는 현대의 철학적 미학을 대표하는 해석학과 이데올로기 비판 철학의 입장을 비판적으로 고찰하면서, 칸트의 심미적 경험에 담긴 미학적 현재성을 적극적으로 재고한 바 있다. 그는 작품 개념에 그 뿌리를 두고 있는 철학적 미학을 타율적인 것으로 지칭(Bubner, 앞의 책, 31쪽 참조)하면서, 칸트의 심미적 경험에 주목하고 있다. 그에 의하면 칸트의 논의는 작품을 실체화하는 것에 대한 거부며, 개념에 근거한 예술이 (그렇지 못한 것에 비해) 우월하다는 주장에 대한 거부를 의미한다(Bubner, 앞의 책, 34쪽 참조). 부브너는 칸트의 심미적 경험의 특징을 두 가지로 요약하고 있다. 칸트는 심미적 경험을 감성적으로 접촉하게 되는 것과 창의적으로 실행하는 것 간의 긴장 관계에서 확인하려고 했다는 사실이 그 첫 번째 특징이다. 두 번째 특징은 작품에서 예술의 진수를 맛보려는 생각, 다시 말해 작품에서 예술을 객관적으로 파악하려는 생각을 일소하고 있다는 점이다(Bubner, 앞의 책, 35-38쪽 참조).

의 구조 속에서 역사적으로 파악하고자 하는 현대의 대표적 철학적 미학[32](해석학과 이데올로기 비판 철학)도 이 문제로부터 자유로울 수 없다. 그에 의하면 해석학과 이데올로기 비판 철학에서 작품이라는 것은 객관적인 소여성 그 이상의 의미를 담고 있다. 작품은 진리를 드러내주는 예술의 존재론적인 담지자(Träger)를 의미한다.[33] 그러므로 예술이 진리를 드러내주는 것임을 주장하게 되면 될수록 두 입장 모두 작품에 매달리게 된다.

이에 반해 현대의 예술 표현들은 작품이 의미의 완결이자 부분적인 것들이 유기적으로 결합된 전체라는 전통적인 작품 개념과 반대됨을 보여주고 있다.[34] 따라서 작품이란 진리를 드러내주는 존재론적 담지자라고 파악하는 입장은 딜레마에 빠지고 만다는 것이 부브너의 주장이다.[35]

그런데 이런 "작품 개념의 위기"의 이면에서 미학의 흐름을 또 다르게 일별해서 말해보자면, 우리는 그것을 예술의 탈규범화와 일상화로 요약할 수 있다. 그리고 이러한 흐름의 미학에서 보이는 두드러진 특징은 거대 테크놀로지에 압도된 채 소소한 심미적 이야깃거리를 만들어내는 데서 미학의 역할을 모색하고 있다는 점이다.[36]

필자는 칸트의 숭고함의 논의는 바로 이러한 측면과 관련하여 그 고유한 미학적 현재성을 지닐 수 있다고 생각한다. 칸트의 숭고함의 경험은 (미의 경험의 경우와 마찬가지로) 어떤 가

---

32) Bubner, 앞의 책, 11쪽 참조.
33) Bubner, 앞의 책, 19쪽 참조.
34) Bubner, 앞의 책, 19쪽 참조.
35) Bubner, 앞의 책 30-34쪽 참조.
36) 이와 관련해서는 다음을 참조할 것. Noël Carroll, *Beyond Aesthetics*, Cambridge Univ. Press, Cambridge 2001.

시적인 정태적 요소로 환원될 수 없는 역동성에 기초하면서도 규범성이 상실되지 않은 미학적 사유를 잉태하고 있다. 즉, 그것은 독단적 규범성이나 무차별적 상대주의로 흐를 위험으로부터 벗어나 있다.

그러나 무엇보다도 중요한 것은 칸트의 숭고함의 논의는 거대 테크놀로지에 압도되어 소소한 이야깃거리 주변을 서성이는 것에 안주하지 않는 철학적 미학을 촉진시킬 수 있는 가능성을 담고 있다는 점이다. 왜냐 하면 칸트의 숭고함의 경험은 오히려 그 거대 테크놀로지에 맞서서 그것을 넘어서려고 하는 데서 미학적 사유의 정체성을 확인할 수 있게 해주기 때문이다.[37] 우리는 이러한 사태를, 미학에다 소소한 이야깃거리를 통해 일시적 자족에 머무는 것 이상의 의미를 부여하지 않으려는 예술의 현실이 칸트의 숭고함의 논의를 새롭게 조명하게끔 촉발시키고 있다고 달리 말할 수도 있을 것이다. 여하튼 중요한 것은 칸트의 숭고함의 논의는 미의 경험에 대한 그의 논의를

---

37) 최근 벨머(Albrecht Wellmer)를 비롯한 일군의 독일 철학자들은 미학의 위상을 새롭게 규정하려고 시도한 바 있다(Andrea Kern und Ruth Sonderegger, Hrsg., *Falsche Gegensätze*, Suhrkamp, Frankfurt am Main 2002). 이들에 따르면 그동안의 미학의 논의는 크게 보아 상반된 두 입장으로 요약된다. 다른 어떤 일상의 경험으로 환원될 수 없는 심미적 경험을 강조하면서 배타적인 미학의 자율성을 주장하는 입장이 그 한 축이라면, 또 다른 한 축은 심미적 경험은 우리의 일상의 경험 중에서 진리와 도덕을 인식하는 최상의 형태임을 강조하는 입장이다. 그런데 이러한 두 입장 모두 잘못되었다는 것이 이들의 공통된 견해이다. 달리 말하면 미학 내의 그러한 대립은 "잘못된 대립"이었다는 것이다. 이들에 따르면 철학적 미학은 철학 내의 배타적 영역도 아니며, 유일하게 참된 철학도 아니다. 철학적 미학의 핵심에 놓여 있는 심미적 경험은 그것이 일상적 경험과 관계 맺는 한에서 그리고 바로 그러한 한에서만 일상적 경험과 구별된다는 것이 이들이 새롭게 규정하려는 철학적 미학의 핵심이다. 그런데 이들의 타당성 여부를 세세하게 논의하기에 앞서서 필자가 일단 지적하고 싶은 것은, 이들에게서는 "작품 개념의 위기" 또는 "거대 테크놀로지의 출현과 미학의 관계" 등은 크게 고려되고 있지 않다는 점이다.

통해서도 결코 대치될 수 없는 미학적 현재성을 담고 있다는 사실이다.

5. 맺음말

롱기누스에 의해 최초로 독립된 주제로 다루어졌고 18세기 영국을 중심으로 한 유럽 철학의 핵심 테마 중 하나였던 숭고함은 그 이후 오랫동안 사람들에게 잊혀져 있다가 1980년대 중반 리요타르(J.-F. Lyotard)가 숭고의 감정을 탈현대적 정서(postmodern emotion)와 동일한 것으로 간주[38]한 이후, 유행어가 된 바 있다. 리요타르에 의하면 거대 테크놀로기 앞에 선, 근대적 자아, 즉 절대적 지식을 소유할 수 있다고 믿었던 자아는 좌절을 맛보는 데 그 좌절의 정서가 숭고함의 쾌와 같다. 이른바 탈현대적 숭고함의 원조로 불리는 리요타르의 견해를 롱기누스나 버크 또는 칸트 등의 견해와 비교해본다면 적잖은 상이점이 드러날 것이다. 그러나 그러한 사실에도 불구하고 숭고함에 대한 이들 모두의 견해에서 한 가지 공통점이 발견된다. 숭고함의 경험은 압도적인 것과 관련된다는 사실이 바로 그것이다.

그렇다면 『판단력비판』의 숭고함의 논의에 담겨 있는 특징은 무엇인가? 더 나아가 미학의 현재성과 관련하여 그 논의가 지닐 수 있는 의미는 무엇인가? 필자는 그 경험에 담긴 역동성에 기초하여, 그 논의의 확장은 물론이요, 그 미학적 현재성까지 모색해보려고 하였다. 앞서의 논의에 따르면, 압도적인 것과

---

38) J.-F. Lyotard, "Answering the Question", in : *The Postmodern Condition : A Report on Knowledge*, Univ. of Minnesota Press, Minneapolis, 1984, 77쪽.

마주한 심의력들의 독특한 역동성, 즉 심의의 역설적인 자기 고양, 그리고 동시에 그러한 경험을 유발시킨 것과 심의 간의 끊임없는 긴장 관계야말로 칸트의 숭고함의 경험의 핵심이었다. 게다가 그것은 자연의 영역에만 국한되는 심미적 경험이 아니었다. 칸트의 논의 내에서 예술의 순수 심미적인 숭고함 또한 가능했다. 그리고 이러한 사실은 작품의 위기로 압축되는 예술의 상황에서, 동시에 거대 테크놀로기에 압도되어 미시적 이야깃거리에 자족하는 미학의 경향이 광범위하게 유포된 상황에서, 그의 논의가 미학적 현재성을 지닐 수 있음을 의미하는 것이었다. 물론 이러한 논의가 예술의 구체적인 상황과 매개되었을 때 좀더 설득력을 지닐 수 있다는 것은 자명한 일이다.

□ 참고 문헌

최준호, 「칸트의 숭고함과 타자의 존엄성」, 『철학』, 한국철학회, 64집 2000.

Allison, Henry E., *Kant's Theory of Taste*, Cambridge Uni. Press, Cambridge 2001.

Bubner, Rüdiger, *Ästhetische Erfahrung*, Suhrkamp, Frankfurt am Main 1989.

Carroll, Noël, *Beyond Aesthetics*, Cambridge Univ. Press, Cambridge 2001.

Crowther, Paul, *The Kantian Sublime*, Oxford Uni. Press, New York 1991.

Kant, Immanuel, *Kritik der Urteilskraft*, Felix Meiner, Hamburg 2001.

Kern, Andrea u. Sonderegger, Ruth (Hrsg.), *Falsche Gegensätze*, Suhrkamp Frankfurt am Main 2002.

Lyotard, J.-F., "Answering the Question", in : *The Postmodern Condition : A Report on Knowledge*, Univ. of Minnesota Press, Minneapolis, 1984.

Myskja, BjØrn, *The Sublime in Kant and Beckett*, Walter de Gruyter, Berlin 2002.

Tabbi, Joseph, *Postmodern Sublime*, Cornell Univ. Press, New York 1995.

Wieland, Wolfgang, *Urteil und Gefühl*, Vandenhoeck & Ruprecht, Göttingen 2001.

칸트 최고선 이론의 현대적 논의

박 필 배

1. 들어가는 말

최고선 개념은 상당히 긴 역사를 지닌다. 이 개념은 철학의 역사 속에서 인간의 행복에 대한 물음을 통해 설정됐다. 특히 고대와 근대의 윤리학에서 인간의 행복에 대한 물음이 중요시되었고, 이 물음은 무엇보다도 최고선 개념을 통해서 해소되었다. 최고선 이론은 플라톤과 아리스토텔레스 이래 고대 철학의 특성을 형성하였고, 이러한 사태의 의식은 후기 아리스토텔레스의 체계, 특히 스토아학파와 에피쿠로스학파의 체계 속에서 지배적이었다. 고대 이론과의 대결에서 칸트는 방법적으로 이 이론들을 18세기의 도덕 철학과 평행선상에서 설정했고, 이 이론들을 체계적으로 요약하여 서술하고 서로를 비교하고 비판적으로 해석했으며, 결국 이를 토대로 칸트 자신의 고유한 이론을 명료하게 형성해내고 있다.

칸트의 비판적 윤리학은 우선적으로 최고선과 어떠한 연관도 지니고 있지 않은 것으로 보인다. 많은 칸트 이론가들이 주장하듯이 칸트의 윤리학은 형식적이고 그와 더불어 최고선 개념의 필연적 성분인 행복 개념이 칸트의 윤리학 속에서 무시되었다고 생각했기 때문이다. 그러나 칸트는 그의 비판적 윤리학에서 뿐만 아니라 그의 전 윤리학적인 이론 속에서도 행복에 대한 물음을 결코 배제할 수 없었는데, 그에 따르면 세계 내에서 인간일반의 도덕적인 자기 이해는 필연적으로 행복에 대한 물음을 제기했기 때문이다. 따라서 그는 인간의 행복, 특히 도덕성의 개념을 포함하고있는 행복 개념을 초안하지 않을 수 없었다. 이에 따라 그의 기본적인 생각은 '도덕적인 견지에 따라 공헌하는 인간만이 참으로 행복하다'로 이해된다. 이러한 생각 속에는 도덕 법칙의 수행 또는 최고선 개념이 문제시되며, 여기서 바로 칸트 윤리학은 단지 형식적이지만은 않다는 것이 보인다. 도덕 법칙의 수행 문제와 최고선의 개념은 형식적 윤리학이 다루지 않는 도덕성의 질료까지도 포함하고 있기 때문이다.

그러나 최고선의 개념은 윤리적인 측면에서 뿐만 아니라 체계적인 측면에서도 고려되지 않을 수 없다. 최고선의 개념은 두 개의 아주 상이한 개념을 포함하고 있다. 즉, 자연 경향들의 총체인 행복 개념과 실천적 개념인 도덕성을 포함하고 있다. 칸트는 그의 실천 철학에서 뿐만 아니라 그의 전 철학에서 이론 이성과 실천 이성, 더 자세히 말하면 순수 이성의 이론적 사용과 실천적 사용을 통일 또는 결합하려고 노력한다. 이러한 입장에 따라 칸트의 비판 철학 내에서 최고선의 개념도 체계적 물음과 연관되어서 고려되지 않을 수 없다. 실제로 칸트는 그의 비판 철학 내에서 최고선의 개념을 윤리학과 연관 속에서 뿐만 아니라 형이상학과의 연관 속에서도 다루고 있다. 그러나 최고선의 초기 이론은 주로 윤리적인 문제, 즉 도덕 법칙의 수행을 위한 선천적인 원리로서 논구되고, 그에 반해 최고선의 후기 이론은 더 이상 도덕 법칙의 수행을 위한 선천적인 원리에 관계하지 않고, 이론 이성과 실천 이성의 통일 내지는 결합이 중요시되는 체계 물음 속에서 논구되고 있다.

칸트가 형이상학을 실천적인 것으로 간주하고 그에 따라 이성 체계의 완성을 오로지 실천적 형이상학 속에서만 가능한 것으로 생각했을 때, 순수 이성 개념인 이념의 문제가 등장한다. 이러한 이념들은 어떠한 정당성을 지니는가? 이러한 물음과 더불어 최고선의 이념도 그 의미가 주어진다. 최고선의 이념이 단순한 이념으로 남아 있지 않고 칸트의 비판적 윤리학과 형이상학에서 하나의 역할을 수행한다면, 비록 이것이 정초 내지는 근거로서 기여하든 또는 체계의 종결적 의미를 지니든, 칸트 비판 철학의 이해에 기여하게 될 것이다.

이러한 기본 입장에 따라 본 논고는 칸트의 최고선 이론을 2) 윤리학의 내적인 맥락에서 논의하고, 이와 관련된 최근의 몇몇 예시들을 비판적으로 분석해보고, 3) 이성 체계의 완성이라는 칸트의 절대적인 과제 속에서 최고선이 지닌 의미를 드러내보고자 한다.

2. 윤리적 물음과 최고선

칸트의 최고선 이론은 독일 관념론자들에 의해서 광범위하게 받아들여졌고 또한 비판되었다. 그러나 점차적으로 그 의미가 퇴색되어갔고, 특히 신칸트주의자들에 의해 전적으로 비판되고 거부되었다.[1] 그러나 이와 같은 최고선 이론의 상황은 20

1) 칸트의 최고선 이론과 관련하여 독일관념론과 신칸트주의의 입장을 뒤징

세기 중반에 실버(Silber)[2)]에 의한 칸트 최고선 이론의 연구와 이와 관련된 대결을 통해 변하기 시작했다. 그 이후 칸트의 최고선 이론은 오늘날까지도 많은 논란과 토론의 대상이 되고 있다. 칸트의 최고선 이론에 대한 지금까지의 연구 상황을 충분히 이해하기 위해 최근의 몇몇 대표적인 주장들을 제시하고 비판해보는 것은 의미 있어 보인다.

오늘날까지도 칸트의 최고선 이론에 영향을 주고 있는 신칸

(Düsing)은 자신의 논문 : "Das Problem des höchsten Gutes in Kants praktischer Philosophie" In : *Kant-Studien* 62(1971)에서 다음과 같이 서술하고 있다 : "초기의 셸링은 칸트의 최고선 이론을 비판하고 있으나, 이 이론은 공개적으로 튀빙거 시대의 '정교(Orthodoxie)'에서 변형되고 곡해되어 인용되고 있었다. '비판주의의 정신(Geiste des Kritizismus)'에 와서와 셸링은 자신의 고유한 윤리학을 정립했다. 청년 헤겔은 비판적으로 정초된 칸트의 형이상학을 적극적으로 수용했고, 이미 칸트로부터 멀리 떨어져 있기 시작했을 때도 원리적인 측면에서는 아직도 칸트의 실천적 형이상학에 정향되어 있었다. 그 후 헤겔은 '정신 현상학'의 한 장 : '자기 자신을 확신하는 정신. 도덕성'에서 칸트의 최고선 이론과 요청 이론에 대해 철저한 비판을 수행한다. 이러한 입장은 동시에 자기 자신의 초기 입장에 대한 비판으로도 간주된다. 슐라이어마허도 칸트를 넘어서서 새로운 독자적인 최고선 이론을 정립한다. 그의 최고선 이론은 윤리학의 초고를 위해 중심적이며 체계적인 의미를 지니고 있었다. (…) 19세기 후반의 칸트 철학의 재발견 시기에도 칸트의 최고선 이론은 대단한 비판을 받았다. 코헨은 칸트에 대해 가장 영향력 있는 이의를 제기했고, 이 이의는 독일 관념론자들의 이의와는 엄격히 구별되는 것이었고 오늘날까지도 전체적으로 또는 부분적으로 반복되고 있다"(S.6).

2) Silber, J. R. ; "Kant's Conception of the Highest Good as Immanent and Transcendent" In : *Philosophical Review* 68(1959) Page 469-492 ; (deutsch) "Immanenz und Transzendenz des Höchsten Gutes bei Kant" In : Zeitschrift für philosophische Forschung 18 (1964). S. 386-407 그리고 "The Metaphysical Impotance of Highest Good as the Canon of Pure Reason in Kant's Philosophy" In : University of Texas Studies in Literature and Language 1 (1959) Page 234-244 ; (deutsch) "Die Metaphysische Bedeutung des höchsten Gutes als Kanon der reinen Vernunft in Kants Philosophie" In : Zeitschrift für philosophische Forschung 23 (1969), S.538-549.

트주의자인 코헨(Cohen)의 주장에 따르면, 최고선의 개념은 윤리학적인 관심을 나약하게 만들 뿐이다. 최고선의 개념을 통해 우리는 윤리적 관심에 어떠한 실재성이나 타당성도 줄 수 없다는 논지를 펼친다. 그에 따라 칸트 윤리학의 귀결로 이해된 최고선에 대한 모든 생각이 거부될 때만 칸트의 기본적인 생각이 확고하게 유지될 수 있고 주장될 수 있다.[3] 이러한 견해는 주로 영어권의 칸트 이론가에게 큰 영향을 주었고, 특히 베크(Beck)를 그 대표적인 예로 들 수 있다.

베크는 칸트의 *실천이성비판*을 해석하는 자신의 저술에서 칸트의 최고선 개념을 근본적으로 비판한다[4] :

1) 비록 칸트가 '도덕 법칙은 최고선의 촉진을 명령한다'라고 말하고 있지만, 최고선의 촉진을 위한 명령은 그 어떠한 정언 명령의 정식에도 발견되지 않는다. 또한 이러한 촉진의 명령이 가능한 것으로 전제될 경우에도, 이것은 단지 정언 명령의 귀결일 뿐이며, 이에 따라 최고선을 촉진하라는 명령은 도덕성의 개념만을 포함하고 있지 결코 행복의 개념을 내포하고 있지는 않다.

2) 최고선이 불가능할 경우 도덕 법칙은 단적으로 없는 것이며 공허할 뿐이라는 주장은 도덕 법칙의 타율성만을 야기시키게 된다.

3) 최고선의 이념이 인간적인 의무의 실현을 위한 필연적인 원동력이라면, 도덕 법칙의 자율성은 사라지게 되고 게다가 최고선의 타당성은 오로지 인간 이성에만 한정되게 된다.

---

3) 비교 Cohen, Hermann ; "Kants Begründung der Ethik", Berlin 1910 (Insbesondere S.351ff.).

4) Beck, L. W. ; "Kants "Kritik der praktischen Vernunft", ein Kommentar", Ins deutsch übers. von K. H. Ilting, 3. Aufl. München 1995 (Insbesondere S.225-228).

4) 결국 최고선은 결코 실천적인 개념이 아니며, 최고선의 가능성은 도덕성을 위해 직접적으로 필연적이지 않다.

결국 베크의 주장에 따르면, 최고선의 가능성을 도덕성의 필연적인 조건으로 간주하는 것은 기만적인 행위일 뿐이다. 그러나 베크는 비록 최고선이 칸트의 윤리적인 물음에서는 그 의미를 상실하나, 이성의 체계를 위해선 중요한 역할, 즉 이성의 두 분야의 법칙 부여를 하나의 이념 속에서 결합하려고 시도하려는 임무를 수행한다고 평가한다. 그는 최고선 이념에 모든 목적들을 하나의 통일적인 목표로 설정하려는 이성의 노력 속에 정초된 사태적으로 정당화된 기능을 부여한다. 이와 같은 궁극목적을 받아들이는 자는 최고선을 가능한 것으로 간주하지 않을 수 없다. 그러나 그러한 이성 노력은 베크에 따르면 실천적 이성 사용이 아니라 이론적이며 사변적인 이성 사용에 따르는 것이다. 즉, 최고선은 '도덕 형이상학'과는 완전히 다른 '실천적-독단적 형이상학'에 속하는 주제인 것이다.[5] 그러나 베크는 최고선의 역할을 도덕 형이상학과의 연관 속에서 부정적으로만 다루었지, 이성의 체계적 노력과의 관련 속에서는 더 이상 자세하게 논구하고 있지 않다.

칸트의 최고선 개념에 대한 베크의 비판은 다시 젤딘(Zeldin)에 의해 비판된다.[6] 칸트의 입장을 충실하게 견지하면서 젤딘은 베크의 이의를 다소 변형시키고 있으며, 그 결과 칸트의 표현들이 베크의 일반적인 견해들과 일치함을 보이고자 한다.

첫째, 젤딘은 우선적으로 '*정초*'에서 다루어지는 정언 명령의 '세번째' 정식을 논구의 대상으로 삼는다. '정초'에서 세 번째 정

5) 비교 같은 곳, 227쪽.

6) Zeldin, M. B.; "The summum bonum, the Moral Law and the Existence of God", Kant-Studien 62 (1971). S.43-54.

식은 “보편적으로 법칙 부여하는 의지로서 모든 이성적 본질의 의지의 이념”으로 표현된다. 이 정식은 “보편적인 객관적 법칙들을 통한 이성적 본질의 체계적 결합”,[7] 즉 목적의 왕국에 대한 결합에 관련된다. 결국 이 정식에는 “고유한 법칙 부여에서 비롯된 모든 준칙은 가능한 목적의 왕국에 일치한다”[8]라는 주장이 함축되어 있다. 젤딘에 따르면 바로 이 정언 명령의 정식이 최고선을 촉진하라는 명령과 도덕적 세계의 이념인 목적의 왕국을 포함하고 있다. 그에 따라 젤딘은 최고선 개념은, 비록 이 개념이 도덕성에서 비롯되고 있기는 하지만, 도덕성의 개념보다 더 많은 것을 포함하고 있다고 강조한다. 즉, 최고선은 순수 실천 이성을 통해 규정된 순수 도덕적 의지의 대상으로 드러나고, “도식화된 범주”[9]로 이해된다.

둘째, 젤딘에 따르면 도덕 법칙의 타율성은 ‘행복’ 개념을 새로이 규정함으로서 극복될 수 있다고 본다. 여기서 젤딘은 주로 *실천이성비판*에 따른 행복 개념의 정의를 내세우고 있다. 즉, *실천이성비판*에 따른 행복은 “현실에 사는 이성적 존재자가 자기의 존재 전체에서 모든 것을 자신의 기대와 의지대로 할 수 있는 상태”[10]로 정의된다. 여기서 행복은 직접적으로 정언 명령의 세 번째 정식에 관련되어 있다.

---

7) I. Kant, *Grundlegung zur Metaphysik der Sitten* (이하 ‘Grundlegung : 정초’로 약함), Akademie Ausgabe Bd. IV 433.
8) Grundlegung 436.
9) Zeldin, M. B. 같은 책, 50쪽. 이러한 용어를 통해 젤딘은 최고선 개념은 이성의 이념을 (어떠한 유추에 따라) 직관에 그리고 이를 통해 감정에 가깝게 연결시키려 한다는 것을 보이고자 한다. 그러나 이러한 시도는 도덕 법칙에 대한 존경과 관련된 것으로, 칸트의 후기 최고선 이론이 윤리적인 물음 내에서 왜 법칙에 대한 존경 이론으로 다루어지는가에 대한 실마리를 부여한다.
10) I. Kant, *Kritik der praktischen Vernunft*(1788)(KdpV) 224 (Felix Meiner Verlag, Hamburg 1990).

셋째, 최고선과 최고선의 가능성을 위한 필연적인 조건인 신의 현존은 인간의 이성에 대해서 타당할 뿐만 아니라, 이 유한한 이성적 존재가 기대와 의지를 지니고 있는 한, 모든 이성적 존재에 대해서도 타당하다.

넷째, 최고선은 결코 순수 이성의 단순한 변증적 이상이 아니라 실천적 개념이다. 즉, 최고선의 실현 가능성에 대한 믿음이 도덕 법칙의 수용을 위한 필연적인 귀결인 한에서 최고선의 이념은 실천적인 귀결점을 지닌다. 최고선은 순수 실천 이성의 도덕적 법칙의 완전한 대상이며, 동시에 예지적 도덕적 세계로서 순수 이성의 이론적 이상이기도하다. 이성의 두 법칙 부여는 실천적-독단적 형이상학에서 결합되지 않고, 도덕 형이상학에 완전히 부합하는 도덕적-형이상학적 이상에서 합치된다.

브르거(W. Brugger)는 자신의 논문 「칸트와 최고선」[11]에서 칸트의 최고선을 윤리적인 관점에서 다루고 있다. 여기서 최고선 개념은 행복 개념의 변형, 즉 도덕성에 부합하는 행복을 통해 논구되고 있다. 이 논의에서 브르거는 행복은 도덕성과 필연적으로 관련되어 있으며, 더 나아가 행복은 필연적으로 도덕성에 제약되어 있다는 결론을 도출한다. 이러한 입장은 비판 이전의 행복 개념에서 그 근원을 찾아볼 수 있다. 포르쉬너(Forschner)는 『인간의 행복에 관하여』[12]라는 저술에서 1760~1770년대의 *반성*들에 드러난 칸트의 행복 개념을 논구한다. 이 시기의 행복 개념은 주로 지적인 행복 내지 자기 만족으로 이해된다. 이미 뒤징(Düsing)도 동일한 시기의 반성들에 대한 논구를 통해 이와 같은 견해를 지지한다.[13] 칸트의 이러한 초안

11) Brugger, W. ; "Kant und das höchste Gut", In : Zeitschrift für philosophische Forschung, Band XVIII(1964), S.50-61.
12) Forschner, M. ; *Über das Glück des Menschen*, Darmstadt 1993.
13) 비교 Düsing, K. ; "Das Problem des höchsten Gutes in Kants praktischer

은 최고선에 대한 초기의 이론으로 전개되었고, *순수이성비판*의 시기에까지 이어져오고 있다. 또한 포르쉬너는 반성들에 따른 최고선 이론을 행복과 도덕성의 결합 아래에서도 논구한다. 그에 따르면 칸트는 고대인의 최고선 이론을 올바르게 이해하고 비판했으며, 기독교의 최고선 이론이 칸트적인 최고선 이론의 전형이 되었다. 그에 따라 그는 *반성*들 시기의 최고선 이론을 "기독교화된 플라톤주의"[14]라고 부르고 있다.

칸트의 초기 최고선 이론에는 주로 예지적 행복 내지 자기만족이 지배적인 의미를 지니고 있다는 입장을 많은 이론가들이 주장하는 반면, 알브레시트(Albrecht)는 이러한 초고에 대해 이의를 제기한다.[15] 이와 관련해서 그는 무엇보다도 뒤징의 논제인 '칸트는 1770~1780년대의 *반성*들에서 예지적 행복 개념을 대변하고 있다'라는 주장을 논쟁의 대상으로 삼고 있다. 칸트는 같은 시기의 반성들의 모든 전거에서 결코 완전하고 통일적이며 어떠한 변화도 허용치 않는 확고한 초고를 마련하지 않았다는 것이 알브레시트의 주장이다. 게다가 그는 같은 시기의 몇몇 *반성*들을 도외시한다면 행복의 경험적 이해는 같은 시기의 *반성*들에서 더 잘 전거된다고 강조하며, 그 결과 행복이 경험적으로 종속적인 것은 아닐지라도, 행복은 항상 경험적 행복이어야 한다고 주장한다. 행복은 필연적으로 질료적 조건에 관여한다고 보기 때문이다.[16]

칸트는 인간 현존의 가치를 도덕성의 순수함 속에서가 아니

Philosophie", Insbesondere, S.15-27.

14) Forschner, M. ; *Über das Glück des Menschen.* S.147.

15) Albrecht, M. ; "Glückseligkeit aus Freiheit und empirische Glückseligkeit", In : Akten des 4. Internationalen Kant-Kongresses Mainz 1974 Teil II 2 S. 563-567.

16) 비교 같은 곳, 566쪽. 또한 그의 다른 저술 *Kants Antinomie der praktischen Vernunft.* Hildesheim 1978, 특히 52쪽 참조.

라 도덕과 행복 사이의 불일치를 드러내고 이 양자의 조화를 가능하게 하는 것에서 찾고 있다. 그러나 이러한 입장의 수용은 도덕성의 전망에서만 가능한 것이며, 결국 행복이 아니라 도덕성이 행복과 도덕 사이의 조화를 요구하고 가능하게 한다. 이러한 칸트의 입장을 받아들인 김봉규[17]는 행복을 도덕적 행위의 동기 근원으로 간주하고 행복 개념을 세 유형으로 구분한다: 행복한 고귀함, 예지적 행복 또는 자기 만족, 저편의 행복. 행복에 대한 이러한 입장은 전적으로 칸트 초기의 최고선 이론에 일치한다. 반면에 윤리적인 물음 내에서 칸트의 후기 최고선 이론은 도덕적 행위를 위한 동기 근원을 존경의 감정으로 대치한다. 칸트의 후기 최고선 이론에 일치하는 존경의 감정에 대한 원리를 김봉규는 같은 논문에서 상세히 논구하고 있다.[18]

3. 이성 체계의 완성: 최고선

칸트의 비판 철학과의 연관 속에서 물어야 할 문제가 있다: 칸트 철학 내에서 최고선은 어떠한 의미를 지니는가? 칸트는 자신의 *세 비판서*의 종결장에서 예외 없이 최고선을 논의하고 있다. 그러나 이러한 최고선의 개념이 무의미하게 다루어질 경우, 이 개념은 단지 하나의 허구만을 만들어낼 것이며, 그와 더불어 최고선의 이상은 단지 사유의 대상만을 의미하며 그에 따라 현실 세계와는 연관을 전혀 지니지 않기 때문에 우리는 이

---

17) Kim, B-G.; *Glückseligkeit. Untersuchungen zu Kants ethischen Schriften.* Diss. 1995. Insbesondere S.145-207.

18) 비교 같은 곳, 122-144쪽 참조. 또한 이와 관련된 논문을 김봉규는 국내에서도 발표하고 있다: 「'판단력비판'에서의 도덕 인식과 도덕성」, 『칸트 연구』 제3집, 한국칸트학회, 1997, 157-198쪽.

개념을 가지고 허상만을 만들어내게 되는 것이다. 그러나 우리는 우리 자신에게 물을 수 있다 : 우리 자신에 대한 물음과 세계의 근원과 목표에 대한 우리의 물음이 오로지 사유 속에서만 확실하게 대답될 수 있으나 그러나 동시에 현실적으로는 아직 해결되지 못한 채 영원한 문제로 남아 있는 경우에, 인간으로서 우리 자신은 어떻게 이해될 것인가?

인간은 인간 이성의 본래적인 문제, 즉 절대성 내지는 완전성이 문제시되는 형이상학 속에서 자기 자신을 체계적으로 표현하고 서술하고자 노력해왔다. 이러한 형이상학에서는 그것이 순수 이성의 사변적 사용이든 또는 실천적 사용이든 간에, "주어진 제약자에 대한 조건들의 절대적 전체성"[19]에 대한 이성 요구가 생각되지 않을 수 없다. 그러나 무제약자 또는 완전성에 대한 추구는 인간 이성의 호기심에서 발생하는 것이 아니라, 인간 이성을 이해하려는 깊은 욕구와 이러한 인간 이성이 살고 있는 세계를 이해하려는 열망 속에서 나타나는 것이다 : "이성은 그의 본성에 따르자면 경험적 사용을 넘어서서 그의 순수한 사용과 단순한 이념들을 매개로 모든 인식의 가장 외적인 한계에까지 나가고 결국엔 그의 영역의 완성, 즉 그 자체로 존립하는 체계적 전체 속에서 평온함을 발견하고자 한다."[20] 따라서 인간 이성은 무제약자를 파악하기 전에는 결코 평온할 수 없는 것이다. 그러나 이러한 무제약자는 단순히 감각 세계 속에서 마주칠 수 없고, 초감각적인 것에서만 구해질 수 있는 것이다. 따라서 인간의 이성에는 "이성을 통해서 감각적인 인식에서 초감각적인 인식으로의 이행을 수행하는"[21] 형이상학이 필연적

19) KdpV 192.

20) I. Kant, *Kritik der reinen Vernunft*(KdrV)(1787=B) 825 (Felix Meiner Verlag Hamburg 1971).

21) I. Kant, *Welches sind die wirkliche Fortschritte, die die Metaphysik*

이지 않을 수 없다. 이러한 형이상학 속에서 최고선의 개념은 하나의 필연적인 이성 요구이지 않을 수 없는데, 칸트에 따르면 이 개념은 “순수 실천 이성 대상의 무제약적인 전체성”[22]에 관계하기 때문이다.

따라서 최고선의 개념은 바로 칸트 비판 철학의 내에서 하나의 커다란 의미를 지닌다. 왜냐 하면 인간 이성에 대한 탐구들은 감각 세계를 넘어서는 최후의 인식들 속에 놓여 있고, 그러나 이러한 인식은 그 중요성에 따라 보나 그 인식의 궁극 의도를 고려해서도, 오성이 현상들의 영역에서 가르칠 수 있는 그 모든 것보다도 월등하고 또한 숭고하기까지 하다고 칸트 자신은 말하고 있기 때문이다[23] : “순수 이성의 본성에 대한 탐구가 매우 깊숙하게 감추어져 있을 수 있다 하여도, 게으르지 않고 꾸준하게 이 탐구를 완성시키고자 하는 것은 비판을 통한 나의 영원한 시도였다.”[24]

형이상학 일반을 고려해서 칸트의 비판 철학이 이해될 수 있는 바, 칸트의 모든 비판적 저술은 형이상학을 “학문의 더 확실한 길”[25]로 이끌려는 의도에 따라 요구된 것이다. 칸트의 본래적인 말에 따르자면, 그의 비판 철학은 본래적 형이상학의 “예비학 내지 앞마당”[26]으로 형이상학에 속한다. 이러한 병렬 관계는 체계의 자의적인 건축술 속에서 성립된 것이 아니라, 사태의 본질에서 주어진 것이다. 따라서 칸트 자신도 말하는 바, 경험을 넘어서는 그러한 학문의 연구는 그 어떤 의심스런 근거

---

seit Leibnizens und Wolffs Zeiten in Deutschland gemacht hat? (1791), Akademie Ausgabe Bd. XX 260.

22) KdpV 194.

23) 비교 KdrV B 6/7.

24) Grundlegung 364 Anm.

25) KdrV B VII.

26) XX 260.

에서 또는 사소함과 무가치함의 근거에서 포기되는 것보다는, 비록 잘못 될 위험에 빠질 수 있다 하여도 감행되지 않을 수 없다.[27]

게다가 칸트에 따르면 철학은 지혜론이다. 고대의 철학자들이 이해했던 의미에 따라, 철학은 무제약적인 전체성의 이념을 실천적으로 충분하게 규정하는 지혜론이라고 보고 있다. 그러나 이러한 지혜론은 또한 학문이고자 하는 이성의 노력을 통해서 최고선에 관한 이론이기도하다.[28] 최고선 이론과의 연관 하에서 철학의 본질과 과제에 관한 칸트의 규정이 *순수이성비판* 속에서도 보인다: "철학은 모든 인식이 인간 이성의 본질적인 목적에 연관된 학문이다."[29] 이러한 본질적인 목적은 "인간의 전 규정으로서 궁극 목적"[30]에 연관된다. 그러나 인간의 전 규정으로서 궁극 목적에 관한 철학은 칸트에 따르면 도덕 철학이지 않을 수 없다. 그와 더불어 칸트는 고대 철학자들을 항상 그리고 우월한 위치에서 도덕가들이라고 부르고 있다.[31]

앞에서 이미 최고선의 개념은 칸트 윤리학뿐만 아니라 그의 형이상학과도 밀접하게 연관되어 있다는 것이 드러났다. 그러나 최고선의 개념 속에는 윤리학과 형이상학 사이의 관계 문제도 설정되어 있다. 칸트의 비판적 시기 이전의 최고선 이론 속에서 칸트 윤리학은 최고선의 개념 없이는 전혀 불가능해보인다. 그 이유는 무엇보다도 칸트는 최고선의 이론을 아리스토텔레스가 그의 철학 속에서 최고선에 대한 물음을 윤리학의 출발물음으로 설정했던 것으로 이해했고, 그와 더불어 윤리학의 대

27) 비교 KdrV B 7.
28) 비교 KdpV 194.
29) KdrV B 867.
30) KdrV B 868.
31) 비교 KdrV B 868.

답을 최고선 문제의 해결을 위한 과제와 완전히 일치하는 것으로 이해했기 때문이다. 그와 일치하여 지혜론으로서 최고선 이론은 고대인들이 그 말을 이해했던 의미에 따라 바로 철학 그 자체인 것이다.[32)]

그러나 비판적 시기와 함께 칸트의 윤리학은 독자적인 위치를 지니기 시작한다. 그에 따라 최고선 이론은 더 이상 윤리학의 정립을 위한 원리론에 속하지 않게 되었다. 그 결과 칸트의 실천 철학은 최고선 이론의 도움 없이도 본래적인 체계를 완성할 수 있어 보인다. 칸트 윤리학을 단순히 형식적인 것으로, 다시 말해 많은 이론가들이 주장하듯이 형식 윤리학으로 간주한다면, 이 형식 윤리학에서 최고선 이론은 어떠한 위치도 점할 수 없다. 그러나 후기의 최고선 이론과 관련해볼 때 상황은 달라진다.

크렘링(Krämling)[33)]은 칸트 최고선 개념을 칸트의 이성 체계와의 연관 속에서 다루고 있다. 그러나 칸트의 최고선 이론에 대한 그의 논구는 칸트의 자연적(물리적) 신 증명론(Physikotheologie)의 한계 내에서만 타당하다. 칸트 자신도 이러한 입장을 비판하고 있는데, 자연적 신 증명론 내에서 보자면 최고선 이론은 단지 자연과 문화에만 한정될 뿐이기 때문이다. 크렘링은 칸트의 문화철학을 최고선 이론의 최후의 형태로 간주하고 있다. 그러나 최고선 이론의 완전한 형성을 위해서는 도덕성이 또한 필요하다. 그는 칸트의 이성 체계와의 관련 속에서 이점을 고려하지 않았다.

실버(Silber)는 칸트의 비판적 윤리학의 내재적인 구축에서

32) 비교 KdpV 194.
33) Krämling, G.; "Das höchste Gut als mögliche Welt", Kant-Studien 77 (1986) S.273-288.

최고선의 역할뿐만 아니라 최고선의 형이상학적 의미도 강조한다. 최고선의 형이상학적 의미는 철학적 체계의 완성을 위해 중요한 역할을 한다는 것이 실버의 기본 입장이다.[34] 즉, 실버에 따르면 칸트의 최고선 이론은 그의 비판적 윤리학에서 본질적인 요소들을 포함하고 있을 뿐 아니라, 칸트 철학 체계의 완성에 대한 노력의 정점을 이루고 있다. 뒤징(Düsing)도 칸트의 최고선 이론을 두 측면에서, 그러나 비판 전후의 시기에 따라 구분하고 있다.[35] 첫째, 뒤징은 주로 *순수이성비판*의 시기에까지 지배하고 있는 초기의 최고선 이론을 윤리학의 실행을 위한 원리론으로 간주하고, 둘째, *실천이성비판* 이후에 수행된 후기의 최고선 이론은 실천 철학의 완성을 위한 필연적인 성분으로 간주된다. 후기의 최고선 이론은 더 이상 칸트 윤리학의 정립을 위한 요소가 아니며, 오히려 최고선 이론을 위해서는 윤리학의 원리들의 설명이 전제된다. 칸트의 후기 최고선 이론은 칸트의 성숙된 윤리학의 귀결로 간주된다. 후기의 최고선 이론은 유한한 그리고 목적에 따라 행위하는 의지를 도덕성의 원리에 적용시키는 것에서 비롯된 이론이다. 따라서 후기의 최고선 이론은 유한한 도덕적 의식을 근본적으로 규정하려는 완전한 이론을 의미한다. 이 결과 최고선 개념은 윤리적 문제뿐 아니라 철학적 체계의 물음에 대해서도 중요한 의미를 지니게 된다. 이것은 곧 칸트에게서 최고선 개념의 변화, 즉 윤리학 정초에

---

34) Silber, J. R. ; (deutsch) "Immanenz und Transzendenz des höchsten Gutes bei Kant", In : Zeitschrift für philosophische Forschung 18(1964), S. 386-407. Und (deutsch) "Die metaphysische Bedeutung des höchsten Gutes als Kanon der reinen Vernunft in Kants Philosophie", In : Zeitschrift für philosophische Forschung 23 (1969), S.538-549.
35) Düsing, K. ; "Das Problem des höchsten Gutes in Kants praktischer Philosophie", Kant-Studien 62(1971), S.5-42.

대한 물음에서 유한한 도덕적 의지 이론의 완전한 전개로의 이행을 의미한다.

그러나 최고선의 이성 체계와의 관련 속에서 또 다른 측면, 즉 순수 이성의 요청과 긴밀하게 연관된 입장들도 대두된다. 알브레시트는 최고선의 개념을 실천 이성의 이율배반과의 관련 아래에서도 논구하고 있다.[36] 여기선 최고선의 윤리적 물음이 문제시되는 것이 아니라, 순수 이성의 이론적 사용과 실천적 사용의 결합 내지 통일 그리고 최고선의 가능성의 근원으로서 순수 이성의 요청이 다루어진다. 칸트의 주저들을 해석하는 가운데 데레카트(Delekat)[37]도 *실천이성비판*의 '변증론'의 과제를 두 상이한 과제에서 파악하고 있다. 즉, 순수 실천 이성의 대상으로서 최고선 이론과 요청론. 그럼에도 불구하고 그는 최고선 이론과 요청론 사이의 필연적인 관계를 파악하고 있다. 최고선 개념이 부담으로 안고 있는 실천 이성의 이율배반에서 요청의 필연성이 도출된다고 보고 있기 때문이다. 비슷한 시각에서 분트(Wundt)[38]도 요청론과 최고선 이론 사이의 필연성을 언급하고 있다.

최근 들어 국내에서도 칸트의 최고선 이론에 대한 논의와 연구가 이루어지고는 있으나, 칸트 철학의 이해를 위한 한 장을 장식하는 감이 있다. 그러나 최근의 연구 중 맹주만의 논의[39]

---

36) Albrecht, M. ; *Kants Antinomie der praktischen Vernunft*, Hildeaheim 1978.

37) Delekat, F. ; *Immanuel Kant. Historisch-kritische Interpretation der Hauptschriften*. Heidelberg 1963 (Insbesondere S.302).

38) Wundt, M. ; *Kant als Metaphysiker*, Stuttgart 1924 (Insbesondere S. 335f.).

39) 맹주만, 「칸트의 '판단력 비판'에서의 최고선」, 『칸트 연구』 제3집, 한국칸트학회, 1997, 117-156쪽. 국내에서 칸트의 실천 철학과 연관된 최근의 연구들은 매우 주목할 만하다. 칸트학회를 비롯한 많은 개별적인 칸트 연구가들이 칸

는 고려해볼 만하다. 그는 칸트의 최고선 개념을 두 차원의 구조적 특성에서 논구한다. 이러한 특성의 구분은 실버나 뒤징의 입장과 일치하는 것으로 칸트의 최고선 이론 전반에 걸친 올바른 이해로 보인다. 맹주만은 최고선 이론의 횡적 구조와 종적 구조의 도식을 도입하여 칸트 최고선 이론을 한편에서는 윤리학의 내재적인 물음과 연관하여 논의하고, 다른 한편에서는 이성 체계의 완성과 관련된 자연과 역사의 차원에서 다루고 있다. 그럼에도 불구하고 그는 두 차원의 통일점을 도덕적 목적론에서 추구하고있는 듯이 보인다. 그러나 이 문제는 도덕적 신 증명론과 관련하여 더 많은 논구를 필요로 한다. 위와는 좀 다른 견지에서, 즉 최고선의 개념을 도덕적 진보의 개념과 관련시켜 논의하는 김진[40]은 칸트의 최고선 개념을 여러 형태를 띠고 있는 것으로 파악한다. 그러나 내용적으로는 세계의 모든 도덕적 행위는 최고선의 실현을 목표로 하고 있는 것으로, 다시 말하면 최고선은 도덕적 행위를 감각 세계에 영향을 줌으로써 이 감각 세계를 더 나은 세계로 변화시키려 한다. 결국 최고선은 도덕적 실천의 최종 목적이라는 일관되고 통일적인 의미를 지니고 있음을 강조한다. 그에 따르면 칸트의 최고선은 도덕적 주체들에게 주어진 이념이며, 요청을 통해서만 실현 가능한 것으로 간주된다. 이러한 맥락에서 그는 최고선 개념을 이 이념의 실현을 위한 조건들인 요청과 도덕적 진보와 발전 등을 고

트 철학, 특히 실천 철학과 관련하여 참신한 내용들, 즉 전통의 칸트 견해로 인정된 형식주의나 형식적 윤리학에 대한 새로운 해석, 최고선이나 존경 이론에 따른 칸트 윤리학의 새로운 전망의 제시 등등은 칸트 철학에 대한 시각을 바뀌게 하고 있다. 이와 관련된 논문으로 졸고("Das höchste Gut in Kants praktischer Philosophie. Eine Untersuchung über den Zusammenhang von kritischer Ethik und Metaphysik" Diss. 2000 Köln) 참조.

40) 김진, 「칸트에서의 최고선과 도덕적 진보」, 『칸트 연구』 제2집, 한국칸트학회, 1996, 95-123쪽.

려하여 논의하고 있다. 이것은 최고선 개념을 칸트 윤리학의 내재적인 맥락에서 다루는 것과는 다르고, 또한 자연의 합목적성을 매개로 한 이성 체계의 완성과 관련하여 논의하는 입장과는 차이를 보이는 것으로, 가능한 세계인 도덕적 세계, 즉 최고선 세계의 실현을 위한 조건들에 대한 이론으로 보인다.

4. 나가는 말

위에서 이미 파악했듯이, 많은 이론가들은 최고선의 개념을 칸트 실천 철학의 정초 문제라는 내적인 맥락 속에서만 해석하려고 시도했다. 그러나 이러한 해석 아래에서는 이성 비판의 체계적인 구축과 이러한 이성 비판이 비판적 윤리학의 내재적 문제들과의 관계 속에서 최고선이 어떠한 역할을 수행하며 수행할 수 있는가 하는 점이 고려되지 않고 남아 있었다. 최고선의 이념을 고려해서 우리는 이 최고선의 역할을 비판적 윤리학의 내재적인 맥락에서 뿐만 아니라, 이성 비판의 체계적 형성 과정과 이 이성 비판이 비판적 윤리학의 내재적 원리들의 관계 속에서 고려하지 않을 수 없다. 한 예로 현대의 이론가들인 뒤징(Düsing)이나 실버(Silber)가 이러한 입장을 대변하고 있다.

참된 윤리적인 물음들이 이론 이성과 실천 이성의 관계 규정의 기반에서만 대답될 수 있다면, 실천적인 것의 실현 문제와 이성 체계의 정초 문제는 직접적으로 아주 밀접한 관계 속에 놓이게 된다. 따라서 우리가 윤리학의 내재적인 물음과 철학적 체계의 정초 물음을 하나의 통일적인 또는 상호간의 관련 속에서 연구할 경우, 여기서 최고선의 역할이 분명하게 드러날 것이며, 최고선의 개념은 그 본질에서 더 잘 이해될 것이다. 즉,

칸트의 최고선 이론은 윤리학의 정초 문제에 속할 뿐만 아니라 실천 철학의 종결 문제에도 속한다.

그러나 이와 같은 입장을 이해하기 위해선 칸트 비판 철학의 발전사적인 고찰이 필요하다. 그 이유는 칸트의 첫 번째 비판인 *순수이성비판*에서는 비판 철학의 통일적인 전체 계획이 단지 그 계획의 외적인 개관에만 머물러 있던 반면, 이러한 전체 계획의 구체적인 형성은 제3비판서인 *판단력비판*에까지 연결되는 발전의 결과이기 때문이다. 이러한 철학적 체계의 형성 과정에 최고선 개념의 전개도 일치하고 있다. 결국 최고선의 이념은 윤리학에서 뿐만 아니라 형이상학에서도 고려되어야만 하고, 게다가 이 두 학문간의 필연적인 연관 관계도 제시되어야 한다. 이것은 앞으로 칸트 실천 철학을 수행해나가야 하는 연구자들의 과제로 보인다.

□ 참고 문헌

김봉규, 「'판단력비판'에서의 도덕 인식과 도덕성」, 『칸트 연구』 제3집, 한국칸트학회, 1997.

김 진, 「칸트에서의 최고선과 도덕적 진보」, 『칸트 연구』 제2집, 한국칸트학회, 1996.

맹주만, 「칸트의 '판단력 비판'에서의 최고선」, 「칸트 연구』 제3집, 한국칸트학회, 1997.

Albrecht, M. ; *Glückseligkeit aus Freiheit und empirische Glückseligkeit.* In : Akten des 4. Internationalen Kant-Kongresses Mainz 1974 Teil II 2.

Albrecht, M. ; *Kants Antinomie der praktischen Vernunft.*

Hildesheim 1978.

Beck, L. W. ; *Kants "Kritik der praktischen Vernunft", ein Kommentar*. Ins deutsch übers. von K. H. Ilting, 3. Aufl. München 1995.

Brugger, W. ; *Kant und das höchste Gut*. In : Zeitschrift für philosophische Forschung, Band XVIII(1964).

Cohen, Hermann ; *Kants Begründung der Ethik*. Berlin 1910.

Delekat, F. ; *Immanuel Kant. Historisch-kritische Interpretation der Hauptschriften*. Heidelberg 1963.

Düsing, K. ; *Das Problem des höchsten Gutes in Kants praktischer Philosophie*. In : Kant-Studien 62(1971).

Forschner, M. ; *Über das Glück des Menschen*. Darmstadt 1993.

I. Kant ; *Kritik der reinen Vernunft* (KdrV)(1787=B) (Felix Meiner Verlag Hamburg 1971).

I. Kant ; *Kritik der praktischen Vernunft* (1788)(KdpV) (Felix Meiner Verlag, Hamburg 1990).

I. Kant ; *Grundlegung zur Metaphysik der Sitten*. Akademie Ausgabe Bd. IV.

I. Kant ; *Welches sind die wirkliche Fortschritte, die die Metaphysik seit Leibnizens und Wolffs Zeiten in Deutschland gemacht hat?* (1791), Akademie Ausgabe Bd. XX.

Kim, B-G. ; *Glückseligkeit. Untersuchungen zu Kants ethischen Schriften*. Diss. 1995.

Krämling, G. ; *Das höchste Gut als mögliche Welt*. In : Kant-Studien 77(1986).

Park, Ph-B. ; *Das höchste Gut in Kants praktischer Philosophie.*

Eine Untersuchung über den Zusammenhang von kritischer Ethik und Metaphysik. Diss. 2000 Köln.

Silber, J. R. ; *Kant's Conception of the Highest Good as Immanent and Transcendent.* In : Philosophical Review 68(1959), (deutsch) *Immanenz und Transzendenz des Höchsten Gutes bei Kant.* In : Zeitschrift für philosophische Forschung 18(1964).

Silber, J. R. ; *The Metaphysical Impotance of Highest Good as the Canon of Pure Reason in Kant's Philosophy.* In : University of Texas Studies in Literature and Language 1(1959), (deutsch) *Die Metaphysische Bedeutung des höchsten Gutes als Kanon der reinen Vernunft in Kants Philosophie.* In : Zeitschrift für philosophische Forschung 23(1969).

Wundt, M. ; *Kant als Metaphysiker.* Stuttgart 1924.

Zeldin, M. B. ; *The summum bonum, the Moral Law and the Existence of God.* In : Kant-Studien 62(1971).

칸트의 정치론과 시민의 저항권

박 채 옥

1. 들어가는 말

일반적으로 칸트 철학 전반에서 그의 정치 이론은 크게 주목받지 못한 주제다. 대개 칸트 철학에 관한 연구가 주로 제3비판서에 집중하고 있는 점에서 당연할지도 모른다. 그러나 철학자는 현실적인 문제에 관해서 어떤 방식으로든지 대답하지 않으면 안 되는 과제를 부여받고 있으며 칸트도 예외는 아니다. 주로 칸트의 국가와 정치론은 『법 이론의 형이상학적 원리(*Metaphysische Anfangsgründe der Rechtslehre*)』(1797)라는 저작을 통해 그 기본적인 윤곽이 드러난다. 우리가 칸트 철학의 중심적인 역할을 과연 제3비판서에 국한해야 할 것인가의 문제는 논란의 여지를 남긴다.

칸트의 정치론은 결코 그의 비판 철학의 구조 속에서 우연적인 부산물로 등장한 것이 아니다. 엄밀하게 말한다면, 칸트의 비판 철학의 성립과 더불어 이념적 국가와 공화제의 질서에 따른 정치적 사고의 이원론적인 문제 의식이 성장하고 있었다.[1] 그리하여 칸트는 비판 철학이라는 이론적인 토대 위에 서서 당시의 현실적인 정치론에 관해 마지막까지 관심을 기울였고, 많은 부분들은 칸트 사후에 출판되었다.

칸트가 많은 영향을 받았던 루소의 자연법에 대한 연구는 대략 1760년을 전후로 추정된다. 또한 법 이론에 대한 최초의 강의는 1767년 여름 학기에 시작되어 12회 정도 진행되었다. 칸트의 정치 철학의 핵심적인 내용은 1781년에 간행된 『순수이성비판』의 제2부 「선험적 변증론」에 나타난 다음과 같은 플라톤의 국가론과 관련된 요약에서 발견되며,[2] 이는 칸트의 정치 사상에 관한 최초의 본질적인 부분을 이룬다.

> 각자의 자유가 타인의 자유와 더불어 존립할 수 있다는 법칙에 준하여 인간의 최대의 자유(최대의 행복이 아니다. 왜냐 하면, 행복은 본래 그 자체에 수반되는 것이기 때문에)를 주안으로 하는 헌법은 적어도 하나의 필연적인 이념으로서 국가 헌법의 최초의 초안에서 뿐만 아니라 모든 법률에서도 그 근저에 두어야 하며 ….

칸트를 자극한 정치적 사건과 여러 현상들은 비교적 칸트의 만년에 일어났다. 아메리카혁명은 칸트가 50세가 넘은 다음에 일어났고, 프랑스혁명은 60세가 넘은 다음에 발발하였다. 칸트 자신과 관계된 직접적인 사건은 1794년에 프리드리히 빌헬름 2세가 칸트의 종교적 견해를 탄압한 일로 이때 칸트는 71세였다. 칸트의 정치적 견해는 60세에 최초로 공표한 이후, 최후의 정치적 저작인 『학부의 싸움(*Streit der Fakulitäten*)』(1798)은 75

---

1) Hans Saner, *Kants Weg vom Krieg zum Frieden, Bd. I, Widerstreit und Einheit : Wege zu Kants politischen Denken*, Munchen, 1967, Ⅲ.
2) I. Kant, *Kritik der reinen Vernunft*, B373.

세 때 발표되었다.

사실 칸트는 프랑스혁명을 독일적 관점으로 조명한 철학자라고 할 수 있다. 이에 대해서는 마르크스와 엥겔스가 지적한 바와 같다.[3] 칸트 철학을 지지하는 정신은 아메리카혁명과 프랑스혁명에 나타난 여러 이념들간에 하나의 유비(Analogy)가 존재한다는 점이다. 즉, 칸트는 권위에 대한 개인의 독립성을 명백히 주장하고, 인간적 자유의 문제를 그의 철학의 가장 중요한 문제 중의 하나로 간주하였다. 이러한 두 혁명의 전개 과정은 칸트로 하여금 그의 정신을 자극하는 주요한 요인으로 작용하였음에 틀림없다.

그러나 칸트 철학은 대체로 보수주의적인 경향을 강하게 나타내고 있다. 칸트는 정당한 행동 원리로 정치에 대한 혁명을 옹호하지 않았고, 당시의 프로이센의 혁명을 변호하지도 않았다. 따라서 칸트는 양대 혁명의 의의를 실감하면서도, 이성적으로 역사적인 가치를 거절할 수밖에 없었다. 칸트는 혁명주의자들이 도달해야 할 청사진을 제공하지도 않고, 그렇다고 혁명이론을 제시하지도 않았다. 그는 영속적이고 내적인 질서와 세계의 평화에 기초한 철학적 이념에 관심을 기울였다. 따라서 그는 정치 철학에서 대의적인 입헌 정치를 철학적으로 옹호하였고, 개인의 정치적 권리에 대한 존중을 보장하고자 하였다.

칸트는 순수 이성의 가치를 강조하였다. 따라서 그는 인식론의 필연적인 결과로 관념의 세계에 대해 중시하였다. 그럼에도 불구하고, 칸트에게는 환상가나 비현실적인 공상가라는 호칭이 어울리지 않다. 이론 철학의 시기에 그는 과학자로서의 태도를

---

3) Karl Marx und Friedrich Engels, *Historische-Kritische Gesamtausgabe*, 1927, *Bd. I*, S.254.

지녔고, 이러한 바탕 위에서 정치적인 영역에서도 그 시대의 정부와 현실적인 정황을 예리하게 바라보았다. 그러나 그는 스스로 정치적 현실과 철학적 원칙을 안이하게 타협하지 않았으며, 정치에서 합리적인 여러 원칙들을 정식화하여 시대를 초월한 이성의 사용에 가치를 부여하고자 하였다.

이 글에서는 칸트의 정치 이론에 대해 정치와 법의 기능적 연관성과 국가의 현실과 이념을 사회계약론과 관련하여 살펴볼 것이다. 또한 법과 정치의 연관성에 근거하여 체제에 대한 저항권 이론을 혁명권을 중심으로 고찰하고, 마지막으로 칸트의 국가론의 의의와 한계를 밝히고자 한다.

2. 칸트의 정치론

1) 정치와 법의 기능적 관련성

칸트에게 정치 이론은 도덕의 형이상학의 일부분을 구성하고 있다. 우리들은 다양한 이해 관계 속에 있기 때문에 타인과의 관계에서 대립적인 상태에 직면하곤 한다. 정치 이론은 이러한 대립 상태와 관련된 준칙을 세우는 것에 관심을 기울이게 된다. 결국 정치론은 법의 전제를 필요로 하게 된다. 이런 의미에서 정치는 도덕과 직결될 뿐만 아니라 법의 영역과도 밀접한 관계를 가지고 있다.

도덕의 여러 원칙들은 순수한 법적 문제를 넘고 있다. 왜냐 하면, 도덕은 인간에 의한 사적이고 내적인 결정에 영향을 미치는 것으로서, 외부로부터 규제되거나 강제되는 것이 아니기 때문이다. 다시 말한다면, 도덕의 내면성(Innerlichkeit)과 법의 외면성

(Äußerlichkeit)은 그 특징을 잘 드러낸다고 할 수 있다.[4)]

칸트의 정치 이론은 그의 윤리학과 필연적으로 밀접한 관련성을 지니고 있다. 한편으론 정치와 윤리는 겹쳐지면서 다른 한편으로는 정치적 의무와 도덕적 의무에는 몇 가지의 차별성이 나타나고 있다.

칸트는 정치와 도덕의 관계에 대해서 다음과 같이 지적하고 있다.[5)]

> 도덕은 우리들이 그에 근거해 행위할 무제약적으로 명령하는 법칙의 총체로서 이미 그 자신 객관적 의미를 가진 실천이다. 정치와 도덕이 항상 대립하는 것은 아니다. 더군다나 정치는 뱀처럼 현명하고(Seid klug wie die Schlangen)를 원칙으로 하고, 도덕은 그것을 제한하는 조건으로서 게다가 비둘기처럼 사악하지 않으며(und ohne Falsch wie die Tauben)란 요청을 덧붙인다. 만약 이 둘이 하나의 명령 안에 공존할 수 없다면 정치와 도덕의 상극은 피할 수 없을 것이다. 그렇지만 양자는 적어도 합일되어야 할 것이다. 정직이 최선의 정책(Ehrlichkeit ist die beste Politik)이라는 명제는 어떠한 비난에도 불구하고 정책의 불가피한 제약이 된다. (따라서 참된 정치는 먼저 도덕에 근거하지 않고서는 어떠한 발전도 얻을 수

---

4) 도덕의 내면성과 법의 외면성의 구별은 칸트 이전에 이미 토마지우스에 의해 지적되었다. 토마지우스는 그의 저서 *Fundamenta juris naturae et gentuum* (1713)에서 도덕이 주체의 양심에 관계되는 반면에, 법은 타자와의 관계를 규율하기 위한 것이라고 구별하고 있다. 칸트는 어떤 행위가 법칙에 합치하는가의 여부를 내면적인 의무의 이념이 행동의 동기일 경우에 도덕성이 나타난다고 본다. 이러한 점은 *Kant Werke, XI*, S.127 및 Heinz-Jürgen Hess, Die obersten Grundsätze, Kantischer Ethik und ihre Konkretisierbarkeit (*Kant-studien*, 102), 1971, S.17.

5) *Kant Werke, XI*. SS.228, 243. 이 점에서 칸트에게는 국가 정책의 원리를 도덕에 맞게 해결하려는 도덕적 정치가를 생각하는 것이 가능하여도, 역으로 도덕을 정치가의 이익에 합치시켜 정치적 도덕가를 생각하는 것은 불가능하다고 주장한다.

없다.)

한편으로 정치적 의무는 자기에 대한 완전한 의무는 아니다. 그렇지만 타인에 대한 완전한 의무로서 이를 실행하지 않는 것은 악으로 여겨진다. 따라서 타인에 대한 완전한 의무는 법의 목적으로서 정치의 목적도 된다. 왜냐 하면, 법은 정치의 보편화된 표현 그 자체이기 때문이다. 바꿔 말하자면, 어떤 행위가 도덕적인 행위가 되기 위해서는 그 행위를 기초지을 수 있는 격률이 의무의 개념과 합치한 경우에만 해당되기 때문이다. 이 의무에서 도덕성은 주관적인 동기에만 관계하며, 법은 행위 그 자체, 즉 객관적인 사실에 관계한다.

정치가 결국 법에 귀속된다면, 칸트에게서 정치의 여러 원칙들은 무엇일까. 이는 본질적으로 법의 여러 원칙을 벗어날 수 없다. 정치에 대한 철학적 탐구란 정치적인 여러 행동이 옳고 그른지를 구별하는 일이다. 그런데 정의는 보편적이어야만 하지만 그것이 실현되는 것은 법을 통해서일 뿐이다. 따라서 확실한 정치적 질서란 법질서가 확보될 때 가능하다. 칸트의 윤리학에서 행위가 보편적 법칙으로서 정식화되는 것과 같이, 정치적인 처리 및 조정은 보편적인 타당성을 가진 법에 따라 조직되어야 한다.

정치적 행위와 입법이란 예외를 인정하지 않도록 법 규칙 위에 기초되지 않으면 안 된다. 칸트에게서 정치의 원칙들은 확실하게 규범적이다. 이들의 본질은 법의 원칙들을 경험의 세계에 적용하는 것이다.

칸트가 정치적 상황의 구체적 내용이 변화하는 것을 인식하지 못했다는 주장은 합당하지 않다. 칸트의 목표는 정치적 행위가 기초지어진 철학적 근거를 찾는 일이다.

법은 외적인 관계들 속에서만 보이며, 이 관계야말로 정치의 진정한 의미다. 이러한 외적 관계는 우리들이 하나의 외적인 '내 것'과 '네 것'이란 소유의 대상을 가지고 있기 때문에 필연적으로 일어나는 관계다. 칸트는 여기서 로마법의 용어인 '내 것과 네 것(meum et tuum)'이라는 개념을 사용하고 있다. 이러한 관계들은 규범 속에 있어야 한다. 홉스의 견해처럼, 개인의 의지가 타인의 의지에 따라 강제되는 것처럼, 정치는 인간적 경험의 영역에 속해 있다. 이는 칸트가 모든 행동을 의지에 귀속시키고 있기 때문이다. 만약 강제가 보편적 법칙에 따르는 것이라면, 그 법칙이 곧 법이다. 따라서 법은 하나의 강제적 질서라고 볼 수 있다. 이러한 의미에서 합법성은 정치에서 결정적인 원칙이 된다. 인간의 내적인 도덕적 결정도 합법성 속에, 즉 법에 합치한 어떤 행동 속에 그 내적인 표현을 나타낸다. 인간으로서 우리들은 자유다. 그리고 우리의 자유란 무엇인가를 획득하기 위한 권리 그 자체를 가리킨다.

그렇지만 개인의 자유와 다른 사람들의 자유가 서로 대립되지 않아야 한다. 그렇지 않으면, 홉스적 의미에서 혼란과 대립이 일어나기 때문이다. 따라서 각 개인의 자유는 보편적인 구속성을 갖는 방법으로 규제되지 않으면 안 된다.

그러나 우리가 획득하는 여러 권리들은 인간성의 본질에만 속하는 것이 아니라 법에 의해 규제되기도 한다. 이런 법적 규제에 의해 재산권이 성립한다. 그렇지만 이러한 법은 자연 상태가 아닌 시민 상태에서만 가능하다. 그러나 칸트가 말하는 재산은 우선 토지와 같은 부동산을 의미한다. 여기에서 지주는 국가의 본질적인 요소다.[6] 바로 이와 같은 점은 칸트가 근대

---

6) 이런 의미에서 재산에 관한 칸트의 견해는 주로 중산층으로서의 부르주아지의 신념의 대변자임을 나타내고 있다. 칸트는 재산을 하나의 사회적 실재로 생

부르주아 계층의 이익을 대변하는 측면으로 이해할 수 있다. 그러나 칸트는 시민 상태 역시 인간으로서 기본적으로 누려야 할 자유와 평등의 원칙에 위배되도록 성립되어서는 안 된다고 보았다.[7)]

권리의 보편적 원칙은 도덕의 보편적 원칙을 적용한 것이다. 이러한 점은 법과 정치에서 동일하게 적용될 수 있다. 그렇지만 외적인 자유의 실현은 도덕적으로 필요하다. 그러나 자유에 제한을 가하는 것은 악이다. 악일 뿐만 아니라 다툼을 불러일으킨다. 자의적으로 자유를 제한하는 사람은 다른 사람의 자유를 침범하고 자신의 자유를 남용하는 사람이다. 타인의 자유를 침범하는 사람에 대해서는 강제력을 행사할 수 있다. 권리의 원칙은 법을 수단으로 하거나 그 기초에 서서, 부당하게 자유를 침입하는 자에 대해 모든 권위를 가진 강제를 부여함을 의미한다.

만약 이 원칙을 정치에 적용한다면, 가능한 한 최대의 인간적 자유를 허용하는 헌법을 수립하는 것이다. 이는 정치적 기본법의 제1의 원칙일 뿐만 아니라 동시에 모든 법의 기초가 되는 필연적인 개념이다. 이 기본적 원칙을 정치적인 권리의 보편적 원리라고 부를 수 있을 것이다.

각했다. 루소는 사유 재산의 원칙을 시민의 모든 권리 중 가장 신성한 것이라고 주장했음에도 불구하고, 이 제도를 기존의 경제 질서에 대한 부정이라고 비판한다. 칸트는 기성의 사회 질서를 승인하고, 재산을 점유 행위에 기초한다. 따라서 국가 기능의 하나는 그 재정을 옹호하는 것이다. 루소는 그의 역사적 기원을 강자의 권리에서 구하였다. 그리고 각자 자신의 욕구를 만족시키기 위해 필요한 것을 넘어서 무엇을 점유하는 것이 불가능하다는 근거로부터 이러한 권리를 제한하려고 하였다. 칸트는 이러한 제한을 인정하지 않는다. 법의 범위 내에서 각자가 소유하고 있는 것이 재산이기 때문이다.

7) 김석수, 「칸트 '시민' 개념의 현대적 의의」, 『칸트와 정치철학』 <칸트 연구> 제9집, 한국칸트학회 편, 철학과현실사, 2002, 118쪽.

2) 국가의 현상과 이념(사회 계약의 의미)

칸트가 직시한 현실적인 국가는 당시 절대군주제 체제를 취하고 있었다. 당시 칸트가 목격한 것은 엄격한 신분적 지위의 구별이었다. 세습적인 귀족은 일반 서민과 확실히 차이가 있었다. 대부분은 하층의 시민, 억압받는 사람들이 있었다. 여기에서 벗어난 자들이 전통적인 토지 귀족, 소수의 대상인, 학자, 전문적인 훈련을 받은 관리 등이다. 그리고 많은 농민층이 존재했다. 이들 농민층은 영주나 귀족의 사유지를 경작하며, 토지 귀족의 가계에 도움이 된다는 의미에서 거의 가축과 다름없었다. 농민들은 정치적이거나 사회적인 여러 문제들을 공적으로 토의하는 것이 허락될 수 없었다. 신문은 엄격하게 경찰이 통제하였고, 해롭지 않다고 여겨지는 것만을 보도하였다. 책자는 학자를 위해, 학자에 의해 씌어졌다. 권력에 대해 비판적인 견해를 표명하는 것은 상당한 압력을 감수해야 했다. 적어도 18세기 초기까지는 특히 그 경향이 강했다.

이러한 상황 속에서 칸트는 인간이 멸시되고 인간성이 경시되는 일반 현실에 대해서 비판하였다. 왜냐 하면, 칸트의 기본 주장은 인간의 존엄성, 자유, 평등, 정의를 강하게 나타내고 있기 때문이다. 무엇보다도 칸트 실천 철학의 중심점은 자유의 개념이다.

합리적 존재로서의 인간은 자율적인 입법자며, 칸트의 표현대로는 절대적 목적이다. 각각의 시민은 이념적으로 법에 대한 자동적인 협력자며, 다양한 이념적인 목적의 독립적인 중심이며 권리의 요구자다. 타인의 목적을 위해서 수단으로서 인간을 이용하는 것을 가능하게 하는 법질서는 권리의 개념과 대립한다. 따라서 특권을 유지해 빈곤자를 억압하기 위해서 권력을 사용하는 것은 인간의 본질적인 존엄성을 부정하는 것이다.

칸트에 의하면 역사란 완전한 문화를 향한 인류의 자연적 운동이다. 칸트는 『일반사의 이념』 속에서 이성을 통해 인류의 완전한 문화를 만드는 것이 역사의 궁극적인 목표라고 하였다. 그렇지만 이러한 이상에 도달하기 위해서는 수단으로서 사회 내부에 대립 관계가 존재해서는 안 된다.

인간은 사회 속에서 자신의 능력을 발휘하는 것이 가능하다. 인간은 사회를 통해서만 자신의 능력이 인정되기 때문에 사회적 존재다. 이런 이유에서 사람은 사회를 요구한다. 인간은 본래 선량한 의도를 가졌고 평화를 애호한다. 그렇다고 집단 생활을 원하는 동물 같은 사회적 존재는 아니다. 또한 인간은 어떤 점에선 비사회적이기도 하다. 세 개의 강력한 자연적 충동으로서의 감정, 즉 명예욕, 권력욕, 소유욕으로 인해 그 동료와 적대 관계를 가지게 된다.

여기에서 인류가 직면한 가장 중요하고 곤란한 문제가 발생한다. 한편으로는 공통의 사회 생활을 인정하면서도 동시에 진보에서 본질적인 의미를 갖는 적대 관계에 대해 어떤 형식을 나타내는 것이다. 칸트에 의하면 이 문제의 해결은 국가 속에 부과된다. 이런 점으로 본다면 칸트는 국가에 큰 기대를 가졌다. 그럼에도 불구하고, 국가란 '법 아래 있어 다수의 인간의 결합체(Vereinigung einer Menge von Menschen unter Rechtsgesetzen)'며, 사회는 그 목적을 실현하기 위해 구축한 다수의 단체 중 하나라고 여겼다. 이러한 개념은 피히테, 헤겔을 통해 유럽 정치사상에 정립된 '민족' 이념과는 달랐다. 즉, 칸트에게서 국가란 피히테가 생각한 민족적 에너지의 응집체가 아니라 이성의 요청 그 자체였다. 국가란 또한 헤겔이 주장한 가치 그 자체, 즉 최고의 인륜태(Sittlichkeit)가 아니라, 법을 확증하기 위한 수단적 가치를 가진 것에 지나지 않았다.

국가나 시민사회 속에는 자연 상태에서의 절대적 자유는 법에 의해 제한을 받는다. 이에 따라 평화적인 공동 생활과 조화로운 협력이 가능하다. 그렇지만 이 조직체 속에서도 재산과 명예, 권력에 대한 경쟁은 쉬지 않는다. 그럼에도 불구하고 자연 상태(status naturalis)에서 시민 상태(status civilis)로의 이행이 가능한 요인이 있다. 이런 점에서 칸트는 홉스 식의 논리를 따라 자연 상태로부터 소위 시민사회로의 이행 과정에서 법이 요구된다고 본다. 그러나 국가의 성립이 논리적으로 법의 존재에 선행한다.[8] 이러한 이행이 완료되면 중요한 문제가 제기된다. 법의 원칙들에 따라 대립 관계를 규제하기 위해 정의에 기초지워진 국가의 전체적 통일을 실현하는 것이다. 즉, 국가에 속한다는 것은 모든 사람에게 대등해야 하는 법의 보편적 체계를 유지한다는 것을 의미한다. 여기에서는 각 사람들의 자유가 다른 모든 사람들의 자유와 공존하도록 다양한 문제를 조정할 필요성이 제기된다. 이러한 칸트의 국가 개념은 모든 것이 강력한 경찰력으로 공공 복지(salus publica)를 위해서 지배하는 18세기의 야경국가의 절대주의와는 완전히 다르다고 볼 수 있다. 그리고 이 점에서 볼프적인 복지 국가관을 넘고 있다고 할 수 있다.

국가의 기원에 관해서는 칸트의 『일반적 발언에 대해서(*Über den Gemeinspruch: das mag in der Theorie richtig sein, taugt aber nicht für die Praxis*)』 중 정치에 관한 논문이 '반홉스론(Gegen Hobbes)'임에도 불구하고, 그의 주장은 홉스의 사상을 따르고 있다.

---

8) 맹주만, 「원초적 계약과 정의의 원리」, 『칸트와 정치철학』 <칸트 연구> 제9집, 한국칸트학회 편, 철학과현실사, 2002, 80쪽 참조.

국가의 기원은 인간성의 이기적이고 반사회적인 충동에서 파생되고 있다. 칸트에게서는 '만인의 만인에 대한 투쟁(bellum omnium contra omnes)'이라는 홉스의 표현이 없을 뿐, 이 점에 대해서 홉스와 유사하다. 인간은 타인에 대해서 명예욕, 권력욕, 소유욕을 가진 이기적인 존재다. 따라서 인간은 항상 잠재적인 투쟁 상태에 놓여 있다. 이러한 의미에서 국가의 창설과 유지는 모든 사람의 이익이라고 말할 수 있다. 따라서 국가의 본질 자체는 법으로서 강제적인 권력이다. 즉, 국가는 권리를 가진 지상의 권위로서, 불법적인 폭력에 대해 정당한 강제력을 가진 권력으로 이루어진다.

국가 속에서 모든 사람들은 그들의 무제한한 자유를 포기해야만 한다. 왜냐 하면, 사람들이 무제한하게 자유를 요구하면 이는 불안정을 나타내기 때문이다. 그렇기에 법에 의해 제한되고, 국가 권력에 의해 보호되는 의미에서의 평화와 안전은 무제한한 자유와 자연 상태의 불안정성보다는 훨씬 낫다. 이러한 점에서 국가의 논리적 기원으로서 사회 계약 관념이 요청된다. 즉, 국가는 모든 사람들의 자유 의지에 근거해 사회 계약 속에 성립하는 것이다.[9] 이러한 의미로서의 칸트의 계약 개념은 역사적 사실로서 이해되는 것이 아니라 하나의 이성적 개념으로서의 요청이었다.[10] 이러한 입장은 기본적으로 홉스의 견해에

9) 엄밀히 말하면, 칸트에게서 이른바 원초적 계약(ursprünglicher Vertrag, contractus orginarius) 또는 사회적 계약(pactum sociale)은 시민 헌법을 수립하기 위한 계약, 즉 칸트의 이른바 '시민적 종합 계약(pactum unionis civilis)'과는 구별되는 것이다. Kant, Über den Gemeinspruch, *Kant Werke, XI*, SS, 143, 153.

10) 칸트에 의하면 그러한 원초적 계약(ursprünglicher Vertrag, contractus orginarius), 사회적 계약(pactum sociale)을 '사실'이라고 생각할 필요는 없다. 그 계약은 단순히 이성이 만들어낸 개념이다. 사회 계약 개념은 경험계에 나타나는 것이 아니고, 반대로 경험에 질서와 통일을 주는 '이성'의 규제 원리다.

이어져 왔다. 국가의 기원이나 역사의 계속성에 대해서는 이론적 설명이 필요한 문제다.[11]

칸트는 사회 계약 개념을 정치적 판단에서 하나의 규준으로 인정했지만, 정치적인 실천 목표를 달성하기 위해서 역사적 근거를 제공하는 것으로 이용되어서는 안 된다. 사람들이 국가를 수립하는 계약을 체결한다는 것은 그들의 의지를 보편적 의지에 따라 준비한다는 것을 의미한다. 이러한 전제로부터 미루어볼 때, 사회 계약에 의거한 국가의 이념은 현재형이 아니라 진행형이며, 실현되어야 할 과제요 이상이다. 즉, 국가의 도덕적 정당성은 모든 국가 구성원의 보편 의지에 부합하는 그러한 이념을 추구해야 하며, 그것이 달성될 때까지 현실 국가는 불완전한 것이다.[12] 이러한 보편적 의지야말로 이성의 의지다. 이 보편적 의지는 모든 사람들의 결합 의지도 아니고, 또한 다수자의 의지 자체도 아니다. 칸트는 여기서 루소에 가깝지만 루소보다도 한층 보편 의지의 이성적 성격을 강조하고 있다.

엄격히 말해서 루소가 사용하는 국가라는 의미는 신민의 집합 또는 인민의 집합이며, 그것은 스스로 세운 규범을 준수하는 한에서만 정확히 인민이라 칭할 수 있다.[13] 칸트는 루소의 '일반 의지'보다 이성적인 보편성을 나타내는 '보편 의지'를 사용한다. 여기에서의 '보편 의지'는 정부 속에서 구체화되지만, 그 경우 보편적인 법에 따라 사람들을 강제하도록 한 자격을

---

11) 칸트에게서 사회 계약 개념과 알투지우스(Jonannes Althusius : 1557~1638), 홉스, 루소 등의 계약 개념과의 관계에 대해서는 Kurt Borries, *Kant als Politiker, Zur Staats und Gesellschaftslehre des Kritizismus* 1978, S.154를 참조할 것.

12) 맹주만, 「원초적 계약과 정의의 원리」, 『칸트와 정치철학』 <칸트 연구> 제9집, 한국칸트학회 편, 철학과현실사, 2002, 81쪽 참조.

13) 김희준, 『역사철학의 이해』, 고려원, 1995, 130쪽 참조.

정부에 부여하기 위해 이성의 개념을 쓰고 있다. 이 점에서 홉스와 결정적으로 다르다. 왜냐 하면, 홉스의 견해에서 본다면 기존의 법에 대해 가치적인 비판을 내리는 도덕적 규준은 존재하지 않기 때문이다.

그러나 루소에게서 일반 의지는 전원 일치라는 집회의 의지 개념과 명백하게 분리할 수 없다. 루소가 칸트 철학에 끼친 영향 중의 하나는 궁극적으로 정당하다고 인정된 통치의 유일한 형태로서 공화제의 개념을 들 수 있다. 그렇지만 칸트에게서 시민사회에 들어간다고 하는 것은 타인과 우리를 연결하는 강제성이 부여된 사회 질서를 존중하는 절대적 의무를 인정하는 것을 뜻한다. 그리고 그러한 의무는 통치 형태가 다른 전제적인 경우에도 성립한다. 단, 이러한 주장은 루소와 비교하면 전혀 다른 관점이다. 왜냐 하면, 칸트에게서 보편 의지는 엄격하게 이성의 의지로서 개인의 의지가 동조하지 않으면 안 되는 것이기 때문이다. 결국 시민사회는 보편 의지의 기관이다. 이와는 달리, 개인은 자신의 특수 의지에 종속되지만, 개인이 보편 의지에 연결되는 것은 그 사회 속에 있을 때만 가능하다.

사회 계약은 칸트에 의하면 역사적 사실은 아니다.[14] 이 점은 많은 사회계약론자와 다르지 않다. 정당한 제도, 즉 상호 정당한 관계를 결정하는 모든 사람들의 보편적이고 합리적인 표현으로 국가를 전제할 때는 이성의 이념이 필요하다. 사회 계

---

14) 그렇지만 사회 계약에 대해서 '역사성'의 부정과 그 '사실성'의 가정을 구별하지 않으면 안 된다. 즉, 칸트에 의하면 원초 계약은 국가의 기원의 문제에서 사실(factum)로서 가정하는 것이 필요하다. 그러나 이 가정은 역사적 사실성을 필요로 하지 않는다. 단, 이성의 단순한 이념으로서의 가정을 의미한다. 따라서 계약은 관념적, 논리적 추출에서 국가의 필연적인 기초가 되지만 계약의 역사적 존재는 적어도 부정의 대상이 되었다. 기에르케(Otto Friedrich Gierke : 1841~1921)에 의하면, 칸트는 사회 계약의 역사적 성격을 명확히 부정한 최초의 사상가다.

약은 인간을 외적인 틀에 묶는 것이 아니고 국가의 논리적 기원을 표현하는 하나의 방법이다. 개인의 특수한 성질을 그들이 가진 자기 입법적인 이성에 종속시킴으로써 국가가 성립된다. 그리고 국가는 개인을 타인의 노예가 되는 가능성에서 보호하는 동시에 개인을 자기 자신으로부터 해방시키기 위한 수단이다. 국가가 이러한 기능을 할 수 있을 때만 이성의 이념에 합치된다고 말할 수 있다. 따라서 우리는 이러한 이성의 이념을 국가 구성의 사실적 역사적 기원이 아니라, 사회 구성원들간의 갈등 해결의 실질적 척도를 제공하는 가능한 정의의 원리들의 도덕적 원천으로 이해해야 한다.[15]

그러나 칸트에게서 국가가 그 기능을 수행할 수 있는 것은 정의를 외적으로 처리함으로써 가능하다. 이 경우 권력은 '자유의 장애를 저지하기' 위해서 사용된다. 사람들이 국가를 만드는 과정은 정의의 실현에 따라 필요한 과정이다. 여기에서의 사회계약은 사람들이 체결하려고 하는 구속된 계약이다. 또한 사회계약은 '모든 공법의 합리성을 재는 시금석(Probierstein der Rechtsmässigkeit eines jeden öffentliches Gesetzes)'[16]으로서 결코 깨지지 않는 것이며, 인간 사이에 절대적으로 신성한 불가침의 관계를 구성하는 것이기도 하다. 이러한 의미에서, 새로운 국가를 만들기 위해서 파괴한다는 혁명권은 권리의 부정이 된다.[17] 프랑스혁명의 의의를 역사적으로 높게 평가하면서도, 칸트는 혁명권을 비판하게 된다. 이에 대해서는 시민의 저항권

15) 맹주만, 「원초적 계약과 정의의 원리」, 『칸트와 정치철학』 <칸트 연구> 제9집, 한국칸트학회 편, 철학과현실사, 2002, 87쪽.
16) *Kant Werke, XI*, S.153.
17) 왜냐 하면, 사회 계약은 '모든 공법적인 헌법 일반의 판단에서의 이성 원리(Vernunftprinzip der Urteilung aller öffentlichen rechtlichen Verfassung überhaupt)'밖에 되지 않기 때문이다. *Ibid.*, S.159.

을 다룬 제3절에서 살펴보기로 한다.

3. 시민 저항권 — 혁명권과 반항권

칸트는 제도로서의 국가를 루소에 가까운 '보편 의지'의 실현이라고 생각하였다. 이런 점에서, 칸트에게서의 국가는 루소에게서와 같이 개별적 의지들이 이루는 보편적 의지의 표출로서, 오직 이 보편 의지 속에서만 개별적 의지들의 권리가 보편적 법칙에 따라 보장될 수 있다.[18] 또한 칸트는 개인적인 의지는 권리가 아니라 의무만을 갖는다고 주장하여 홉스의 견해와도 유사하다. 국가 형태가 불완전할지라도 개인이 의무의 주체인 한, 결코 국가에 반항하는 권리를 가질 수 없다고 본다. 왜냐 하면, 사회 계약은 국가 그 자체를 폐기한다는 조항을 포함하지 않기 때문이다.

이를 칸트의 입장에서 본다면, 정치적 반역은 결코 정당화될 수 없다.[19] 찰스 1세 및 루이 16세의 예에서 볼 수 있듯이, 주권자 자신을 심판의 대상으로 처형하는 반역의 원칙을 신성화하는 것은 옳지 않다. 이는 정의를 고유의 이념과 충돌시키는 것이 되며, 행동의 격률을 법에 의해 침범하는 결과가 되기 때문이다. 이것은 영원한 죄다. 그러나 이러한 악 자체를 자신의 행위의 준칙으로 만들어낸다는 것은 불가능한 일이다. 최고 권력

---

18) 김옥경, 『칸트와 헤겔의 법철학에서 자유와 소유』, 『칸트와 정치철학』 <칸트 연구> 제9집, 한국칸트학회 편, 철학과현실사, 2002, 168-169쪽.

19) 칸트의 반항권에 대해서는 다음의 논문과 저작에서 명확하게 다루고 있다. E. Bloch, Widerstand und Friede, *Materialien zu Kants Rechtsphilosophie*, Frankfurt am Main, 1976. F. Beiser, *Enlightenment, Revolution and Romanticism*, Harvard University Press, 1992.

으로서 국가의 이념은 개인으로서 복종자의 자의적 의지를 넘어선 것이다.

칸트의 기본 입장은 법의 지배가 폭력에 대한 치료로서 정당성을 부여받는다는 것이다. 이 경우의 폭력은 육체적인 위해(危害)에 관련된 것이 아니라 자유에 대한 간섭을 의미한다. 폭력은 항상 악이지만 자연 상태에서는 어느 정도 허용될 여지가 있다. 우리가 어떤 경우 폭력적으로 행동할 권리를 갖는다는 것은 논란의 대상이 된다. 예를 들어, 자기를 방어하기 위한 행동, 즉 타인의 공격에 대한 폭력은 비난하지 않는다. 이른바 '긴급권'이 사람들을 방어하는 방법으로서 활용된다. 칸트에 따른다면, 이러한 행위는 도덕적으로 악이지만 변론의 여지가 있다고 본다. 이러한 행위는 보편적인 법을 의지하지 않기에 악이다. 나는 다른 사람을 희생시킬 아무런 권리도 가질 수 없다. 따라서 타인에 대해 그러한 행위를 하는 것은 부정이며 반도덕적이다. 그렇지만 극단적인 경우, 그런 악한 행위를 실천에 옮기는 상황이 발생했을 때 이를 인정할 여지는 있다.

그러나 긴급권이라는 말은 오해를 가져오기 쉽다. 이 용어는 도덕적 권리가 아니라 도덕적 악(논란을 포함하고 있긴 하지만)을 나타내고 있기 때문이다. 칸트에 따르면, 긴급권을 주장하는 사람들은 생명을 잃어버릴 수 있는 위험 상태에 처해져 있을 경우, 자신의 목숨을 구하기 위해 타인을 밀쳐버리고 판자 위에 올라가 산 사람을 그 예로 지적한다. 이런 사람을 사형시킬 형법은 존재하지 않는다. 이렇게 산 사람에게 법에 따른 어떠한 처벌을 하는 것도 그의 생명을 빼앗는 것보다 크지 않기 때문이다. 따라서 폭력을 통해서 자기 생명을 지키는 행위는 비난받아 마땅하지만 처벌의 대상은 되지 않는다.

이러한 상황에서 처벌하는 것이 왜 악일까? 여기에는 두 가지의 이유를 들 수 있다. 하나는 실제적인 것이며, 다른 하나는 도덕적인 것이다. 전자는 법이 원래 가치 체계의 일종임을 이해함으로써 이해할 수 있다. 후자, 즉 도덕적 이유는 공평성의 원칙과 관련되어 있다 이 의미는 폭력이 극단적인 사정에서 일어났다고 하여도 결코 정당화될 수 없고, 따라서 항상 도덕적으로 악이다. 다른 사람을 강제하는 것은 공평한 법을 통해서 이루어질 경우에만 정당화된다.

칸트는 혁명에 대한 긍정론에 대해 분명한 반대론을 전개한 사람이었다. 칸트는 유기체로서의 국가가 개개인의 가치를 넘어서서 보다 큰 가치를 지닌다는 견해를 배제하였다. 어떤 사람이 정부를 매우 싫어한다는 이유에서 그 정부를 폭력으로 전복하고자 한다. 이 경우 이들을 정당한 것으로서 인정할 수 없다고 할 경우, 나 자신 또한 그러한 권리를 요구하는 것이 불가능하다. 혁명주의자는 논리적으로 자연 상태에서 처벌권을 행사하는 자경단(自警團)의 사람과 동일한 지위에 있으며, 같은 이유에서 비도덕적인 행위를 하는 것이다. 그들은 강제를 사용하고 있는 사람이다. 왜냐 하면, 최고의 입법에 반항하는 것은 자체법에 반하는 것이기 때문이다. 반항을 인정하는 법이 존재해야 한다면, 기본적인 헌법 체계는 파괴될 것이다.

자신이 심판자면서 집행자로서 행동하는 혁명주의자는 자경단의 사람들과 본질적으로 다르지 않다. 혁명주의자의 활동은 자경단의 사람들과 비슷하며 때로는 선한 결과를 보여준다. 그렇지만 권리로서 요구되는 것은 아니다. 칸트는 정부에 대한 불복종이 폭력의 한 형식이라고 간주하고 있다.

그러나 그는 혁명과 반항을 반드시 명확하게 구별하지는 않았다. 혁명은 폭력적인 활동으로서 칸트가 명확하게 비판한다. 하지만 칸트는 반항 중에 반드시 폭력적이지 않은 행동 양식

(예컨대 수동적 불복종)이 포함된다는 데 주의를 기울이지 않고 있다. 단순히 법에 대한 복종을 거부하는 것은 예컨대 게릴라 활동이나 폭력으로 국가를 전복하는 폭력적인 방법과는 다르기 때문이다.

칸트는 어떤 상황에서 비폭력적인 반항을 옹호하기 위해서 어떤 근거가 필요한가를 다룬다. 정부에 복종하는 것은 정당한 수속을 합리적으로 선별해서 선택함을 의미한다. 시민의 복종에 대한 정부의 도덕적 요구는 그 정부가 부정한 방법으로, 즉 단순히 자의적인 권력 행사를 통해서 시민들을 통제하는 방법이라면 성립할 수 없다. 왜냐 하면, 법에 대한 복종의 의무는 상호 작용이기 때문이다. 만약 정부가 법적 제한을 무시하고 법의 지배를 통해서 무리하게 통제한다면, 이는 사실상의(de facto) 권력 행사가 되기에 정당하게 반항할 수 있다. 그러나 이 점에 관해서 칸트가 폭력이 필요하다고 주장하는 데는 주의해야만 할 것들이 있다.[20]

칸트가 프랑스혁명에 어느 정도 호의적인 견해를 가졌던 점이 칸트의 논의를 복잡하게 하고 있음은 부정할 수 없다.[21] 즉, 칸트에 의하면, 이 혁명은 법적 의미에서는 반드시 혁명이라고

---

20) 폭력은 자연법에 따라 반대의 폭력을 중화시킬 때만 정당화된다. 또한 폭력은 보편적인 법에 기초한 모든 사람들의 자유와 합치하지 않는 자유를 달성하려는 경우, 법적으로 무효한 행위를 무효로 할 때만 정당화된다. 이런 의미에서 우리들은 권리에 대한 보장의 유일한 근거가 되는 시민국가에 요청되는 권리를 갖고 있다. 왜냐 하면, 무정부 상태는 모든 사람들이 폭력 상태이기 때문이다. 이러한 점에서 보면, 시민사회를 수립하는 데 필요한 폭력은 모두 폭력을 중화하는 폭력으로써 자유와 양립하는 것이다. 칸트와 프랑스혁명의 관계에서 국가의 이념을 실현하는 데 폭력에 대해서는 어떠한 합법적인 단서도 얻을 수 없다. *Kant Werke, XI*, S.233 참조.

21) Kurt Borries, *Kant als Politiker. Zur Staats und Gesellschaftslehre des Kritizismus*, 1978, S.180.

할 수 없다. 이 혁명의 법적인 위치가 중요하다. 왜냐 하면, 군주는 그 주권을 제3신분에 모두 이양했기 때문이다.

칸트에 의하면 시민은 반역권을 가질 수 없다. 반역은 법의 모든 체계를 전복(顚覆)시킬 것이다.[22] 반역에 의해 무정부와 폭력이 난무한다. 또한 반역은 사회 계약의 개념이 요청하는 시민 헌법을 파괴한다. 그 이유는 어떤 헌법이 시민에 대해서 반역을 승인하고, 주권자에 대해 파기하도록 허용한다면, 이로써 같은 제2의 주권자가 성립되기 때문이다. 이는 하나의 모순이다. 그것은 두 사람 사이를 결정하는 제3의 주권자를 필요로 하기 때문이다. 따라서 하나의 헌법 속에 누군가에게 반항권을 주거나 최상권에 반역하는 권리를 인정하는 조문이 있다는 것은 불가능하다.

칸트에게서 모든 헌법의 기본적 요소는 법을 존중한다는 점에 있다. 주권자와 복종자도 법을 존중하는 마음을 가져야만 한다. 시민은 주권자가 제정한 법에 반역해서는 안 된다. 이러한 칸트의 견해는 프랑스혁명에 대한 칸트의 태도에서 보면 다소 이상할 것이다. 그러나 이러한 주장은 법의 지상성에 대한 칸트의 일반적 개념에서 필연적으로 도출된다. 법에 반역하는 것은 법 자체를 무시하는 것이며, 법을 없애는 데까지 이르기 때문이다. 이것은 명백한 악이다.

---

22) 칸트가 혁명을 비판한 것은 혁명을 통해서 법 자체가 파괴된다는 근거에서였다. 여기서 객관적인 타당성이 인정되는 동시에 오늘의 혁명가가 내일의 입법자로 되는 역사적 예증에 대해서 충분한 고려가 부족했음을 부정할 수 없다. 프랑스혁명의 직접적인 계기는 바스티유의 형무소 파괴를 향한 군중의 집단적 폭력이었다. 그러나 그 집단적 폭력은 단순한 폭력이 아니었다. 계몽 사상의 핵심을 구성하고 있던 자유, 평등, 박애의 정치 이념에 의해 기초되었다. 따라서 이 폭력은 정당성의 근거를 객관적으로 획득하면서 역사적 의의를 가진 프랑스혁명으로 발전할 수 있었다. 역사적 현실로서 많은 시행착오를 반복했지만, 프랑스혁명을 부르주아 혁명으로서 역사적 가치를 부정할 수는 없다.

칸트도 정부에 대한 소극적인 반항이나 수동적인 불복종의 경우에는 다소 인정하고 있다. 정부가 명령이나 결정을 실행하지 않을 경우, 시민들이 수동적인 반항을 하거나 불복종을 하는 것은 정당성을 인정할 수 있다. 그렇지만 시민 헌법의 관념 자체는 신성하며 저항할 수 없다. 주권자나 지배자를 전복시키는 것은 명백한 악이며, 오히려 목적 달성 자체도 어렵게 한다. 한편으로는 혁명이 일어났을 때 그것을 원래대로 돌린다거나 구질서를 재건하려는 시도는 악이 된다.[23] 왜냐 하면, 시민으로서 복종하는 것은 시민의 의무이기 때문이다.

하나의 정부가 새롭게 수립되면, 시민들은 이를 수용하고 복종해야만 한다. 특히 1688년의 명예혁명이나 1789년의 프랑스 혁명의 경우에도 이런 사실이 적용된다. 계몽 사상의 입장에서 본다면, 이런 혁명은 진보로 간주되어 평가된다.

요컨대, 칸트는 혁명권이 개념상 윤리적으로 불가능함을 밝히고 있다. 이는 법적으로 구성된 정부에 대해 폭력으로 반항하는 권리는 권력 남용의 모순이기 때문이다. 이와는 달리, 칸트는 정부에 대한 자유로써, 공적인 비판권을 인정하고 있다. 이러한 의미의 비판권은 시민의 여러 권리를 옹호하기 위해서도 가능하다고 간주한다. 시민에게 열려 있는 권리는 공적인 비판의 권리, 즉 언론의 자유뿐만 아니라 권력에 대한 공개적인 비판권의 행사다. 칸트는 이런 의미에서 '펜의 자유'를 시민의 여러 권리의 유일한 보장으로 보았다. 이를 통해 열려진 사회와 자유롭고 합리적인 토론 과정을 통해서 법을 규정하려는

---

23) 악한 체제가 원인으로 하여 일어난 혁명은 광폭(칸트 용어로는 "Ungestüm"을 사용하고 있다)을 통해서 비합법적으로 보다 합법적인 국가 체제가 성립한다. 이 경우 폭력적으로 혁명에 참가한 사람은 구체제 아래에서는 형벌의 대상이 된다. 그러나 그 민족을 다시 혁명 전의 구체제에 넘겨주는 것은 허용될 수 없다. Kant, Zum ewigen Frieden, *Kant Werke, XI*, S.233 참조.

사회를 요구할 수 있다. 따라서 공적인 비판의 권리는 공화적 헌법에 의해서 보장되어야만 한다. 물론 이런 권리는 국가의 기존 헌법에 대한 존경과 헌신을 가질 때만 가능하다.

시민적 헌법과 관련하여, 칸트는 자유로운 언론과 출판의 권리가 시민의 불가침의 권리라고 주장한다. 왜냐 하면, 주권자에 대해 규정된 어떠한 법도 모든 시민에게 나쁘게 의도된 것이 아니기 때문이다.

4. 칸트 국가론의 의의와 한계

칸트의 국가론은 이미 형성된 도덕 철학의 주요 주장들을 현실적인 국가에 적용함으로써 하나의 보편적 이념을 제시하고자 한다. 그에 의하면, 도덕적 행위는 의무의 형식 아래서 표현되는 보편적인 도덕 법칙에서 유래한다. 우리가 감성적인 존재이기 때문에 도덕 법칙은 명령의 형태인 명법으로 드러난다. 근본적인 정언 명령은 우리 행위의 준칙이 보편적 규칙으로 고양될 수 있는 방식으로 행위할 것을 명령한다. 이것이 모든 합리적 도덕성의 필연적인 근거며, 나아가서 모든 정치의 근거이기도 하다. 따라서 칸트에서 국가 정치철학은 권력의 기술로 전락해서는 안 되며, 오히려 도덕적 요구에 따라야 하는 것이다.

그러나 인간은 오직 사회 속에서만 스스로를 진정으로 실현할 수 있다. 그래서 자연은 인간이 법에 의해 지배되는 질서를 수립하도록 내던졌다. 이러한 법의 토대 위에서 정치의 여러 원칙들이 성립되며, 이런 의미에서 정치와 도덕은 밀접한 연관성을 나타낸다. 따라서 칸트가 제시한 여러 가지의 정치적인 언급들은 구체적이고 경험적인 정치에 대한 이론적인 이념들을 제공한 점에 있다. 이런 이념들로부터 경험적이고 현실적인 정치론을 파악할 수 있다고 본 것이다. 칸트의 주장처럼, 정치가 법에 결국 근거하고 있다는 것은 법을 통해서 정의(正義)가 실현된다는 것을 뜻한다.

칸트의 이런 관점이 확고한 정치적 질서란 법질서 위에 기초될 때 가능함을 뜻한다. 이는 마치 칸트의 윤리학에서 행위의 보편성이 법칙으로서 정식화될 때 가능한 것처럼, 정치적인 원칙들은 보편적인 타당성을 가진 법에 따라 조직되지 않으면 안된다. 결국 칸트가 목표로 하는 것은 정치적 행위가 근거로 하는 철학적 근거를 정초하는 일이었다.

그러나 전반적으로 칸트가 주장한 정치론에 입각한 그의 견해는 보수적인 측면이 강하다. 그 당시 프랑스혁명에 대한 견해에서도 한편으로는 이를 인정하면서도, 다른 측면으로는 비판적 관점을 견지하고 있음을 알 수 있다. 특히 국가 관념에 관해서도 홉스의 사회 계약 사상을 어느 정도 이어받고 있으면서 또 다른 면을 보이고 있다. 국가가 보편적인 법에 근거하고 있어서 국가에 대한 저항권을 적극적으로 인정하지 못하는 보수성을 드러내고 있다. 이는 칸트 철학 전반에 나타난 사상으로 볼 때 어쩌면 당연할지도 모른다.

이미 이론 이성에서 순수 이성의 보편성을 인정한 칸트로서는 법의 보편성과 더불어 국가에 대한 저항을 적극적으로 부정할 수밖에 없었다. 따라서 칸트는 혁명에 대해 인류가 더 나은 상태로 전진할 수 있도록 하는 사건으로서 이해하였지만, 그렇다고 혁명을 일방적으로 정당화하지 않았다. 법철학적 관점에서 칸트는 프랑스혁명을 정당화할 수 없었으며, 오히려 비판적 태도로 혁명의 권리를 부정했다. 칸트 자신이 당시 유럽에서 일어난 혁명에 대한 시민들의 열광에 동조했지만, 동시에 당시의 혁명을 정치적 변화를 위한 법적으로 허용할 수 없는 수단이라고 비판하였다.[24] 그러나 그 당시의 현실적인 정치론을 분석하면서도, 철학적 원칙과 정치적인 현실 간에 안이한 타협을 용인하지 않고, 시대를 초월한 정치적인 원칙들을 정식화하여 이성의 고유한 가치를 부여했다는 점에서 그의 정치론의 의의를 찾을 수 있을 것이다.

□ 참고 문헌

김석수, 「칸트 '시민' 개념의 현대적 의의」, 『칸트와 정치철학』 <칸트 연구> 제9집, 한국칸트학회 편, 철학과현실사, 2002.

김옥경, 「칸트와 헤겔의 법철학에서 자유와 소유」, 『칸트와 정치철학』<칸트 연구> 제9집, 한국칸트학회 편, 철학과현실사, 2002.

김희준, 『역사철학의 이해』, 고려원, 1995.

맹주만, 「원초적 계약과 정의의 원리」, 『칸트와 정치철학』<칸트 연구> 제9집, 한국칸트학회 편, 철학과현실사, 2002.

박 진, 「전쟁과 평화 — 혁명과 전쟁에 관한 칸트의 상충하는 입장」, 『칸트와 정치철학』<칸트 연구> 제9집, 한국칸트학회 편, 철학과현실사, 2002.

Beiser, F., *Enlightenment, Revolution and Romanticism*, Harvard University Press, 1992.

Bloch, E., Widerstand und Friede, Batsdla, Z.,(ed.), *Materialien*

24) 박진, 「전쟁과 평화 — 혁명과 전쟁에 관한 칸트의 상충하는 입장」, 『칸트와 정치철학』 <칸트 연구> 제9집, 한국칸트학회 편, 철학과현실사, 2002, 141쪽 참조.

zu Kants Rechtsphilosophie, Frankfurt am Main, 1976.

Borries, K., *Kant als Politiker, Zur Staats und Gesellschaft-slehre des Kritizismus* 1978.

Hess, H. J., *Die obersten Grundsätze, Kantischer Ethik und ihre Konkretisierbarkeit.(Kantstudien, 102)*, 1971.

Marx, K., Engels, F., *Historische-Kritische Gesamtausgabe, Bd. I*, 1927.

Kant, I., *Immanuel Kant Werkausgabe in zwölf Banden*, Herausgegeben von Wilhelm Weischedel, Frankfurt am Main : Surkamp, 1968.

Kant, I., *Beantwortung der Frage : Was ist Aufklärung? Band XI.*

Kant, I., *Die Metaphysik der Sitten, Band VIII.*

Kant, I., *Idee zu einer allgemeien Geschichte in weltbürgerlicher Absicht, Band XI.*

Kant, I., *Kritik der reien Vernunft, Band III / IV.*

Kant, I., *Über den Gemeinspruch : Das mag in der Theorie richtig sein, taugt aber nicht für die Praxis, Band XI.*

Kant, I., *Zum ewigen Frieden. Ein Philosophischer Entwurf, Band XI.*

Saner, H., *Kants Weg vom Krieg zum Frieden, Bd. I, Widerstreit und Einheit : Wege zu Kants politischen Denken, München*, 1967.

제 2 부

칸트와 니체 · 하이데거 · 카시러 · 리요타르

니체의 칸트 수용과 비판*

이 상 엽

1. 머리말

우리는 '현대'에 대해 어떤 생각을 하고 있을까? 현대의 특징[1]은 대략 두 가지 점에서 논의될 수 있을 것이다. 첫 번째 특징은, 현대는 전통과의 완전한 단절을 표현하고 있다는 점이다. 새로운 것을 나타내는 시대 개념인 현대는 중세와 고대와는 질적으로 다른 특성을 나타낸다. 경험적 인과 법칙으로 대상을 환원하고 목적 달성에 가장 효율적인 수단을 만드는 현대의 합리화 과정은 종교적-초자연적 힘들을 세계에서 퇴출시켜 세계를 탈마법화시켰다. '형이상학적 이성' 또는 '신에 대한 믿음'의 토대 위에서 가능했던 사물의 질서와 도덕적 규범의 절대성은 상실

---

* 본 논문은 2002년 8월에 열린 한국칸트학회 제44차 학술발표회에서 발표한 글을 수정, 보완한 것이다.

1) '현대성의 개념'에 대해서는 위르겐 하버마스, 『현대성의 철학적 담론』, 이진우 역, 문예출판사 1995, 19쪽 이하를 참조하라.

되었다. 이제 이런 분열의 상황으로부터 또 다른 현대의 특징이 도출된다. 그 두 번째 특징은, 전통 세계를 몰락시키고 관계를 단절한 현대는 해방의 자유를 맛보는 대가로 오직 스스로의 힘으로 새로운 삶의 질서를 만들어내야 하는 막중한 과제를 가진다는 점이다.

현대 철학은 분열과 통일의 변증법적 운동 안에 있다. 근대에서 현대로 넘어가는 전환기의 대표적 철학자인 칸트는 현대의 분열을 '무의식적으로' 인식한다.[2] 그렇다면 칸트는, 인간은 어떻게 자신의 삶을 질서지워야 한다고 믿었는가? 서구 이성주의 전통을 따르는 칸트의 경우, 인간의 올바른 자기 형성이란 보편타당한 행위의 원칙 속에서 보편적 존재로서의 자아, 즉 보편적 인간 주체를 정립하는 것이다. 칸트에게서 인간의 자기 형성의 핵심은 보편적 인간이 되는 것이고 이를 위해 정언 명법으로 표현되는 보편적 도덕 법칙을 따르는 것이다. 그가 추구하는 인간 삶이란 개별적 존재로서의 주체가 원하는 것을 행하는 삶이 아니라 보편적 존재로서의 주체가 마땅히 지켜야 할 법칙을 따르는 삶이다. 인간이 모두에게 타당한 법칙에 따라 행동한다면 인간 관계는 질서를 유지할 수 있을 것이고, 이를 토대로 인간은 이성적 공동체를 형성할 수 있다는 것이다. 이를 통해 현대의 분열은 극복될 수 있는 것이다.

니체는 칸트에게서 유래하는 현대의 이성주의자와는 다른 길을 간다. 그는 현대의 분열이 탄생한 배경에 대해 사유하고 이런 세계의 분열을 긍정한다. 니체에게 현대 세계는 이중적

---

2) 하버마스는 헤겔을 현대가 야기한 분열을 의식적으로 경험한 최초의 철학자로 이해한다. 현대의 원리는 자율성의 원리 또는 주체성의 원리라는 인식에서 출발하는 헤겔은 다시 현대의 분열을 통일하려는 욕구 속에서 철학을 전개시켰다. 그는 통일을 가능하게 하는 유일한 수단을 '절대 이성'에서 찾고 있다(같은 책, 36쪽 이하를 참조하라).

의미를 가진다. “전체-통찰 : 우리의 현대 세계가 지닌 이중적 성격, — 즉, 동일한 징후들을 몰락과 강함으로 해석할 수 있을 것”[3]이라고 그는 말한다. 니체의 경우, 한편으로 현대는 분열과 이로부터 비롯되는 퇴폐의 장소다. 삶에 통일성을 주었던 전통의 형이상학과 종교에서 이탈한 현대는 규범적 정향성의 상실과 삶의 의미의 상실로서 파악된다. 니체는 허무주의로 표현되는 현대의 이산 과정을 보고 고뇌한다. 하지만 그는 다른 한편으로 현대는 분열로 표현됨에도 불구하고 그 속에는 미래의 새로운 강함이 잠재되어 있음을 감지한다. 니체는 이런 분열의 세계는 새로운 강력한 인간 유형의 탄생을 예고하는 것이고 그 구체적 모습을 새롭게 등장할 가치 창조의 주체인 ‘주권적 개인’ 속에서 보고 있다. 이에 반하여 현대의 분열 상황을 극복할 새로운 힘으로 등장한 현대의 이성은 하나의 대체 종교로서 새로운 우상이 되어 인간을 억압할 것이라고 니체는 간파한다. 그는 모든 우상들이 파괴되어 ‘완전한 허무주의’에 이를 때, 비로소 현대는 새로운 예술적 인간 삶의 가능성을 찾게 될 것이라고 보고 있다.

니체의 철학적 근본 문제는 분열, 즉 허무주의로 대변되는 현대 속에서 인간은 어떻게 자기의 삶을 형성해야 하는가의 문제다. 본 논문은 니체가 이런 문제를 설정하는 데 칸트로부터 많은 영향을 받고 있고 또한 칸트와의 비판적 대결 속에서 해답을 구하고 있다는 전제에서 출발한다. 본 논문의 목적은 니체가 칸트의 어떤 부분을 수용하고 있고 어떤 부분을 비판하고 있는가를 분석하고 서술하는 것이다. 니체의 칸트 수용과 비판

3) 니체의 저작은 Giorgio Colli와 Mazzino Montinari에 의해 편집된 *Kritische Studienausgabe in 15 Bände*, München 1980에서 인용하였고, 인용시 권 번호와 페이지를 기입하였다 ; Kritische Studienausgabe(=KSA) 12, 468.

에 대한 분석은 이론 철학(3절)과 실천 철학(4절)의 두 영역에서 각각 상세히 진행될 것이다.

2. 니체의 칸트 이해

특히 두 명의 사상가가 초기 니체의 칸트 이해에 결정적 영향을 미친다. 한 사람은 자신의 철학을 칸트 철학의 전개와 완성으로 이해했던 아르투어 쇼펜하우어(Arthur Schopenhauer)이고 또 다른 사람은 1866년 신칸트주의적 저술인 『유물주의의 역사』를 쓴 프리드리히 알버트 랑에(Friedrich Albert Lange)다. 1866년 11월 라이프치히대학의 학생이었던 니체는 자신의 친구인 헤르만 무샤케(Hermann Mushacke)에게 다음과 같은 편지를 쓴다 : "칸트, 쇼펜하우어 그리고 랑에의 이 책 — 나는 더 이상은 필요치 않다."[4] 1866년 8월말에 칼 폰 게르스도르프(Carl von Gersdorff)에 쓴 편지에서도 니체의 칸트 이해에 미친 쇼펜하우어와 랑에의 영향을 감지할 수 있다 :

> 끝으로 내가 완전한 호감을 지니고 있는 쇼펜하우어에 대해서도 언급되어야 할 것이다. 최근에는 다른 저술이 내가 그로부터 취하는 것을 아주 명확하게 만들었다. 그 방식에서 아주 탁월하고 배울 점이 많은 이 책은 Fr. A. 랑에의 '유물주의의 역사와 유물주의의 현대적 의미 비판'이다. 우리는 여기서 최고로 계몽된 칸트주의자와 자연 연구가를 보게 된다. 그의 결과는 다음의 세 문장 속에서

---

4) 니체의 편지는 Giorgio Colli와 Mazzino Montinari에 의해 편집된 *Sämtliche Briefe, Kritische Studienausgabe in 8 Bänden*, München 1986에서 인용하였고, 인용시 권 번호와 페이지를 기입하였다 ; Sämtliche Briefe, Kritische Studienausgabe(=KSB) 2, 184.

요약된다 : / 1) 감각의 세계는 우리의 조직의 생산물이다. / 2) 우리의 가시적(물체적) 조직은 현상 세계의 다른 모든 부분과 마찬가지로 단지 미지의 대상의 형상일 뿐이다. / 3) 우리의 현실적 조직도 또한 현실적인 외부 사물과 마찬가지로 우리에게 미지의 것이다.[5]

이 당시 니체는 칸트의 『순수이성비판』의 결과물에 자신의 사유를 연결시키고 있다. 인간 인식 능력의 한계에 대한 칸트의 통찰 이후 철학이 더 이상 사물 자체를 인식할 수 없다면, 이제 예술이 그 과제를 넘겨받아야 한다는 것이다. 그는 1868년에 친구 파울 도이센(Paul Deussen)에게 '형이상학적 철학의 체념'이 정당하다는 주장을 담은 다음의 편지를 보낸다 :

형이상학의 왕국, 이와 함께 "절대적" 진리의 영역은 피할 수 없이 시와 종교의 왕국으로 옮겨진다. 이제 무엇인가를 알고자 하는 자는 지식의 상대성에 의식적으로 만족해야 한다. — 예를 들어 모든 유명한 자연 연구가들처럼. 그러니까 형이상학은 몇몇의 인간들에게는 심정적 욕구의 영역에 속하고, 그것은 본질적으로 볼 때 신앙심의 발로다 : 다른 한편으로 형이상학은 예술이다. 말하자면 개념시의 예술이다 ; 그러나 확고히 해야 하는 것은 형이상학이 종교로서건 예술로서건 소위 "진리 자체 혹은 존재자 자체"와 연관되지 않는다는 점이다.[6]

니체는 1867년에 칸트에 대한 공부를 시작한다. 그는 칸트의 『판단력 비판』과 칸트를 서술한 쿠노 피셔(Kuno Fischer)의 『새로운 철학의 역사』를 읽는다.[7] 또한 그는 1868년 초에는 「칸

5) KSB 2, 159f.
6) KSB 2, 269.
7) Karl Schlechta, *Nietzsche-Chronik. Daten zu Leben und Werk*, München 1984, S.27 und S.29를 참조하라.

트 이래의 유기적인 것의 개념」[8]이란 주제로 박사 논문을 계획한다. 이는 물론 그가 1869년에 바젤대학의 고전문헌학 교수가 된 이후로 중단되었다. 니체의 본격적인 칸트 연구, 특히 칸트의 실천 철학에 관한 연구는 비로소 1887년 1월에서야 시작되었다고 알려져 있다.[9] 말하자면 니체는 『판단력 비판』 이외에는 칸트의 원전을 읽었던 것이 아니다.

출간된 것이건 출간되지 않은 것이건 니체의 저술의 많은 곳에서 칸트의 인용이 발견된다. 니체의 칸트에 관한 지식은 많은 부분이 매개된 것이다. 전체적으로 볼 때 칸트의 중심 사유는 쇼펜하우어의 저작을 통해 친숙하게 되었다고 볼 수 있다. 그러나 그럼에도 불구하고 니체는 칸트를 날카롭게 분석하여 칸트의 입장에 대한 내재적 파악에 성공했다고 말할 수 있다. 또한 니체는 쇼펜하우어의 칸트 해석에 의해 결정적 영향을 받았지만 그것에 매몰되지는 않았다. 예컨대 니체는 쇼펜하우어와 달리 자율성, 즉 자기 입법과 인간의 자유에 관한 칸트의 사유를 진지하게 수용하였고 이런 자기 입법의 문제를 자신의 방식 속에서 정립하려고 시도했다. 니체는 칸트가 제기한 새로운 인간 주체성의 확립 문제를 보다 철저히 사유하였던 것이다.

3. 칸트 이론 철학의 수용과 비판

니체는 칸트로부터 무엇을 물려받았는가? 니체의 인식론에

---

8) KSB 2, 269.

9) 1887년 5월과 6월에 니체는 칸트의 『실천이성비판』, 종교 저작들, 『판단력비판』, 『학과들의 논쟁』의 연구에 몰두한다(KSA 14, 739를 참조하라) ; Curt Paul Janz, *Friedrich Nietzsche. Biographie*, 3 Bde., München 1989, Bd. 1, S.504를 참조하라.

강력한 영향을 미친 철학자 중의 한 사람은 칸트[10]다. 니체의 인식론은 칸트의 구성주의에 많은 것을 빚지고 있다. '사유의 혁명'을 지향하는 칸트의 코페르니쿠스적 전환[11]은 요컨대 객관에서 주관으로의 관점 전환으로 이해된다. 니체는 칸트의 코페르니쿠스적 전환에서 출발하면서 이를 보다 급진적으로 전개시키고 있다.

칸트의 경우 자연 혹은 세계는 현상, 즉 인간 표상의 총괄 개념으로 이해된다. 자연 혹은 세계에 대한 전통적 견해에서 볼 때, 칸트적 사유가 지닌 혁명적 성격은 다음과 같은 그의 말 속에서 확연하게 드러나고 있다:

> 오성은 (선험적으로) 자신의 법칙을 자연으로부터 가져오는 것이 아니라 이 법칙을 자연에 제정한다.[12]
>
> 우리가 *자연*이라 부르는 현상에 질서와 규칙성을 우리 스스로가 부여하는 것이다. 그리고 만일 그렇지 않으면, 다시 말해서 우리의 심성이 본래 자연에 부여하지 않으면 질서와 규칙성이 자연 속에서 발견될 수 없는 것이다.[13]

우리가 객관으로 간주하는 것은 미리 존재하는 것이 아니다. 다시 말해 '그 자체'로 확고히 존재하는 어떤 것이 나중에 의식

---

10) 초기 니체의 칸트로의 길에 대해 Otto Ackermann, *Kant im Urteil Nietzsches*, Tübingen 1939, S.3ff.를 참조하라.

11) Immanuel Kant, *Kritik der reinen Vernunft* (=KrV), B XVI를 참조하라. 칸트의 저작 중 *Kritik der reinen Vernunft*와 *Prolegomena zu einer jeden kuenftigen Metaphysik, die Wissenschaft wird auftreten können*은 Kant, Werke in zwölf Bänden. (Hrsg.) Wilhelm Weischedel, F / M 1974판에서 인용한다.

12) Kant, *Prolegomenu zu einer jeden kuenftigen Metaphysik, die Wissenschaft wird auftreten können* (=Proleg) A 113.

13) Kant, *KrV*, A 125.

되는 것이 아니다. 칸트는 우리의 인식이 대상을 향하는 것이 아니라 역으로 대상이 우리의 인식을 향해 있다고 보았다.[14)]

니체의 인식론은 유형적으로 볼 때 칸트의 코페르니쿠스적 전환에 조응하는 것이다. 니체에 따르면 객관은 "우리가 우리에게 문제되는 연관 관계를 요약하는 하나의 통일"[15)]일 뿐이다. 우리의 현실의 형상은 완성되어 미리 존재하는 외부 세계의 단순한 모사가 아니라 우리의 특수한 질서 형식에 의해 형성된 것이다. 우리 인간은 인식하는 자로서 결코 수동적이거나 수용적인 태도를 취하지 않는다. 우리의 '현실'은 단지 우리의 인식 형식에 의해 '해석된' 현실일 뿐이다. 따라서 인식은 "인식"이 아니라 "도식화"[16)]일 뿐이다. 이때 니체는 칸트의 인식론의 하나의 중심 개념을 사용하고 있음을 알 수 있다.

니체는 인식을 유용성의 지평으로 이끈다. 그는 인식을 삶을 위한 변조로 파악한다: "인식은 다양한 유형의 것, 셀 수 없이 많은 것들을 동일한 것, 비슷한 것, 셀 수 있는 것으로 *변조시키는* 것이다. 즉, 삶은 단지 그러한 변조-장치의 도움을 통해서만 가능한 것이다."[17)] 이러한 이유로 니체에게 인식이란 원래 "'인식'이 아니라 우리의 실천적 욕구가 필요로 할 경우 혼돈에 규칙과 형식을 부여하는 도식화다."[18)] 그러니까 '인식 욕구'는 "마치 유익함과 해로움의 문제와 무관하게 오로지 진리를 추구하는 진정한 인식 욕구가 존재하는 것처럼"[19)] '순수 진리'를 지향하는 것이 아니다. 인식 욕구 배후에는 삶의 실천적 관심이

---

14) Kant, *KrV*, A XVI를 참조하라.
15) KSA 12, 97f.
16) Kant, *KrV*, A 137/B 176ff.
17) KSA 11, 506.
18) KSA 13, 333.
19) KSA 13, 325.

작동한다. 그런데 인식 욕구는 물론 자기 보존을 위한 유용성으로만 환원되는 것이 아니다. 그것은 더 나아가 "*전유적-억압적 충동*으로 환원될 수 있다 : 이런 충동에 근거하여 감각, 기억, 본능 등등이 발전한다."[20] "모든 우리의 인식 조직과 인식 감각은 단지 보존과 성장의 관점에서 발전되었다."[21] 이와 연관하여 니체는 다음과 같이 말한다 :

> 인식은 힘의 *도구*로서 작업한다. 그렇게 인식이 더 많은 힘과 함께 성장한다는 것은 자명한 것이다. (…) 달리 말하여 : 인식 의지의 *척도*는 하나의 종이 지니는 *힘에의 의지*의 성장의 척도에 의존한다 : 하나의 종은 *현실에 주인이 되기 위하여, 현실을 유용하게 만들기 위하여*, 그렇게 많은 현실을 파악한다.[22]

니체는 칸트의 코페르니쿠스적 전환에 결정적인 영향을 받았으나[23] 자신의 사유 도정에서 칸트의 인식론을 날카롭게 비판하였다. 그렇다면 이제 니체는 칸트의 이론 철학의 어떤 부분을 어떤 관점에서 비판하고 있는지를, 이를 통해 어떤 인식론을 마련하고 있는지를 살펴보자.

첫째, 니체는 칸트의 범주의 선험성을 비판하고 있는데 이는

---

20) KSA 13, 326.

21) KSA 12, 352.

22) KSA 13, 302.

23) "코페르니쿠스적 전환"과 관련하여 칸트와 니체의 관계에 대해서는 Friedrich Kaulbach, "Autarkie der perspektiven Vernunft bei Kant und Nietzsche", In : Josef Simon (Hrsg.), *Nietzsche und die philosophische Tradition*, Würzburg 1985, S.90-105 ; Ders. "Kant und Nietzsche im Zeichen der kopernikanischen Wendung. Ein Beitrag zum Problem der Modernität", In : *Zeitschrift für philosophische Forschung* 41 (1987), S.349-372를 참조하라. 카울바흐는 칸트를 관점주의의 철학자로 해석하면서, 니체와 칸트 철학을 "코페르니쿠스적 전환"이라는 틀에서 연결시키고 있다.

다양한 세계 해석(세계 인식의 다양성)의 가능성을 확보하려는 동기에서 진행되는 것으로 보인다. 본래 칸트의 코페르니쿠스적 전환의 동기는 인식 주관 자체에 대한 반성을 통해 의심스럽게 된 인식의 확실성에 다시 확고한 근거를 제공하는 데 있다. 칸트에 따르면 인간의 인식 능력은 자연에 대해 '선험적으로' 법칙 제정적이다.[24] 칸트의 경우 존재자는 자연에 대한 순수 오성의 법칙 제정을 통해 인간에게 인식된다. 그렇게 경험적 진리(현상의 인식)는 초월적 진리를 통해 가능하게 된다. 즉, 현상으로서의 사물은 우리의 선험적 인식 조건에 따른다. 오성의 법칙 제정은 오성 안에 선험적으로 발원한 범주와 범주 사용의 근본 법칙을 통해 실행된다. 그러나 니체는 경험 진리를 가능하게 하는 범주의 선험성에 이의를 제기한다. 그는 범주에 대해 다음과 같이 말하고 있다:

> 아주 동일한 것이 마찬가지로 이성의 범주들에도 해당될 것이다: 이성의 범주들은, 많은 시도와 시행착오 속에서, 상대적 유용성을 통해 보존되었을 것이다. … 사람들이 이성의 범주들을 종합하고 전체로서 의식했던 순간이 생겼다 — 그리고 사람들이 이성의 범주들을 명령했던 … 즉, 이성의 범주들이 명령적으로 작용했던 순간이 생겼다. … / 이제부터 이성의 범주들은 선험적으로 간주되었다. … 경험을 넘어서 있는 것으로, 거부할 수 없는 것으로 … / 그러나 아마도 이성의 범주들은 일정한 종족의 합목적성과 유적 합목적성을 표현하는 것 이외에 다른 것이 아닐 것이다 — 단지 그것들의 유용성이 그것들의 "진리"인 것이다.[25]

물론 니체는 오래 전부터 범주는 명령적이고 법칙 제정적이

24) Kant, *Proleg.* A 109f.를 참조하라.
25) KSA 13, 283.

었다는 것을 강조한다. 그러나 범주는 처음부터 그러한 것으로 존재했던 것은 아니다. 범주는 역사 속에서 생성된 것으로 관찰되어야만 한다는 것이다. 이런 관점에서 범주는 자신의 초월적 의미를 상실하게 된다. 범주는 단지 관습적 처리 수단으로서 인간에게 일정한 유용성을 가져오는 것이다:

> 필연성과 보편성은 결코 경험을 통해 주어질 수 없다. 그러니까 경험으로부터 독립적으로, 모든 경험에 앞서서! / 선험적으로 일어나는, 그러니까 모든 경험으로부터 독립적으로 단순한 이성으로부터 일어나는 그러한 통찰, "순수 인식". / 논리 법칙들, 즉 동일률과 모순율은 순수 인식들이다. 왜냐 하면 그것들은 모든 경험에 선행하기 때문이다. — 그러나 그것은 결코 인식이 아니라! 조정적 신앙 목록일 뿐이다![26]

이와 같이 인식의 의미는 "인간 중심적이고 생물학적으로 간주"[27]되어야 하기 때문에, 니체는 "진리와 진리로서 믿어진 것을 혼동"하는 것에 대해 경고한다. 이런 관점에서 그는 다음과 같이 쓰고 있다:

> 이제 마침내 "어떻게 선험적 종합 판단이 가능한가?"라는 칸트의 물음을 "왜 그러한 판단에 대한 믿음이 필요한가?"라는 다른 물음으로 바꿔야만 할 시기가 왔다. 즉, 우리 같은 종의 존재를 보존하기 위해 그러한 판단을 참이라고 믿어야만 한다는 사실, 그리고 왜 그 판단이 당연히 잘못된 판단이 될 수 있는지를 파악해야 하는 시기가 왔다! 또는 더 분명하고 근본적으로 말해, 선험적 종합 판단은 전혀 "가능한 것"이 될 수 없다. 우리에게는 그러한 판단을 주장할

26) KSA 12, 265f.
27) KSA 13, 302.

> 권리가 없다. 우리의 입으로 말하자면 그것은 단지 잘못된 판단일 뿐이다. 물론 삶의 관점주의적 시각에 속하는 하나의 표면적 믿음이나 외관으로 단지 그 판단의 진리에 대한 믿음은 필요하다(…).[28]

니체는 "우리의 개념은 우리의 필요에 의해 고취되었다"[29]라고 말한다. 인간이 확고한 토대를 지향하고 추구한다는 것은 인간 삶의 기본 구조에서 비롯된다. 그에 따르면 "삶은 지속적인 것과 규칙적으로 반복하는 것에 대한 믿음의 전제에 토대를 두고 있다 ; 삶이 강해지면 질수록, 예측이 가능한, 말하자면 존재하는 것으로 만들어진 세계는 더욱더 확장됨에 틀림없다. 삶의 보조 수단으로서의 논리화, 합리화, 체계화"[30]는 필수적이다. 그러나 보편 개념과 보편 범주는 세계를 논리적이고 법칙적으로 만들려는 인간의 예술 행위의 산물이고, 이런 '논리화', '합리화', '체계화'의 예술 행위는 단지 인간의 예술 행위 중의 한 유형의 예술 행위일 뿐이다. 세계는 다양하게 구성되어 쓰여지고, 해석되어 읽힐 수 있는 것이다.

둘째, 니체는 칸트가 전제하고 있는 '사물 자체' 개념을 비판하고 있는데, 이를 통해 그는 현상으로서 파악되는 세계는 '가상(Schein)'의 성격을 지니고 있음을 주장하고 모든 형이상학적 '존재' 개념의 '찌꺼기'를 극복하려는 것으로 보인다. 칸트의 경우 인간 오성의 법칙 제정 능력, 즉 오성 안에 내재된 선험적 범주와 이 범주에 조응하는 선험적 법칙은 경험 대상을 가능하게 만들고 자연을 합법칙적 연관 관계로 만든다. 자연은 이런 법칙 제정에 정향되어 있고 이것을 통해 인간에 의해 인식된다. 그런데 칸트의 경우 그렇게 구성된 혹은 우리에게 현상하는 자

28) KSA 5, 25f.
29) KSA 12, 97.
30) KSA 12, 385.

연은 단순한 '가상'으로 이해되어서는 안 된다. 왜냐 하면 '사물 자체'가 현상의 배후로 사유되었기 때문이다.[31)]

니체는, 칸트의 '현상'과 '사물 자체'의 구분은 칸트 철학 내에서 볼 때 모순을 야기하는 것으로 보고, 그의 '사물 자체'에 대한 설정은 독단적 규정에 불과한 것으로 간주한다. 이런 관점에서 니체는 다음과 같이 말하고 있다:

> 칸트 비판주의의 맹점은 그리 세밀하지 않은 눈에도 서서히 명백해졌다: 칸트는 더 이상 "현상"과 "사물 자체"에 대한 구분의 권리를 갖고 있지 못했다.—자신의 인과 개념과 이 개념의 순수 현상 내에서의 타당성에 조응해서—그가 현상의 원인(Ursache)을 두고 현상을 추론함을 불가한 것으로 거절하는 한, 그는 이런 예전의 통상적인 방식에서 구분하는 권리를 스스로 잘라냈던 것이다.—: 하지만 다른 측면에서 이 사유 양식은 마치 "사물 자체"가 *추론될* 뿐만 아니라 *존재하고 있는* 것처럼 위의 구분을 미리 선취하고 있다.[32)]

니체의 '사물 자체'에 대한 비판적 논박은 그의 유고들 속에서 무수히 발견되는데, 그의 주장의 요점은 한 사물의 특성(본질)은 다른 사물과의 관계 속에서만 규정되는 것이므로 '사물 자체'란 존재하지 않는다는 것이다. 그는 다음과 같이 말하고 있다: "한 사물의 특성은 다른 사물에 대한 작용이다: 다른 '사물'을 빼놓고 생각한다면, 한 사물은 어떤 특성도 갖지 못한다.

---

31) Kant, *Proleg*. A 104f.를 참조할 것; Kant, *KrV*, B XXVIf.: "그러나 여기서 우리는 바로 이 대상을 물 자체로 인식할 수는 없어도 적어도 사유할 수는 있다는 것이 유보되어 있다는 점에 유의하지 않으면 안 된다. 왜냐 하면 그렇지 않으면 아무것도 배후에 없는 현상이 거기에 나타난다는 부조리한 명제가 따라나오기 때문이다."
32) KSA 12, S. 185f.

즉, 어떤 사물도 다른 사물과 무관하게 존재하지 않는다. 즉, 사물 자체는 존재하지 않는다."[33] 이와 같이 '사물 자체'의 지위가 문제시된다면, 칸트의 경우 현상의 '가상성'의 문제는 완전히 해결되지 못한다.

니체는 가상의 문제를 해결하고자 하는 칸트의 시도를 하나의 시도로서 인정한다고 볼 수 있다. 그러나 칸트가 현상 세계의 '가상성'을 '사물 자체'에 대한 수용 속에서 극복하려 한다면, 앞서 보았듯이 니체는 '사물 자체'에 대한 수용에 반기를 들고 현상으로서의 세계를 예술적 '가상'의 세계로 파악한다.

니체에게 '존재 자체', 달리 말해 '세계 자체' 혹은 '자연 자체'는 인식될 수 없다. 이미 언급한 바와 같이 인식은 단지 인간이 이미 창조한 것과 관련을 맺을 때만 가능할 뿐이다. 이런 관점에서 니체는 말한다:

> 생성하는 세계는 엄밀한 의미에서 "개념화"될 수 없고, "인식"될 수 없다: 단지 "개념화하고" "인식하는" 지성이 이미 창조된 대략의 세계를 발견하는 한, 가상이 삶을 보존시키는 한, 세계는 단순한 가상성으로부터 조립되는 것이고, 또한 확고하게 된다. — 단지 이런 조건에서 "인식"과 같은 어떤 것이 존재하는 것이다: 말하자면 예전과 현재의 오류들의 상호적 평가.[34]

자연적 세계는 즉자적(an sich)으로 존재한다. 인간은 그 안에서 대자적(für sich)으로 존재한다. 이런 연유로 진리는 인간

---

33) KSA 12, 104; "'사물 자체'. 내가 어떤 한 사물의 모든 관계, 모든 '특성', 모든 '행위'를 빼놓고 생각한다면, 사물은 남아 있지 않게 된다: 왜냐 하면 사물성은 비로소 우리가 논리적 욕구로부터, 즉 표시와 이해를 목적으로 *지어낸 것*이기 때문이다(…)"(KSA 12, 580).
34) KSA 11, 561.

의 인식에 근본적으로 닫혀 있는 것이다. 니체가 볼 때 '세계 자체(Welt an sich)'는 "형식을 갖지 않는, 표현될 수 없는 감각적 카오스의 세계, 즉 *하나의 다른 유형*의 현상 세계, 우리에게는 '인식될 수 없는' 그런 세계"[35]다. 그래서 니체는 '세계'를 인간에 의해 표상되고 창조된 현상의 세계, 즉 인간에 의한, 인간을 위한 세계로 개념화한다.

그러나 비록 세계 자체가 확고히 파악될 수는 없을지라도, 마치 감각, 인식, 평가의 통일적 척도가 있는 것처럼 삶은 일정한 제한과 정당화에서만 가능하다. 삶은 그러니까 예술적 힘에 근거하는데, 무엇인가를 창조하고 무엇인가를 무엇인가에 관련하여 해석하고 선택하고 질서지우는 힘을 말한다. 니체에게는 인간의 이런 예술적 힘이 바로 인식의 전제이고 더욱이 삶 자체의 전제인 것이다:

> 이런 현실, 이런 "진리"에 대하여 승자가 되기 위하여, 즉 삶을 살기 위하여, 우리는 거짓을 필요로 한다. 삶을 살기 위하여 거짓이 필요하다는 것, 이것은 무시무시하고 기이한 현존(Dasein)의 성격 자체에 속한다. (…) 실재에 거짓을 통해서 폭력을 가하는 능력 자체, 이런 인간의 *예술가적 능력*—그는 이 능력을 존재하는 모든 것과 같이 한다: 그 자체가 바로 한 편의 현실, 진리, 자연—그 자체가 또한 한편의 *거짓의 천재*인 것이다.[36]

그 자체로 볼 때, "최고의 비확실성과 혼돈적인 것"[37]으로 현상할 것인 '세계 자체'에 대한 예술적인 형태 부여와 창조된 것에 대한 평가는 인간이 몰락하지 않기 위한 삶의 필수적 행위

35) KSA 12, 396.
36) KSA 13, 193.
37) KSA 9, 537.

다. 따라서 세계의 탄생은 예술적 창조에 근거하는 것이고 이렇게 탄생한 현상으로서의 세계는 '가상'의 성격을 지니고 있는 것이다. 그는 세계 현상의 원인과 근거가 되는 존재 개념을 거부하면서 세계의 '가상성'에 만족하는데, 바로 이런 현상 세계의 '가상성'이 다양한 세계 해석의 가능 조건이 되는 것이다.

셋째, 니체가 칸트의 이론 철학에서 가장 비판의 초점으로 삼고 있는 것은 칸트의 보편적 주체, 즉 '선험적 자아'다. 사실상 이런 보편적 주체의 몰락이 다양한 해석 주체의 출현 가능성과 다양한 세계 해석 가능성의 근원적 근거다. 칸트의 경우 선험적 자아는 순수한 통각과 상이한 인식 능력의 통일과 동일하며 모든 인식 가능성의 마지막 근거다. 자아로 표현되는 주체성의 무대는 공통적인 통일적 배후의 설정 없이 존재할 수 없고 또한 다양한 상이한 표상과 힘이 '나'의 표상과 힘으로서 동일시될 수 없다. 따라서 칸트는 다음과 같이 말한다 : "나는 또 이 표상의 통일을 이 통일에서 선천적 인식이 가능하다는 것을 표시하기 위해서 자기 의식의 선험적 통일이라고 부른다. 왜냐 하면 어떤 직관에 주어지는 다양한 표상은, 만일 그것이 모두 하나의 자기 의식에 속하지 않는다면, 그것은 모두 나의 표상일 수 없기 때문이다. 다시 말하면 다양한 표상이 나의 표상(가령 내가 그것을 나의 표상이라고 의식하지 않더라도)으로서 하나의 보편적인 자기 의식 속에서 공존하기 위한 제약에 반드시 따라야 되겠기 때문이다. 왜냐 하면, 만일 그렇지 않으면 이 다양한 표상들이 완전히 나에게 속하지 않게 되기 때문이다."[38] 칸트는 그런 형식적 자기 의식 속에서 사유된 '자아'의 통일을 "논리적 자아"[39]로 서술한다.

---

38) Kant, *KrV*, B 132f.
39) Kant, *KrV*, A 355f, B 407을 참조하라.

자아와 자기 스스로 사유하는 주체의 철학의 정초자인 데카르트와 달리, 니체는 자아라는 이름의 '실재'에 대해 논하는 것에 대해 회의하고 있다. 물론 니체는 이런 자아 개념의 구성을 가능한 것으로 간주한다. 그러나 이 선험적 자아 개념은 단지 세계를 인식 가능하게 혹은 사유 가능하게 만들기 위해 설정한 '가정'이라는 것이다. 보편적 인식을 위해서는 항상 무조건적인 것의 설정, 즉 보편적 '제3자'의 설정이 필수적이다. 보편적 주체의 설정은 "플라톤이 숙명적인 방식으로 유럽을 위해 준비했던 신화"이고, "아직도 칸트에게서 완전히 포기되지 않는 신화"[40]다. 철학의 역사에서 볼 때, 사실상 이것은 인식을 위한 아르키메데스의 점, 즉 어떤 제3자를 인간들 외부에 수용하려는 시도, 즉 "인식을 위한 어떤 하나의 주체, 어떤 순수 '지성', 어떤 하나의 '절대 정신'"[41]을 수용하려는 시도라는 것이다.

니체는 인간 주체에 관해 말할 때 '자아(Ich)'라는 개념을 잘 사용하지 않고 대신에 '자기(Selbst)'라는 개념을 자주 사용한다. 그의 경우 '자아'는 단지 '자기' 안에 존재하는 개별적 '힘에의 의지들'의 형식적 통일을 표시하는 개념일 뿐이다. '자아'는 "단지 하나의 개념적 종합일 뿐이다."[42] 그에 따르면, 인간의 '자기'는 서로 상이한 부분으로 분리되어 있고 상이한 다수의 힘들 속에서 놓여 있는 것으로서 비로소 통일과 질서로 형성되어야만 하는 것이다. 그에게 중요한 문제는, 우리는 어떻게 통일적 주체로서의 '자기'를 경험적으로 형성(Bildung)할 수 있는가의 문제다.[43] 이런 주체는 세계를 해석하면서 형성된다. 통일

---

40) KSA 11, 615.
41) KSA 11, 615.
42) KSA 12, 32.
43) 니체에게 "모든 통일은 단지 조직과 공동 유희로서만 통일일 뿐이다 : 통일은 인간 공동체 같은 것과 비슷하다 : 말하자면 원자적 무정부 상태와는 대립적

적 주체로서의 '자기 형성'은 경험적이고 개별적으로 이루어지기 때문에 다수의 해석 주체로 등장한다. 또한 세계를 자신의 관점에서 해석하고 질서지우는 주체들로부터 다수의 세계가 등장하게 되는 것이다. 니체가 칸트의 코페르니쿠스적 전환을 급진화해서 얻어낸 것은 선험적 인식 주체의 파괴이고 다수의 해석 주체와 다양한 세계 해석의 가능성이다.[44]

4. 칸트 실천 철학의 수용과 비판

일반적으로 칸트의 실천 철학은 우리의 삶의 형성과 행위 원칙을 전통이나 종교의 도움 없이 근거지우려 했다고 평가된다. 현대를 허무주의로 경험한 니체는 칸트의 자기 형성과 자기 입법의 과제를 자신의 철학적 과제로 수용한다. 그러나 니체가 볼 때, 도덕성과의 연관 속에서 마련된 칸트의 자율과 자기 입법은 개인을 동일화시키고 개인의 자아 형성의 자유를 억압하는 것을 의미한다.[45] 칸트의 도덕 철학 속에서 인간은 "의무의 '자동 기계'"[46]가 된다는 것이다. 보편적 도덕 법칙에 대한 복종

인 것: 이와 같이 하나의 지배-형태로서 하나를 의미하지만 하나로 존재하는 것은 아니다"(KSA 12, 104). 즉, 통일은 단순히 다양한 상이한 힘들의 총합이 아니라 지배와 종속의 형태로 질서지워진 통일을 의미한다. 그러나 이것은 내부적으로 다수성을 함께 하는 하나의 통일인 것이다.

44) 니체의 다양한 예술적 세계 해석의 정당화에 관해서는 이상엽, 「니체, 도덕적 이상에의 의지로부터 형이상학적 세계 해석의 탄생」, 『철학』 제66집, 2001년 봄, 131-155쪽과, 이상엽, 「니체, '힘에의 의지'로서의 세계 해석에 관하여」, 『니체와 현대의 만남』(『니체 연구』 제4집), 2001년, 109-134쪽을 참조하라.

45) KSA 11, 128, KSA 11, 446f., KSA 10, 361, KSA 9, 557f., KSA 3, 187ff.를 참조하라.

46) KSA 6, 177.

을 설파하고 다양한 삶의 형성의 가능성을 저지하는 것으로 칸트의 실천 철학을 해석하기 때문에, 니체는 그의 실천 철학을 인간 삶에 해로운 것으로 파악한다.[47] 따라서 니체의 실천 철학적 관심은 인간의 자기 입법을 도덕성의 관점에서 다루는 칸트를 비판하고 인간의 자기 형성을 이런 도덕적 관점에서 해방시키는 데 있다고 말할 수 있다.[48]

니체가 칸트를 비판하는 내용을 살피기 전에 먼저 칸트의 실천 철학에 대해 간략한 정리를 해보자. 우선 칸트의 자율적 주체는 자신의 경험적 본성을 벗어나 자신의 이성적 본질에 입각해 스스로 행위의 원칙을 세우고 이 원칙에 따라 자율적으로 행위하는 존재라고 말할 수 있다. 이때 자기 입법의 토대가 되는 것은 개별적이고 특수한 관점이 아니라 보편적 관점, 즉 모든 이성적 존재에 타당하고 그를 구속하는 도덕 법칙이다. 다시 말해서 나의 행위의 준칙이 동시에 보편적 입법이 되어야 한다는 순수 이성의 명령이다.[49] 칸트의 경우 인간의 자기 입법은 오직 정언 명법으로 표현된 도덕 법칙에 의해서 이루어진다. 요컨대 칸트의 실천 철학이 최종적으로 말하고자 하는 것은 다음과 같다 : 이성적 존재로서의 인간은 만약 도덕 법칙에 대립하여 행위한다면 자기 자신과 모순에 빠지게 된다. 왜냐하면 그는 이성적 존재로서 본래 이미 도덕 법칙 아래에 있기 때문이다. 이성적 존재로서의 인간은 예지계 혹은 "목적 왕국의 일원"이며 "그 가운데에서 보편적인 입법자면서 동시에 법

---

47) KSA 6, 177.

48) 니체의 도덕 철학에 대해서는 Volker Gerhadt, "Die Moral des Immoralismus", In : G. Abel und J. Salaquarda, *Krisis der Metaphysik*, Berlin / New York 1989, S.417-447를 참조하라.

49) Kant, *Kritik der praktischen Vernunft*(=KpV), Akademie-Ausgabe, Bd. V, S.421.

칙 자체에 종속되어 있다."[50]

이제 니체는 칸트의 실천 철학의 어떤 측면을 어떤 입장에서 비판하고 있는지를 세 가지 점에서 간략히 서술하고자 한다.

첫째, 니체는 칸트 윤리학의 핵심이라 할 수 있는 도덕 법칙의 자명성을 비판한다.[51] 니체는, 칸트의 경우 자기 입법의 토대가 되는 도덕 법칙을 선험적으로 이성에 주어져 있는 것이 아니라 역사 속에서 형성된 것으로 보고 있다. 모든 도덕에 관한 저술에서 칸트의 노력은 어떤 것의 도움도 받지 않고 도덕 법칙을 오직 순수 실천 이성으로부터 연역하는 것이다.[52] 그러나 칸트는 스스로 이미 『실천이성비판』에서 도덕 법칙을 "순수 이성의 사실"[53]로 간주하고 있다. 니체의 입장에서 볼 때 도덕 법칙을 순수 이성의 사실로 간주하는 것은 독단적 규정으로서 비판의 대상이 되어야만 한다. 그런데 니체가 도덕 법칙의 역사성을 강조하고 선험성을 비판하는 이유는 다양한 도덕 법칙의 가능성을 주장하려는 데 있다고 할 수 있다.

전통 철학의 도덕 학문은 "도덕의 논증(*Begründung der Moral*)"[54]을 추구한다면, 니체의 도덕 철학은 도덕 자체의 문제, 즉 인간 삶 속에서 도덕이 갖는 가치의 문제를 다루려 한다. 니체의 경우 "절대적 도덕은 존재하지 않는다."[55] 도덕은 무조건적인 것이 아니다. 도덕 그 자체(Gut an sich)란 존재하지 않는다. 도덕은 유용성의 차원으로 환원되고 조건적인 것으로 규정된다. 도덕의 절대적 가치는 상대적 가치로 전락하게 된다.

---

50) Kant, *Grundlegung zur Metaphysik der Sitten*, Akademie-Ausgabe, Bd. VI, S.412.
51) KSA 10, 245.
52) Kant, *KpV*, Akademie-Ausgabe, Bd. V, S.62ff.
53) Kant, *KpV*, Akademie-Ausgabe, Bd. V, S.31, S.47.
54) KSA 5, 105.
55) KSA 3, 131.

또한 도덕이 조건적인 것이라면 시대와 공간의 조건에 따라 다수의 도덕이 존재하게 된다.

니체는 도덕의 생성과 변화를 보여주는 '도덕의 자연사'를 다룬다. 우선 니체는 '도덕(Sittlichkeit)'을 "삶을 살게 하고 양육시키는 풍속의 총체에 대한 감각"[56]으로 규정한다. 그리고 "도덕적, 윤리적, 윤리학적이라는 것은 오랫동안 확립되어온 법칙이나 관습에 순종하는 것을 의미한다. (…) 사람들은 오랫동안 유산된 본성에 따라 윤리적인 일을 쉽게 그리고 즐겨 행하는 (예를 들면 고대 그리스인의 경우처럼 복수하는 것이 선한 윤리에 속해 있을 때는 복수를 한다) 사람을 '선하다'고 부른다. (…) 악하다는 것은 그것이 얼마나 이성적인 일이든 어리석은 일이든, '윤리적이 아닌 것' (비윤리적인 것), 악습을 행하는 것, 관습에 역행하는 것을 말한다."[57]

이렇듯 풍속의 내용인 법칙과 관습은 각 시대마다 다를 수 있기 때문에 도덕은 시대마다 다를 수 있는 것이다. "선의 위계가 어느 시대에나 확고하고 동일한 것은 결코 아니다 ; 누군가가 정의보다 차라리 복수를 선택할 경우, 과거의 문화 척도로 볼 때 그는 도덕적이고, 현재 문화의 척도에 의하면 비도덕적이다."[58] 또한 도덕은 동일한 시대의 각 민족마다 다를 수 있다. "우리는 도덕이 등장하는 곳에서 인간의 욕구와 행위의 평가와 위계를 발견한다. 평가와 위계는 언제나 공동체나 집단의 욕구의 표현이다. 공동체에 우선적으로 이로운 것, ― 두 번째로 그리고 세 번째로 이로운 것 ― 이것이 또한 모든 개인들의 가치의 최고 척도다. (…) 한 공동체의 보존 조건이 다른 공동

---

56) KSA 2, 412.
57) KSA 2, S.92.
58) KSA 2, 65.

체의 보존 조건과 매우 상이하기 때문에 아주 다양한 도덕이 존재하는 것이다."[59] 도덕은 인간 공동체의 보존과 성장의 조건에 따라 달리 현상하게 되는 것이다.

그런데 시간의 경과하면서 풍속의 영역에서 도덕의 세련화 과정이 일어난다. 원래 한 집단의 유익한 경험과 해로운 경험의 축적으로 나타난 풍속의 도덕(Sittlichkeit der Sitte)은 그 특수한 내용적 측면을 잃게 된다. 왜냐 하면 구체적인 규범들은 더 이상 변화된 현실에 적용되지 않기 때문이고 개인들의 탈공간화가 일어났기 때문이다. 하지만 풍속의 도덕은 관습에 대한 복종심으로 나타난다. "모든 관습은 근원에서 멀리 떨어져 있을수록, 더 많이 잊혀질수록, 계속 더 존중할 만한 것이 된다; 그리고 관습에 바쳐지는 존중은 세대가 지남에 따라 쌓여, 관습은 마침내 신성한 것이 되며 외경심을 불러일으킨다."[60] 이제 관습은 유익함을 명령하기 때문에 복종되는 것이 아니라 명령하기 때문에 복종된다. 그것은 사람들이 두려워하는 권위를 지니게 된다. 물론 이것은 처벌 때문에 만들어진 감정이다. 이런 권위와 권위에 대한 두려움에 대해 니체는 다음과 같이 말하고 있다: "그것은 명령하는 고귀한 지성에 대한, 파악되지 않는 무규정적 힘에 대한, 인격적인 것을 넘어서 있는 어떤 것에 대한 두려움이다, — 그것은 이런 두려움 속에서의 *미신*이다."[61]

칸트의 도덕 법칙은 니체에 의해 분석된 풍속의 도덕의 역사적 세련화의 결과에 해당되는 것이다. 풍속의 특수하고 지역적인 내용은 사라졌으나 풍속의 도덕이 갖는 형식적 명령의 힘은 권위로서 존재하게 된다. 복종심을 불러일으키는 풍속의 도덕

59) KSA 3, 474f.
60) KSA 2, 93.
61) KSA 3, 22.

의 힘은 도덕 법칙의 힘으로 전환되고, 도덕 법칙은 마치 인간의 이성 내의 거부할 수 없는 선험적 사실인 것처럼 존재하게 되는 것이다. 그런데 칸트의 도덕 법칙이 특수하고 지역적인 내용을 넘어서 보편적인 규범 형식으로 등장한다면, 이때 보편적인 규범 형식으로서의 도덕 법칙도 특정한 관점에서 마련된 것이고 특정한 내용을 지니고 있다고 니체는 파악한다. 즉, 니체가 볼 때 칸트의 도덕 법칙은 기독교의 도덕 가치를 배경으로 하여[62] '군중 도덕'을 정립하려는 노력의 산물이다. 정언 명법으로 표현되는 칸트의 도덕 법칙은 소시민적이고 사적인 도덕이라는 것이다. 이것은 인간의 자기 보존에 가장 적합한 도덕 법칙인 것이다. 니체의 관점에서 볼 때 칸트의 도덕 법칙은 이성에 선험적으로 주어져 있는 것이 아니라 역사적으로 생성된 것으로서, 바로 '현대'에 조응하는 도덕감으로서 파악된다.

둘째, 니체는 칸트의 도덕 철학이 전제하고 있는 이원론적 세계관을 비판하고 있다. 칸트의 도덕 철학은, 자연적 존재로서의 인간은 경험적으로 주어진 현상으로서 자연의 인과성에 종속되어 있고, 이성적 존재로서의 인간은 자신의 이성을 통해 필연성과 자연 인과성을 벗어나 자유를 보장하는 예지적인 영역에 관련되어 있다[63]는 전제에서 출발한다. 칸트의 도덕 철학은 초감성적인 것에 대한 존경과 관계 속에서 구성되었고 자연 세계를 초월할 경우에만 가능한 것이다. 니체가 볼 때 칸트의 도덕 철학은 감각적 가상 세계와 진정한 존재 세계를 구분하고 있는 두-세계론에 기초를 두고 있다.[64]

니체에 의하면 칸트는 도덕 법칙을 초월적으로 근거지우기

62) KSA 12, 340.
63) Kant, *KrV*, B 567.
64) KSA 6, 79, KSA 6, 176을 참조하라.

위해 다른 세계를 고안했다고 한다 : 칸트는 "'도덕적 자유'의 자리가 존재하도록 *하기 위해* 초월적 세계를 고안했다."[65] 칸트의 철학에는, 참된 현실은 이 세계와는 전혀 다른 세계라는 신앙과 오직 실천 이성의 믿음을 통해서만 그것에 도달될 수 있다는 것이 전제되어 있다는 것이다. 니체에 따르면 칸트의 실천 철학의 본질은 도덕적 이상 세계의 건설이다 :

> 칸트는 자신의 "도덕의 왕국"의 장소를 열기 위해 증명할 수 없는 세계, 논리적인 "피안"을 설정하지 않을 수 없었다는 것을 알아챘다. — 바로 그 때문에 그는 그의 순수이성비판이 필요했던 것이다! 달리 표현한다면 만약 이성에 대하여 도덕의 왕국을 공격하는 일을 불가능하게 하고 게다가 파악하는 일마저도 불가능하게 하는 하나의 일이 그에게서 모든 일보다 중요하지 않았다고 하면, *칸트는 순수이성비판이 필요하지 않았을 것이다* — 그는 정말로 사물의 도덕적인 질서가 이성 측으로부터 공격당할 가능성이 있다는 것을 너무나 강하게 느끼고 있었던 것이다! 왜냐 하면 자연과 역사에, 자연과 역사의 철저한 *비도덕성*에 직면하여, 칸트는 옛날의 모든 좋은 독일인과 마찬가지로 염세론자였기 때문이다. 도덕과 자연이 역사에 의해 증명되기 때문이 아니라 자연과 역사에 의해 끊임없이 반박당함에도 불구하고 칸트는 도덕을 믿고 있었다.[66]

니체에 따르면 칸트는 "실재로부터 '가상'을 만들었다 ; 그는 완전한 *거짓*의 세계, 즉 존재의 세계를 실재로 만들었다. … 칸트의 성공은 오로지 신학자-성공일 뿐이다."[67] 왜냐 하면 칸트는 도덕의 세계를 고안하기 위해 지식에 대해서 신앙을 우선했기 때문이다. "독일 철학은 비판적인 운동 또는 회의적 운동에

---

65) KSA 12, 430.
66) KSA 3, 14f.
67) KSA 6, 177.

속하는가? 칸트. 아니다. 독일 철학은 그 반대 운동이다. 본질적으로 신학적 운동이다"라고 그는 말한다.[68] 니체에게 칸트 철학은 기본적으로 지속적으로 탈기독교적이고 탈도덕적으로 되는 세계 속에서 초월적, 즉 도덕적 세계를 다시 획득하고 확립하려는 세련된 시도에 다름아니다. 칸트 철학은 계속적으로 확장되어가는 지성의 정직성의 운동을 제한하고 거절하는 철학으로 간주된다:

> 우리가 숭배할 수 있는 세계, 우리가 경배하는 욕구에 조응하는 세계 — 개별과 보편에 의해 지속적으로 *증명되는* 세계 — : 이것이 기독교적 직관이고 이로부터 우리 모두는 출생했다. / 예리함, 의심, 학문의 성장을 통해 (…) 이런 해석은 우리에게 더욱더 *허용되지 않게* 되었다. / 섬세한 해결책 : 칸트의 비판주의. 지성은 저 의미 속에서 *해석*을 위한 권리와 마찬가지로 해석을 *거부*하기 위한 권리도 부정한다. 사람들은 *더 많은* 신뢰와 신앙을 갖고, 자신의 신앙의 증명에 대한 체념을 갖고, 이해할 수 없는 탁월한 "이상"(신)을 갖고 갈라진 틈을 메우는 데 만족해한다.[69]

니체에 따르면 칸트는 "자신의 모든 두뇌 운동 속에서, 기독교 신앙을 위해 지성을 폐위시키고 지식을 참수하는 속셈"[70]을 갖고 있다. 칸트는 "'실천 이성'이라는 개념 하에서 지성적 양심의 결핍을 학문으로 만들려고 시도했다."[71] 니체는 칸트의 철학을 "욕구, 즉 도덕적-형이상학적 욕구의 흔적이 남긴 귀결"[72]로 해석한다. 그에게 칸트의 철학은 도덕적 이상에의 의지의 결과다.

---

68) KSA 11, 696.
69) KSA 12, 147.
70) KSA 9, 325.
71) KSA 6, 178.
72) KSA 12, 582.

니체는 칸트를 다음과 같이 평가하고 있다:

> 칸트: 열등한 심리학자며 인간을 잘 모르는 자; 위대한 역사적 가치(프랑스혁명)에 대해 명백하게 실책을 범하고 있다; 지하적인 기독교적 가치를 갖고 있는 루소 식의 도덕-광신자; 철두철미한 독단론자. 그러나 이 경향을 답답해하며 권태를 느껴 [독단론]에 대한 압제에 이르기를 원하지만, 회의하는 일에 그는 곧 지쳐버린다; 세계주의적 취향이나 고대적 아름다움의 한 조각 숨결도 그에게는 불어오지 않는다. … 그는 *지연시키는 자*이자 *매개하는 자*며, 독창적인 것은 아무것도 없다.[73]

그에 따르면 칸트는 도덕형이상학자로서 지성의 비판 정신을 불구로 만들고 인간이 절대 도덕과 형이상학에서 해방되는 역사적 기회를 지연시킨 장본인이다.

셋째, 니체가 칸트의 실천 철학에서 중점을 두고 비판하는 것은 칸트가 입법과 도덕을 통일적으로 사유하면서 자율에 대한 잘못된 관점을 갖고 있다는 점이다. 도덕 법칙에 따른 입법은 타율이고 도덕에의 종속일 뿐이다.[74] 니체의 경우 도덕 법칙은 인간 주체가 스스로 창조해내야만 하는 것이다. 보편 법칙으로서의 도덕 법칙은 보편적 존재로서의 인간을 요청하기 때문에 구체적 개인을 잃게 하고 인간 삶의 다양한 형성에 해로운 것이다.

> 도덕주의자 칸트에 대해 한마디 더. 덕은 우리의 고안물이어야만 하고, 우리의 가장 개인적인 정당 방위며 필수품이어야 한다: 다른 의미로서의 덕은 어떤 의미에서든 한낱 위험일 뿐이다. 우리의 삶의 조건이 아닌 것은 삶을 해친다: 칸트가 원했던 것처럼 '덕' 개념에

73) KSA 12, 340.
74) KSA 3, 562f.를 참조하라.

대한 존경심에서만 나온 덕은 해롭다. '덕', '의무', '선 자체', 비개인성과 보편타당성이라는 성격을 갖는 선 — 이것은 삶의 몰락과 삶의 최후의 소진과 쾨니히스베르크의 중국주의가 표명하는 환영들이다. 그러나 가장 심층적인 보존 법칙과 성장의 법칙들은 그 반대의 것을 제공한다: 각자가 자기의 덕, 자기의 정언 명령을 고안한다는 것을 말이다. 그러나 어떤 민족이 자신의 의무를 의무 개념 일반과 혼동하게 되면, 그 민족은 몰락하게 된다. 모든 '비개인적인' 의무, 추상이라는 몰로흐 신에게 바치는 모든 희생보다 더 깊고, 더 내적으로 파괴하는 것은 없다. — 칸트의 정언 명령이 삶에 위험한 것으로 느껴지지 않았다니! … 오로지 신학자 본능만이 그들을 보호했었다니![75]

인간의 자기 입법과 자기 형성에서 니체가 추구하는 인간은 "주권적 개인"으로 명명된 인간이다. 니체에 따르면 '주권적 개인'이 되는 전제는 "풍속의 도덕"의 본질을 파악하는 것이라고 한다.[76] 이 인간은 "오직 자기 자신과 동일한 개체며, 풍속의 도덕에서 다시 벗어난 개체이고, 자율적이고 초윤리적인 개체"다. 니체에 따르면 "'자율적'과 '윤리적'은 서로 배타적"이다. 주권적 개인은 "*약속할 수 있는* 자기 자신의 독립적인 오래된 의지를 지닌 인간이다."[77]

니체에게 칸트의 자기 입법이란 도덕 법칙에의 종속이고 사실상 '현실 세계'로부터의 이상 세계로의 도피를 의미한다. 물론 니체도 '단순한 자연 세계'에 매몰되는 것을 원하는 것은 아니다. 경험적이고 구체적인 현실을 긍정하고 이 속에서의 자기 입법을 모색하는 니체는 이것의 토대를 선악을 넘어서는 예술적 자기 형성에서 찾는다.

75) KSA 6, 177.
76) Ebenda.
77) KSA 5, 293.

5. 맺음말

지금까지 살펴본 대로 니체는 칸트의 코페르니쿠스적 전환을 자신의 사유의 출발점으로 삼는다. 그는 인간의 인식 능력에 대한 한계 설정의 관점에서 칸트의 이론 철학을 높이 평가하고 칸트의 구성주의와 현상주의를 자신의 방식으로 해석한다. 그는 이로부터 인간 삶에서 예술의 필수성에 대한 통찰로 나아가는데, 또한 그가 이런 통찰을 통해 세운 인식과 진리의 새로운 원칙은 '힘에의 의지로서의 예술'이다.[78] 하지만 니체는 칸트의 코페르니쿠스적 전환을 더욱더 철저히 사유하려고 한다. 니체는 범주의 선험성에 대한 비판, 사물 자체의 설정에 대한 비판, 선험적 주체에 대한 비판을 통해 다양한 해석 주체의 가능성과 다양한 세계 해석의 가능성을 정당화한다. 니체의 경우 예술적 세계 해석의 문제는 인간의 자기 형성의 문제와도 밀접한 관련이 있는 것이다.

니체는 실천 철학의 측면에서도 칸트에 많은 영향을 받고 있다. 칸트와 니체는, 현대인은 자기 스스로에게 던져진 존재라는

---

78) KSA 10, 239를 참조하라. "진리" 개념에 대한 니체의 규정에 대해서는 R. Bittner, "Nietzsches Begriff der Wahrheit", In : *NS* 16(1987), S.70-90 ; Heidegger, *Nietzsche* I, a.a.O, S.616ff. ; Wolfgang Müller-Lauter, *Nietzsche. Seine Philosophie der Gegensätze seiner Philosophie*, Berlin / New York 1971, S.108-115를 참조하라. 인식과 진리의 문제에 대해서는 Karl Ulmer, "Nietzsches Idee der Wahrheit und die Wahrheit in der Philosophie", In : *Philosophisches Jahrbuch* 70, 1962 / 63 ; Jürgen Habermas, "Zu Nietzsches Erkenntnistheorie", In : *Friedrich Nietzsches erkenntnistheorerische Schriften.* F / M 1968, S.237-261 ; Bernhard Bueb, *Nietzsches Kritik der praktischen Vernunft.* Stuttgart 1970 ; Jochen Kirchhoff, "Zum Problem der Erkenntnis bei Nietzsche". In : *NS* 6(1977), S.16-44 ; Werner Stegmeier, "Nietzsches Neubestimmung der Wahrheit". In : *NS* 14(1985), S.69-95를 참조하라.

동일한 인식에서 출발한다고 볼 수 있다. 종교와 전통의 단절을 경험한 우리에게는 자기 스스로 삶을 형성해야 하는 과제가 주어져 있다. 칸트와 니체는, 자율과 자기 입법은 인간에게 주어진 과제라는 점을 동일하게 인식했다. 니체는 칸트의 자기 입법의 이념을 자신의 철학 속에 받아들여 사유하게 된다. 그렇게 그는 칸트의 자기 입법의 이념을 자기 형성의 매체로서 구성하고 더욱더 철저히 비판적으로 논의한다.[79] 니체의 경우 인간의 본질적 탁월성은 칸트에게서처럼 보편적이고 모두를 구속하는 입법의 능력에 있는 것이 아니라, 개인적 자기 입법을 통해 인간 존재의 무한한 다양성을 형성하는 것에 있다.

니체에 따르면 인간 실존은 끊임없는 생성 속에 있는 존재로서 언제나 미래를 향해 자신을 고안할 과제를 지니고 있다. 각각의 개인은 자기 자신과 자신의 삶을 "실험"[80]으로서 파악해야만 한다. '자유 정신'은 인간에 내재적이다. 그것은 "자신에게 새롭고 고유한 눈을 만들고 항상 새롭고 보다 고유한 눈을 만들어내는 것"[81]이다. 니체는 세계와 자신을 바라볼 수 있는 고유한 눈의 창조를 주장한다. 왜냐 하면 인간에겐 특정하고 확고한 목표가 없고 인간은 미리 규정된 자연의 목적이 아니기 때문이다. 말하자면 인간은 끊임없는 변화 속에 존재하는 현존재이기 때문에 의지를 통해 자신에게 하나의 방향을 설정해야만 한다. 그는 스스로 삶 속에 삶의 목적을 설정해야만 한다. "개인은 여기에 서서 자기 자신의 입법을, 자기 보존과 자기 향상, 자기 구원을 위해 스스로의 기교와 간지를 필요로 하게 된다."[82]

니체에게 '자기 입법'과 '자기 형성'은 우선적으로 힘들의 다

---

79) KSA 3, 562f. 582f.
80) KSA 3, 552.
81) KSA 3, 491.
82) KSA 5, 216.

양성 속에서 하나의 위계 질서를 세우는 데 있다. 이 위계 질서가 인간의 '내부 세계'를 확립하는 것이다. 이를 위해서는 '자기'로 파악하는 공동체의 정점에 하나의 지배자를 필요로 한다.[83] 지배자가 있는 곳에 필연적으로 피지배자가 존재하기 마련이다. 따라서 우리의 '자기'는 내적으로 "복종과 지배로 표현되는" 하나의 투쟁인 셈이다. '자기'는 명령하는 자이고 복종하는 자다. 하나의 지배 체제로 표현되는 '자기'는 항구적으로 변화하는 상황으로 파악된다. 지배와 피지배의 관계는 영원하지 않기 때문이다. 니체는, '자기' 혹은 '몸' 안에 형성하고 선택하고 창조하는 힘이 내적으로 존재함을 강조한다.[84] 말하자면 그는 예술적 창조를 통한 '자기 형성'이 삶의 근본 현상이며 삶 자체가 바로 '예술적 근본 현상'이라는 것을 강조한다. 이러한 관점에서 '자기 입법'과 '자기 형성'의 행위는 '삶의 예술(Lebenskunst)'로서 이해된다.[85] 진정한 '자기 입법'과 '자기 형성'은 예술을 통해 가치를 창조하는 예술적 인간에서 일어난다. 니체의 경우 이런 예술적 인간이 바로 '주권적 개인'인 것이다.

□참고 문헌

이상엽, 「니체, 도덕적 이상에의 의지로부터 형이상학적 세계

83) KSA 12, 638.
84) KSA 11, 578.
85) 니체 철학을 삶의 예술 혹은 "실존의 미학"의 관점에서 파악하는 데 대해서는 다음을 참조하라 : Wilhelm Schmid, "Das Dasein - ein Kunstwerk. Zum Verhältnis von Kunst und Lebenskunst bei Nietzsche", In : *Deutsche Zeitschrift für Philosophie, Heft 6* (1991), S.650-660 ; ders., "Uns Selbst Gestalten, Zur Philosophie der Lebenskunst bei Nietzsche", In : *NS 21* (1992), S.50-62.

해석의 탄생」, 『철학』 제66집, 한국철학회 편, 2001년 봄, 131-155쪽.

이상엽, 「니체, '힘에의 의지'로서의 세계 해석에 관하여」, 『니체와 현대의 만남』, 한국니체학회 편, 2001년, 109-134쪽.

위르겐 하버마스, 『현대성의 철학적 담론』, 이진우 역, 문예출판사 1995.

Ackermann, Otto, *Kant im Urteil Nietzsches*, Tübingen 1939.

Bittner, R., "Nietzsches Begriff der Wahrheit", In : *Nietzsche-Studien(=NS)* 16(1987), S.70-90.

Bueb, Bernhard, *Nietzsches Kritik der praktischen Vernunft*. Stuttgart 1970.

Gerhadt, Volker, "Die Moral des Immoralismus", In : G. Abel und J. Salaquarda, *Krisis der Metaphysik*, Berlin / New York 1989, S.417-447.

Habermas, Jürgen, "Zu Nietzsches Erkenntnistheorie", In : *Friedrich Nietzsches erkenntnistheorerische Schriften*. F / M 1968, S.237-261.

Heidegger, Martin, *Nietzsche* 2 Bde(1961), Pfullingen 1989.

Janz, Curt Paul, *Friedrich Nietzsche. Biographie*, 3 Bde., München 1989.

Kaulbach, Friedrich, "Autarkie der perspektiven Vernunft bei Kant und Nietzsche", In : Josef Simon (Hrsg.), *Nietzsche und die philosophische Tradition*, Würzburg 1985, S.90-105.

Kaulbach, Friedrich, "Kant und Nietzsche im Zeichen der kopernikanischen Wendung. Ein Beitrag zum Problem der Modernität", In : *Zeitschrift für philosophische Forschung* 41 (1987), S.349-372.

Kirchhoff, Jochen, "Zum Problem der Erkenntnis bei Nietzsche", In : *NS* 6(1977), S.16-44.

Müller-Lauter, Wolfgang, *Nietzsche. Seine Philosophie der Gegensätze seiner Philosophie*, Berlin / New York 1971.

Schlechta, Karl, *Nietzsche-Chronik. Daten zu Leben und Werk*, München 1984.

Schmid, Wilhelm, "Das Dasein - ein Kunstwerk. Zum Verhältnis von Kunst und Lebenskunst bei Nietzsche", In : *Deutsche Zeitschrift für Philosophie, Heft 6* (1991), S.650-660.

Schmid, Wilhelm, "Uns Selbst Gestalten, Zur Philosophie der Lebenskunst bei Nietzsche", In : *NS* 21 (1992), S.50-62.

Stegmeier, Werner, "Nietzsches Neubestimmung der Wahrheit", In : *NS* 14(1985), S.69-95.

Ulmer, Karl, "Nietzsches Idee der Wahrheit und die Wahrheit in der Philosophie", In : *Philosophisches Jahrbuch 70*, 1962 / 63.

윤리학 이전의 윤리학?

― 하이데거의 형식 지시적 윤리학의 기획과 칸트와의 논쟁

김 인 석

1. 들어가는 말

하이데거는 자신의 첫 번째 주저 『존재와 시간』(1927)을 간행함으로써 비단 단박에 당시 현상학적 철학의 운동의 선두주자로서 부상되었을 뿐만 아니라, 유럽 철학계를 대표하는 철학자로서의 입지를 굳히게 되었다. 『존재와 시간』이 함유하고 있는 다양하고도 창의적인 사상적 단초들은 이 저작이 발간된 당시는 물론 그로부터 75년이 지난 지금까지도 이 심오한 저작을 가장 빈번하고도 격렬하게 토론되는 고전적 철학 작품들 중의 하나가 되게 한다.

이 저작이 출간된 이래 인상깊고도 지속적 발전의 형태를 띠고서 형성된, 『존재와 시간』을 둘러싼 논쟁들 중 하나는 『존재와 시간』이 사실상 실천 철학의 단초를 함유하고 있는가, 그렇다면 과연 어떤 형태로서인가라는 물음에 관련된 것이다. 이 물음은 1933년에 하이데거의 나치 운동 참여에 의하여 근원적이고도 격심한 인격적 혼돈과 충격을 경험한, 하이데거의 가장 초기의 유태인 제자들인 요나스, 아렌트 및 레비나스 등에 의하여 주로 비판적인 입장에서 제기되고, 아울러 심도 깊고 체계적으로 전개된 것은 주지의 사실이다. 이들은 20대 후반에 이미 마치 "사유의 왕국의 숨어 있는 왕"(아렌트)처럼 사유의 압도적인 창의적 돌파력을 발휘할 정도로 천분을 타고났고, 『존재와 시간』에 이르러서는 사유의 엄밀성과 표현력의 극치를 현시시킨 그토록 심오한 사유가의 결정적이고도 근본적인 맹점을 근원적으로 새롭게 숙고하였다. 파시즘의 광범위한 허무적 파괴력을 경험한 세대들에게 이들의 하이데거—비판이 설득력 있게 받아들여지고, 아울러서 하이데거의 철학의 생동적인 현시대성을 논해야만 할 때 이 철학과 실천 사이의 관계에 대한 물음이 도외시될 수 없게 되었다. 그동안 격렬한 토론을 통해 분명해진 사실은 하이데거가 자신의 이 같은 정치적 입장을 취했을 때, 초지일관 철학적인 혹은 사이비 철학적인 충동에 자신을 내맡겼다는 것이다. 이를테면 1929 / 1930년 이래 하이데거는 위계 질서의 '순위'의 확보를 위하여 자유주의와 사회주의에 대항하여 벌이는 니체의 소위 세계시민 전쟁의 선언을 자신의 정신적 위기시에 중요하고 긍정적인 사유의 단초로서 받아들였던 것이다. 이 같은 철학적 입장에 따라서, 1933~1934년에 선택된 정치적 오류의 길은 필연적이 되고 말았다.

본 논문은 하이데거의 중심 저작인 『존재와 시간』에 그같이 부적절한 정치적-실천적 선택의 철학적 가능성이 내포되어 있느냐는 물음을 근본 물음으로 한다. 이 물음은 하이데거가 『존재와 시간』에서 윤리적인 것의 차원에 대해 숙고하고 있는가, 그리고 있다면 과연 어떤 형태의 것에 대해서인가는 것이다.[1)]

---

1) K.-O. 아펠은 자신의 박사 학위 논문(Dasein und Erkenenn, Bonn, 1949)에

이 물음은 『존재와 시간』에 대한 이데올로기적 비판이나 이 저작에서의 파시즘적 요소의 간파와 같이 그 어떤 직접적 정치적 입장의 토론이 아니라, 어떤 의미에서는 근원적으로 초기 하이데거의 철학으로부터 정치적 영역 일반으로의 방향 정위가 도대체 가능한가를 묻는 것이다.

윤리적인 차원에 대한 물음은 이미 철학적 전통의 영향권에 속해 있기에 이 전통의 다양한 입장들이 하이데거와 함께 혹은 하이데거를 반대하여 숙고되어야만 한다. 본 논문은 초기 하이데거와 칸트의 연관을 숙고하고자 한다. 칸트의 윤리학적 단초는 아리스토텔레스, 키에르케고르 등의 것과 함께 『존재와 시간』의 실존론적 철학의 타개에 결정적인 역할을 하였다. 본 논문은 하이데거가 그 자신의 고유한 실존론적 존재론을 정초하는 데에 칸트 사유의 윤리학적 단초를 어느 정도로 원용 혹은 응용했는지를 밝혀냄으로써, 하이데거의 사유에서 윤리적 차원의 함축성을 개시시키고자 한다. 그리고 나아가서는 이 같은 윤리적 차원에 대한 사유의 한계가 무엇인지를 밝혀냄으로써 그토록 정열적이고 집중적으로 사유에 몰두했던 하이데거가

서 『존재와 시간』에서의 윤리적 단초에 대해 주의를 기울였다. 여기에서 아펠은 현존재의 실존적 존재 가능의 선험적 차원에 주목하고 이것이 기초존재론의 열쇠 개념이고 인간 존재의 도덕적 실천의 근본 조건을 증시하는 개념이라고 규정했다. 그 이후 지난 20년 동안 최고의 하이데거-해석가들에 속하는 M. 리델, C. F. 게트만, J. 그론딘, F. 볼피 등이 초기 하이데거에게서 윤리학적 단초들을 개시시켰다. 이 중에서도 볼피는 그의 주목할 만한 저서(Heidegger e Aristotele, Padova, 1984)에서 『존재와 시간』은 아리스토텔레스 윤리학의 번역과 응용의 결실 이외에는 아무것도 아니라고 단언함으로써 어느 누구보다도 더 강한 톤으로 이 하이데거의 주저에서 윤리학적 계기의 중심적 위치를 강조하였다. 이 같은 연관에서 초기 하이데거의 유태인 제자들이 하이데거와 결별한 후에—비록 하이데거의 철학과는 전혀 다른 유형의 철학이었을지라도—실천 철학을 전개한 데에는 초기 하이데거의 감화와 근원적인 영향력이 여전히 작용하고 있었기 때문이라고 추정할 수 있다.

어째서 정치적-실천적 오류에 빠지게 되었는지에 대한 물음에 적합한 답변을 얻는 데에 일조하고자 한다.

본 논문은 이 같은 목적을 달성하기 위하여 다음 세 단계의 물음을 설정한다.

① 하이데거는 어떤 형태의 윤리적 차원에 대한 숙고를 하고 있으며, 이때 칸트 윤리학의 어떤 단초들이 하이데거의 사유에 유입되었는가?

② 하이데거의 이 같은 윤리학적 사유의 특수성은 무엇이고, 이것은 하이데거 자신의 사유의 길에서 어떠한 위치를 차지하고 있는가?

③ 하이데거의 윤리학적 사유의 정치적 실천과의 관계에서 근본 한계는 무엇인가?

2. 『존재와 시간』의 사유권에서 윤리학적 단초들과 칸트의 도덕 철학의 관계

『존재와 시간』에서 윤리적 단초의 여부, 위치 및 의의 등을 놓고서 다양하고도 서로 대립적인 해석들이 발생한 것은 하이데거 자신의 얼핏 일견했을 때 애매모호하게 보이는 입장 표명과 그 특유의 사유 방식 때문이었다. 주지하다시피 하이데거는 그의 다양한 사유의 길에서 윤리학이란 명칭 하에서 저작을 쓰지 않았으며, 그 어떤 철학적인 윤리학을 체계적으로 완성하기를 초지일관 거부하였다. 우리는 『존재와 시간』의 여러 곳에서 하이데거가 자신의 사유의 본래 목적이 존재 물음이며 결코 도덕 철학과 같은 그 어떤 다른 것의 건립이 아님을 표명하는 것을 읽을 수 있다: "이 해석은 하나의 순수한 존재론적 의도를 가지고 있으며, 일상적 현존재에 대한 도덕적인 비판과는 거리가 멀다."[2] 이것은 '인간 본성의 타락'에 관하여 존재적으로 언급하는 것이어서는 안 된다.[3] 하이데거는 현존재의 존재 틀에 속하는 운동 방식인 '퇴락'이란 말이 보다 더 순수하고 높은 '근원 신분'에서부터 도덕적으로 '타락'한다는 의미로 이해되어선 안 된다고 말한다.[4] 하이데거는 실존의 두 가지 범주인 '본래성/비본래성'을 제시한다. 하지만 하이데거는 이 범주가 삶의 구체적인 형태들을 특징적으로 나타내거나 그 어떤 삶의 가치를 규정하는 것이 아니라, 인간 현존재의 존재 틀에 대해 설명하고 이것을 기반으로 하여 존재 일반의 의미의 개시를 의도하는 방법적 단계와 관계된다고 강조한다. 하이데거는 모범적인 '본래적인 존재 가능'의 범주에 의하여 삶의 태도의 변경을 호소하는 것이 아니다.[5] 하이데거는 『존재와 시간』의 출간 후 거의 1년 만에 행한 1928년 여름 학기 강의에서 ― 아마도 어느 '젊은 친구'가 『존재와 시간』의 발간 직후에 던진 "언제 윤리학을 쓸 것인가?"라는 물음에 대한 답변으로 ― 처음으로 윤리학에 대한 언급을 하였다. 이 강의의 10절은 『존재와 시간』의 요약과 자기 해석을 제공한다. 여기서 하이데거는 『존재와 시간』에서 제시된 현존재의 존재 틀은 현존재에 본질적으로 속하는 존재 이해의 내적인 가능성이 증시되는 곳이며 따라서 인간학이나 윤리학과 관련된 것이 아니라 현존재라는 존재자의 존재에 관련된 것이라고 천명한다.[6]

---

2) M. Heidegger, *Sein und Zeit*, Tubingen, 1972, 167쪽(이하 SZ로 표기한다).
3) SZ, 179쪽.
4) SZ, 176쪽.
5) SZ, 267-274쪽 참조.
6) M. Heidegger, *Metaphysische Anfangsgrunde der Logik im Ausgang von Leibniz*, Frankfurt a. M., 1981, 171쪽 참조.

왜 하이데거는 이같이 자신의 기초 존재론적-실존 존재론적 사유의 윤리학적 상관성을 부인하였는가? 하이데거는 자신의 노고에 찬 사유의 길 전체에서 언제나 전통적 사유의 역사와의 토론에 몰두했으며 이때 무엇보다도 특히 전통 사유에서 존재 물음의 소홀, 존재에 대해 규정하는 것 같지만 사실은 존재 자체가 아니라 존재자의 규정에 머무르고 말 뿐인 그래서 근본적으로는 존재 망각에 빠져 있음을 지적하고 비판하였다. 전통적 윤리학의 기저에 놓여 있는 존재론적 존재 이해에서는 존재자의 존재를 너무나 일면적으로 객관성이라는 측면에서 규정함으로써, 존재 망각을 피할 수 없게 되었다. 전통에서는 모든 당위적인 윤리적 가치가 가치 설정하는 주관의 객체로 규정된다.[7] 가치 설정함은 존재자의 존재를 자기의 가치 타당화하는 행위의 객체로 경험하게 한다. 존재의 개방성은 존재자의 존재의 가치 객관성을 증명하고 확보하려는 노력에 의하여 차폐되고 만다. 하이데거의 존재 사유는 존재자의 존재를 가치 설정하는 주체의 가치 객체로 규정하려는 시도에서 존재 개시의 불능성을 극복하고, 존재의 순수한 자기 개방성의 차원으로의 진입을 시도한다. 하이데거는 존재자의 존재를 다양하게 이해하는 특수한 능력을 가진 인간 현존재가 존재를 이해하는 방식을 우선적으로 분석하고 해석함으로써, 이 다양한 존재 이해들이 거기로부터 생기하고 갈라져나오는 초월적 지평을 파악하여, 마침내는 이 초월적 지평을 기반으로 하여 본래적이고도 최종적인 사유의 목표인 존재 일반의 의미를 개시시키고자 한다. 하이데거의 불요불굴의 노력 전체는 — 우리가 보기에는 여기에 하이데거 사유의 커다란 기여가 있는 바 — 존재 물음을 철저하게 설정하

7) M. Heidegger, *Brief uber den Humanismus*, Frankfurt a. M.,1981, 39-40쪽 참조.

는 데에, 다시 말하면 존재자를 이론적이나 실용적이나 혹은 도덕적인 가치 대상으로 규정하기 이전에 존재자의 존재의 규정을 가능하게 하는 방법적 지평을 확보하고, 통로를 개척하는 데에 집중되어 있다. 하이데거는 이런 맥락에서 자신의 현존재의 존재론적 해석들을 존재자를 도덕적으로 가치 평가하는 이해 방식과 혼동하지 말라고 주의를 주며 자신의 시도와 구별시키는 것이다.

그렇다면 하이데거는 자신의 존재 사유권 내에서 윤리적 차원에 대한 숙고를 배제하는가? 하이데거는 제2차세 계대전 후에 발표한 『휴머니즘에 관한 편지』(1947)에서 하나의 올바른 윤리적 차원이 존재 물음에 언제나 이미 속해 있다고 특별히 표기하여 강조하였다.[8] 그는 자신의 이러한 사유야말로 극단적인 의미에서 휴머니즘, 바로 '근원적인 윤리학'이라고 규정한다.[9] 그렇다면 이 같은 윤리학적 사유가 『존재와 시간』에서 전개되고 있는가? 우리는 이 저작에서 이미 하이데거가 실존 범주를 도덕적인 그 무엇으로 보려는 경향에 대해 거리를 두면서 경고함에도 불구하고, 인간적 현존재의 실존론적 기초존재론의 최후 기반이며 결정적 열쇠로서의 도덕적 자아를 이 단편으로 머무른 저작의 중심부에 끌어들임을 발견하게 된다: '본래적 실존의 하나의 특정한 존재적 파악, 현존재의 현사실적인 이상'이 현존재의 실존론적-존재론적 해석의 기저에 놓여 있다.[10] 이것은 바로 비록 존재 물음이 '순위에 따라 … 첫째 물음'이며[11] 도덕적 당위에 대한 물음이 그보다 앞서선 안 될지라도, 결코 존재 물음이 도덕적 당위에 대한 물음과 따로 떨어져서

---

8) 같은 책, 313쪽 참조.
9) 같은 책, 313쪽 참조.
10) SZ, 301쪽.
11) M. Heidegger, *Einfuhrung in die Metaphysik*, Tubingen, 1976, 2쪽.

설정될 수 없다는 것을 의미하는 것이다.

하이데거는 1차적이고 근원적인 존재 물음에 확고하게 향하였으나 바로 이 물음의 중심에서 인간이 당연히 어떤 존재여야 하는가를 인간의 가장 고유한 존재 방식으로서 실존의 양태를 그 어떤 이론적 봄의 방식이나 개념에 의하여 객체화하거나 대상화함으로써 탈-사태화함 없이, 그야말로 있는 그대로의 현상을 '사태들 자체로!'의 준칙에 들어맞게, 즉 현상학적으로 개시시키려 한다.[12] 하이데거는 이 문제를 둘러싸고 『존재와 시간』의 형성 과정으로서 이 저작의 본래의 의도를 가늠하게 해주는, 그 자신의 창의적인 현상학적 철학을 정초하는 초기 프라이부르그 시절부터 본격적으로 다양한 전통들과 토론을 벌였다. 하이데거는 자신의 입장을 대립적으로 극명하게 보여주기 위하여, 이들 중 특히 동시대의 대학 강단 사회에 지배적인 영향력을 발휘하였던 신칸트주의의 '환상적으로 이념화된' 정신-주관성의 철학과 이로부터 정초된 가치 철학을 격렬하게 비판하였다. 가치 철학은 인간의 삶의 경험을 있는 그대로 증시하지 못하고, 언제나 이미 현실성과 유리되게 '탈삶화'된 그 무엇을 제시할 뿐이다.[13] 하이데거의 초기 프라이부르그 시절의 이른바 현사실성의 현상학적 철학의 추구는 다름아닌 인간 삶의 가장 순전한 양태 — 즉, 현사실적 인간 삶의 현상을 증시하고자 한

---

12) 하이데거는 후설이 「엄밀 과학으로서의 철학」에서 말한 '사상들 자체로'의 격률을 그야말로 말 그대로 받아들이려고 한다. 이 것은 논쟁적인 의도를 함축한다. 하이데거는 후설의 선험적 환원과 의식에서의 철학의 최후 정초의 길을 따르지 않는다. 후설의 선험적 의식 현상학은 하이데거에게는 그 같은 현상학의 근본 원리에서 벗어난 것으로 보인다. H. G. Gadamer, *Heideggers Wege*, Tubingen, 1983, 143쪽 참조.

13) 하이데거는 신칸트주의의 인식 주관의 현사실로부터 가치에 관한 사유를 건립하는 시도 대신에 고유한 존재 가능으로서의 삶의 현사실성에서 가치의 생기 차원을 본다.

다. 하이데거에게서 인간은 그 어떤 객체, 사물, 이념적 주관, 정신, 심리적 경과 등이 아니다. 하이데거는 후에 마르부르그 시절에 신칸트주의의 칸트 수용과 투쟁하는 와중에서 칸트의 도덕적 인격 개념을 자신의 실존 개념을 뒷받침해주는 무기로 삼는다. 하이데거는 비록 『존재와 시간』에서 명시적으로 밝히지 않았지만, 이 저작에서 그리고 『존재와 시간』의 사유에 밀접하게 연관되어 있는 강의들에서 칸트의 도덕 철학의 창의적인 해석을 통하여 자신의 고유하고 중심적인 단초들을 형성하고 발전시킬 수 있었다. 특히 단편으로 머무른 『존재와 시간』의 제2편에서 개진시키는 '본래적인 존재 가능'의 단초는 윤리적-실천적인 사유가 결정적인 핵으로서 하이데거의 사유의 중심을 형성하고 있음을 보여준다.

하이데거는 1927년 여름 학기에 칸트의 주관의 주관성을 논구하면서 자아-주관으로서 순수한 근저에 놓여 있는 자기 의식인 선험적 인격성, 이것을 기반으로 하고 있는 자아-객체로서 경험적인 심리적 인격성, 그리고 자기 의식의 특정된 변양태의 표현인 본래적인 인격성으로서 도덕적 인격성을 구분한다.[14] 그는 1929년에 '칸트와 형이상학의 문제'에서 칸트의 도덕적 인격의 개념을 선험적 구상력에서 근거지우면서 본래적 자기 존재로서의 현존재로 해석한다.[15] 도덕적 인격은 한편에서는 도덕법으로부터 다른 한편에는 자기 의식의 특정한 방식으로서 … 에 대한 감정을 가짐인 도덕법 앞에서의 존경으로부터 규정된다.[16] 도덕법 앞에서의 존경은 도덕법 자체를 구성하

---

14) M. Heidegger, *Grundprobleme der Phaenomenologie*, Frankfurt a. M., 1975, 177쪽 참조.
15) M. Heidegger, *Kant und Das Problem der Metaphysik*, Frankfurt a. M., 1973, 150쪽 참조.
16) 같은 책, 143쪽 참조.

지는 않고, 이 존경을 근거로 하여 도덕적으로 행위하는 자아-인격은 이 도덕법에 자기 자신을 복종시킨다. 이런 점에서 수용적이다. 그럼에도 불구하고 도덕법은 도덕적 자아-인격의 실천적 이성으로부터 순수하게 자발적으로 주어지기 때문에 이 도덕적 자아는 종국에는 다름아닌 바로 단지 자기 자신에게 복종하는 것, 즉 행위하는 자로서의 자기 자신에 대해 자각하는 것 이외에는 아무것도 아니다. 그리고 바로 이 점에서 행위하는 자아는 자기의 고유한 존재에 대해 책임을 지는 것이다. 하이데거는 이와 같이 행위하는 인격적 자아가 도덕법에 수용적으로 복종하면서, 자발적으로 도덕법을 주는 본래적인 자기 존재의 가능성들로 정향한다는 데에 행위하는 자기 존재, 즉 실천 이성의 본질이 있다고 규정한다.[17]

하이데거는 이와 같은 근원적으로 실존적 자기 관계에 의해 규정되어 있는 도덕적 인격의 존재 틀을 구성하고 있는 도덕적 존재 현상들인 '바로 인간 그 자신 때문에', 세인으로의 퇴락으로부터 '가장 고유한 제 탓일 수 있음'으로 양심의 '부름'에 귀를 기울임, '양심을-가지기-원함', 가장 고유한 제 탓일 수 있음으로 자기 기투로서의 '결단성'등 — 비록 하이데거는 이 현상들을 탈도덕화하려 하지만 — 개시시킨다. 하이데거는 행위가 최종적으로 무엇 혹은 어떤 것에 대해 의무지워져 있으며, 관계되어 있는 물음에 집중함으로써, 실천 철학의 근저를 이루는 문제권 내에 서 있다. 이 물음에 대해서 인간의 실존성, 인간의 자기 관계성의 범주가 결정적이다. 인간 현존재는 '그때마다 자기 자신을 위하여' 산다.[18] 하이데거는 인간 행위의 '자기 자신을 위하여'로서 현존재의 자기 관계성을 자신의 현존재의 존재

---

17) 같은 책, 154쪽 참조.
18) SZ, 181쪽.

론적 분석의 근본 범주로 삼음으로써, 무엇보다도 '목적 그 자체'로서 인간을 특징지움으로 실천 철학의 정초를 의도했던 칸트의 사유권 내에서 움직인다. 이 같은 연관에 대한 증명을 우리는 하이데거의 1925/26 겨울 학기 강의 17절에서 발견할 수 있다.[19] 여기에서 하이데거는 현존재는 자신의 존재에 관여한다고 밝히면서, 칸트가 바로 이 같은 연관에서 그의 정언 명법의 범주의 기초로 삼은 인간에게서 '목적 그 자체'의 규정을 도입하게 되었다고 언급한다. 물론 하이데거는 이미 이곳에서 칸트가 전통적인 목적-수단의 범주에서 움직인다고 비판하면서 자신의 실존 범주의 존재론적 고유성을 부각시킨다. 하지만 이 같은 비판에도 불구하고 하이데거는 자기-연관성이 행위의 최종적인 '자기 자신을 위하여'며, 이 '자기 자신을 위하여'는 다름 아닌 행위의 최종적인 목적을 행위하는 자기 자신에 연관시키는 것을 의미한다는 생각을 고수한다. 하이데거에게서 칸트와 마찬가지로 당위는 결국 행위하는 자가 자기 자신에 부과하는 의무다. 양심은 이 같은 자기 의무지움이 실현되는 장소다. 양심은 행위하는 자가 이것에 의해 자기 자신이 스스로에게 의무지워진 것으로 지각하게 하는 통찰의 법정이다. 하이데거는 염려의 부름으로서 양심이 '나로부터 그리고 나를 덮쳐서 온다'고 규정한다.[20] 나로부터 오는 것은 이것의 가능성과 근원을 바로 나 안에 두고 있다. 하지만 나를 덮쳐오는 것은 나를 넘어서오며 이런 한에서 나를 초월해 있다. 이 같은 양심의 나와 관련된 얼핏 보기에 서로 모순된 것 같은 이중적 운동성(존재) 방식은 — 비록 하이데거가 명시적으로 밝히지 않았지만 당위와 자유

---

19) M. Heidegger, *Die Frage nach der Wharheit*, Frankfurt a. M., 1976, 160쪽 참조.
20) SZ, 175쪽.

사이의 도덕적 단계들을 구별하는 칸트 도덕 철학의 단초를 생각나게 한다.[21] 양심은 내가 감각 세계와 동시에 오성 세계에 속하고 도덕법을 따르려는 의무와 당위의 의식을 내 안에 가지고 있는 한 나를 덮쳐서 온다. 하지만 양심은 인격으로서, 목적 그 자체로서 마침내 자유의 주체로서 순수한 오성 세계에 속하는 한 나로부터 온다.

하이데거는 무엇보다도 구체적 생활 세계에서 사는 인간이 '우선 대개는' 본래성으로서의 자기 관계성을 장악하지 못하고 있다고 말한다.[22] 본래성은 '예외 상태'로서, 이 비본래성의 결성태로서 아주 드문 순간에 개시될 수 있을 뿐이다. 이 같은 하이데거의 생각은 칸트가 양심이 순수한 오성 세계에 속해 있는 본래적인 자아로서의 나에게서 오는 자유의 단계를 항상 가능성에 머물러 있으며 단지 아주 드문 순간에만 실현될 수 있는 것이란 — 칸트의 신념과 밀접한 관계가 있다. 우리가 보기에 하이데거는 칸트의 이 같은 생각을 기반으로 하여 자기 자신을 좌지우지할 수 있는 능력을 갖고 있는 무한한 자기 정립자로서의 인간 주관성을 철학의 구축을 위한 방법적으로 1차적인 입각점으로 파악하고 있는 후설을 포함한 동시대의 신칸트주의에게서 비판적으로 거리를 둔다. 이들 신칸트주의는 칸트가 아

21) 물론 하이데거와 칸트의 근본적인 차이점을 간과할 수 없다. 하이데거는 언제나 존재 물음의 근본 방향에서 실존 존재론적 해석에 정향하고 있으며 전통적 사물 존재론에 매인 채 인간 현존재의 특수하고 고유한 존재 현상에 주목하지 못한 칸트로부터 자신을 구별시킨다. 하지만 우리에게 드러나는 사실은 설사 하이데거 자신이 명시적으로 밝히지 않을지라도 하이데거의 실존 존재론이 그의 중심적인 날카로움을 드러내는 곳에 칸트의 도덕 철학적 단초들의 변양태가 함께 드러나고 있다는 것이다. 이 것은 하이데거 자신이 의식하고 있던 의식하고 있지 못하던 칸트의 영향력이 얼마나 큰 것임을 보여준다. 우리의 과제는 이 같은 영향의 흔적을 찾아가는 것이다.

22) SZ, 167쪽 참조.

니라 피히테의 근원적인 영향 하에서 모든 철학적인 명제와 통찰들을 이 같은 주관의 자기 관계의 조건들의 자기 해명의 도상에서 이끌어낼 수 있다고 믿는 것이다.[23] 여기에 반하여 하이데거는 일상 세계에서 사는 실제적이고 구체적인 인간은 '우선 대개는' 본래적인 고유한 존재 가능으로서의 자기 관계를 장악하고 있지 못하다고 말한다. 이 자기 장악은 특별하고 아주 드문 예외의 순간적 상황들에서만 발생하며, 이런 한 '우선 대개의' 존재 양태의 제2차적인 결성태에 속하는 것이다. 그런데 선험적 자아를 철학적 통찰이 도출되는 방법적으로 제1차적인 원리로 삼고 있는 신칸트주의에서는 방법적으로 결성태인 특별한 상태를 방법적으로 1차적인 것으로 간주하는 오류를 범한다. 하이데거의 사유는 '세계-내-존재'로서 인간 현존재의 전체적인 근본 존재 틀을 밝히는 데에 정향하고 있으며, 이때 무엇보다도 피투된 기투로서 인간 현존재가 그의 기투적 자유에도 불구하고 얼마나 제약되고 유한한가를 보여주는 데 주력한다.[24]

하이데거는 양심의 특성을 음성, 부름이라고 본다.[25] 이 부름은 현존재를 자신의 가장 고유한 존재 가능으로, 즉 그의 본래적인 자기 앞으로 부르는, 현존재의 존재 자신에 속해 있는 증언이다. 칸트에 따르면 순수한 실천 이성의 음성은 가장 뻔뻔한 악인을 떨게 만들고 도덕법의 주시 앞에서 자신을 숨게 한다.[26] 물론 더 나은 사람이 되라는 엄명은 선에서 악에 빠지더

---

23) 하이데거는 칸트를 칸트 후계자로 자처하는 사람들에게서 떼어놓음으로써 칸트 후계자들의 역사적 무지 반성을 폭로한다. 이 것은 전통을 자신의 정체성을 이루는 핵심으로 삼고 있는 사람들에겐 치명적인 공격이다.

24) 하이데거는 다보스에서 열린 칸트학회에서 신칸트주의의 대표자 중 한 사람인 카시러와의 논쟁을 통하여 인간의 유한성을 부각시킨다. 하이데거는 여기에서 인간의 유한성의 수용을 통하여 비로소 열리는 본래적 저항을 말한다.

25) SZ, 272-274쪽 참조.

26) KPV V, 80aus 참조. 칸트 작품의 인용과 관련하여서 1902년에 발간되기

라도 약화되지 않고 우리 영혼 안에서 울린다.[27] 하지만 이 같은 엄명은 여기에 대한 귀를 가지고 있는 사람 안에서만 울린다. 그렇지 않으면 모든 것은 잠잠하게 된다. 왜냐 하면 사람은 음성을 들을 처지에 있을 때만 그 음성을 이해할 수 있기 때문이다. 바로 이렇기 때문에 부름, 양심의 음성에 대한 들음이 음성의 근원적 특성이다. 양심에서 들음과 이해가 동일적이 된다. 듣는 자의 부름 이해는 발화자의 부름에 상응한다. 그래서 양심에서 듣는 자와 발화자가 동일하다. 하이데거는 양심에서 주체의 두 가지 양태인 듣는 자와 발화자의 서로 상응하는 관계에 '도덕성', 즉 행위에 내재하는 부름에 대한 자기 의무화가 놓여 있다고 말한다. 바로 이 같은 연관을 하이데거는 '양심을-가지기-원함'[28]이라고, 칸트는 '자기 자신에 향하는 도덕적 판단력'[29] 혹은 '사람 안에서 내적인 법정의 의식'[30]이라고 표현한다.

하이데거는 이 현상들은 물리적-생리적 심리적인 현상들처럼 사실적으로 기술할 수 있는 것이 아니라고 말한다. 그러나 이것은 실제적으로 경험되고 있는 것이다. 하이데거는 이 경험의 개시를 목표로 하는데, 이 것은 1919년부터 중점적으로 발전시켰던 물리적-생리적 심리적 경험의 접근 방식에 의하여 생활 세계의 생동하는 현사실적 삶의 경험을 파괴시키지 않고 이것의 영역을 최대한으로 증시하는 현사실적 삶의 현상학의 기획권 내에서 수행되는 것이다. 우리가 보기에 하이데거는 염려

시작한 프로이센 아카데미에 의하여 편집된 칸트 전집을 따른다. 로마 숫자는 전집의 권을 표기하고 아라비아 숫자는 권의 페이지를 표기한다. 이하 영문 약자는 다음을 지칭한다. KPV=*Kritik der praktischen Vernunft* ; MS=*Metaphysik der Sitten* ; RGV=*Die religion innerhalf der Grenzen der blossen Vernunft.*

27) R VI, 45쪽 참조.

28) SZ, 288쪽 참조.

29) R VI, 186쪽.

30) MS VI, 438쪽.

의 부름의 현사실적 삶의 경험의 재구성 및 현상학적 개시에 힘쓰는 바, 바로 이때 이 일종의 자기 의식의 구조를 메타파를 사용하여 해명하는 전통 및 특히 법률적 범주를 사용하여, 단지 어떤 정보를 전달하는 데에 그치지 않고 호소하고, 최고하고, 요구하는 현사실적 경험의 특성을 강조하는 칸트적 도덕철학의 입장으로 돌아간다.

하이데거는 양심이라는 개념 대신에 '양심을-가지기-원함'의 개념을 사용한다. 이럼으로써 우리는 여기서 하이데거가 초기 프라이부르크 시절의 타개인 현사실적 삶의 근본 특성의 규정에 자신을 소급하여 관계시킴을 볼 수 있다. 삶의 의미는 수행의미, 내용 의미, 관계 의미로 구성되어 있다. 현사실적 삶에서는 무엇보다도 작용적 수행 의미가 지배적이다. 현사실적 삶의 현상으로서 양심 현상에는 수행 의미가 지배적이다. 양심은 이미 주어진 혹은 주어질 수 있는 하나의 사물과 같은 것이 아니다. 그래서 양심 자체는 선택될 수 있는 것이 아니다. 양심은 그 자체가 존재 가능, 수행적 과제의 의미를 갖고 있다. 그래서 양심이라는 말보다는 양심을-가지기-원함이라는 말이 양심 현상을 더 적합하게 나타낸다. 부름을 이해함은 존재 가능으로서 — 양심이 아니라 — '양심을-가짐'을 선택하는 것을 말하며, 바로 '양심을-가지기-원함'이다. 하이데거는 『존재와 시간』이 발표된 지 3년 후 1930년 여름 학기에 행한 강의에서 명시적으로 이 양심을-가지기-원함에서 '원함'의 현상을 칸트의 실천 이성과 연결시킨다.[31] 여기서 하이데거에 따르면 이 원함이야말로 칸트의 실천 이성의 본질인 바, 이 것의 본질성은 이 의지 작용이 어떤 사물적인 경험적인 것에 의하여 규정되지 않는다는 데에,

31) M. Heidegger, *Vom Wesen der menschlichen Freiheit*, Frankfurt a. M., 1982, 275-276쪽 참조(이하 WF로 표기).

이런 의미에서 순수하다는 데에 있다.[32] 이 같은 실천 이성의 순수 의지로서의 본질 규정으로부터 이 순수 의지가 어느 정도로 법들과 같은 것과 관련이 있으며, 왜 순수 의지의 근본 법칙이 법칙 부여의 양태 이외에 아무것도 아님이 해명될 수 있다.

하이데거는 『존재와 시간』에서 부르는 인간과 부름을 이해하는 인간 사이의 관계로서 주체의 이중적인 존재론적 자기 관계에서 증시되는 '양심을-가지기-원함'이라는 양심 현상 맥락에서 기초적인 도덕적 범주인 '탓'의 개념을 도입한다.[33] 이 양심을-가지기-원함이 바로 '가장 고유한, 근원적인 탓 있음(있음의 가능)'이다. 하이데거는 우선 이 개념을 일상적인, 도덕적인 그 무엇으로 이해해서는 안 된다고 경고한다. 이를테면 탓의 범주가 인간이 행위한다면 강제적이고 필연적으로 자신을 죄짓게 만든다는, 이른바 하나의 세속화하는 원죄와 같은 것으로 해석되어서는 안 된다는 것이다. 하이데거는 이 '탓 있음'의 개념이 형식적인 무엇인 바, 도덕적이고 법률적인 탓과 같은 것은 이 개념으로부터 비로소 해명될 수 있다고 말한다. 하이데거는 이 같은 맥락에서 '탓 있음'이 소위 일상적으로 도덕적으로 선과 악에 대한, 즉 도덕성 일반과 이것의 현실적인 형태들에 대한 가능성의 조건이라고 말한다. 이 같은 양심을-가지기-원함으로서 '근원적인 탓 있음'의 개념은 우리로 하여금 '근원적인 혹은 일반적으로 그[인간]가 항상 행하기 원하는 모든 선 앞에서 가는 탓'으로서 규정되는 칸트의 근본악의 개념을 떠올리게 한다.[34] 하이데거는 형식적, 선험적 의미에 의해 규정되는 탓 있음의 개념을 생각해낼 때 — 비록 명시적으로 밝히지

32) 같은 책, 291-292쪽 참조.
33) SZ, 281-289쪽 참조.
34) R VI, 72쪽 참조.

는 않지만 — 모든 구체적이고 현실적인 악에 앞서 가는, 이것의 형식적인 근거가 악으로의 성향으로서 인간 본성에 내재해 있는 철저하고 근원적인 악이라는 칸트적 개념에 근거한다.[35]

우리는 하이데거의 『존재와 시간』의 타개가 비록 존재론적으로는 창의적인 것이지만, 이것은 바로 칸트의 도덕 철학의 중심적 단초들을 원용함으로써 비로써 가능하였다는 사실을 발견하게 된다. 하이데거는 일생에 명시적으로 실천 철학에 관한 저술을 쓰지 않았다. 그 이유를 우리는 『존재와 시간』에서 찾을 수 있다. 하이데거에게는 현존재의 자율적으로 장악하는 깨어 있음, 고유한 존재 가능이야말로 모든 인간 존재의 최후 기반이며 일개 사물이 아닌 인간 현존재의 고유한 존재 범주를 개시하는 실존론적 존재론의 열쇠다. 실존론적 존재론은 이 고유한 인간의 존재 가능의 도덕성의 개시를 지향하는, 도덕 철학의 근원적 형태 이외에 아무것도 아니다. 하이데거는 도덕적-실천적 행위의 차원이야말로 모든 다른 인간적인 수행과 지식 형태의 재구성을 가능하게 하는 선험적인 기반이라고 생각했다. 하이데거에게서 철학이라는 것은 도덕적-실천적 행위와 이 행위를 구성하는 여러 계기가 철학의 근원적인 방법적 범주들을 나타낸다는 점에서 이것의 뿌리에서부터 도덕 철학인 것이다. 실존론적 존재론으로서의 존재 사유 및 철학은 도덕적 차원에 대한 사유와 유기적 통일을 이루고 있다. 이래서 하이데거에게는 굳이 철학의 한 분과로서 윤리학에 관한 책이나 논문을 쓸 이유가 없었던 것이다.

35) R VI, 28-32쪽 참조.

3. 형식 지시적 윤리학

이상에서 볼 수 있듯이 하이데거는 우리가 일상에서 경험하는 도덕성 차원과는 구별되는, 존재의 운동성 및 존재 이해의 차원과 동근원적인 혹은 일종의 존재의 운동성 방식으로서의 도덕성 차원을 열어 밝혀주었다. 이때 우리는 하이데거가 전통으로부터 자신을 되도록 멀리 떼어놓으려 함에도 불구하고 본래성, 양심, 부름, 탓 등의 전통적인 도덕 철학적 사유의 개념들을 사용함을 볼 수 있었다. 우리에게 솟아오르는 물음은 그러면 도대체 이 존재의 운동성 양태로서의 도덕성에 관한 사유를 우리는 어떻게 규정할 수 있는가 하는 것이다. 이 사유의 본래적 고유성은 무엇이고, 도덕 철학적 사유 일반을 정초하는 데에 특수한 기여는 어디에 있는가 하는 것이다. 이 물음에 대한 답변은 일단 하이데거의 도덕성의 단초에 대한 논의로부터 시야를 넓혀서 『존재와 시간』과 이 저작의 사유권 내에서 전개된 사유의 단초들 일반의 본래적인 고유성과 창의성에 대해 물을 때에 얻어질 수 있다.

『존재와 시간』의 고유성과 창의성에 대한 물음을 둘러싸고 『존재와 시간』이 출간된 이래 격렬한 토론을 거듭하여 다양한 입장에서 서로 충돌되기까지 하는 답변들이 제시된 것은 주지의 사실이다. 현상학, 존재론, 실존철학, 진리론, 해석학 등등. 이 같은 해석들의 다양한 스펙트럼 속에서 분명하고도 확고한 사실은, 하이데거가 고등학교 시절에 브렌타노의 박사 학위 논문에 의해 철학적 물음의 충격을 받은 이래 존재야말로 그에게는 부단하게 사유의 사상들 중의 사상이며, 존재 물음이야말로 그의 사유 전체를 규정하는 가장 근본적이고도 본래적이며 중심적인 과제며, 또한 『존재와 시간』의 중심성은 바로 이 같은 연관에서 규정되어야 한다는 것이다.

그런데 『존재와 시간』 및 이 저작과 밀접한 관련이 있는 강의들과 저술들이 속속들이 출간되어 초기 하이데거의 사유의 길의 면모가 과거 어느 때와 비교할 수 없으리 만큼 속속들이 드러나 있는 지금, 우리에게 더욱 명료해지고 인상깊은 사실은, 초기 하이데거 철학의 고유성과 창의성은 비단 사유의 사상으로서 존재 자체에 대한 물음의 새로운 설정에 있을 뿐만 아니라, 무엇보다도 이 사유의 사상을 이것에 적합하게 개시할 수 있는 개념들을 형성한 데에, 즉 종국에는 철학의 최종적인 자기 정초를 지향하는 새로운 형태의 철학적 논리학을 증시하고 발전시킨 데에 있다는 것이다.[36] 우리는 이런 연관에서 하이데거가 자신의 스승 후설의 '논리적 연구들'에 버금갈 수 있는 혹은 이것을 극복할 수 있는 철학을 근원에서부터 새롭고 철저하게 오로지 자기로부터 정초할 수 있는 논리적 연구에 천착하였으며 바로 여기에서 철학의 새로운 길을 모색하였다고 말할 수 있다.

하이데거는 『존재와 시간』으로의 최초의 걸음이라 할 수 있는 1919년의 전후 보충 학기에서의 강의에서 자신의 철학관을 천명함으로써, 자신의 고유하고 창의적인 철학의 단초를 개시시켰다. 철학은 선이론적 근원 학문으로서, 이론적으로 대상화될 수 없으며 모든 구체적 생활 세계의 경험이 비로소 거기로부터 열리는 근원 영역의 개시에 관계한다.[37] 이 근원 영역은

---

36) 하이데거는 초기 프라이부르그 시절에 베르그송의 직관 개념을 현사실적 삶과 함께 가는 해석학적 이해의 개념으로 변형시킨다. 이때 베르그송의 입장과는 대립되게 삶의 특성을 표현 가능한 것으로 보고서 — 딜타이의 개념 형성의 다원주의에 따라서 — 삶을 증시하는 개념들을 창출하려고 노력하였다. 초기 프라이부르그 시절의 '현사실성의 해석학'의 프로그램은 이 같은 연관에서 철학적 논리학의 정초를 지향하는 기획이라고 볼 수 있다.

이론적으로 자기 객체화하는 운동을 하는 그 무엇이며 그리고 실천적으로 '세계화'하는 운동을 하는 그 어떤 것이다. 이 근원 영역은 '삶의 어떤 것'이다.[38] 삶의 그 어떤 것은 모든 이론적-실천적 의미들이 거기로부터 발생되는 근원적인 그 무엇이다. 하이데거는 이론적으로 규정할 수 없는 생동적으로 운동을 하는 이 '삶의 어떤 것'(1919)을 선-이론적으로 증시하려고 한다. 이 같은 연관에서 그는 신칸트주의적 정신주의의 지배적 영향력으로부터 자신을 지켜낼 수 없었던 후설의 선험적 현상학과 대립적으로 구별되는, 그야말로 객체로써 대상화 될 수 없는 사태들 자체를 순전하게 증시하는 선이론적인 근원 학문으로서의 현상학을 건립하고자 한다. 하이데거는 이 현상학적 철학의 방법적이고 사태적인 구체화의 프로그램을 1919년 2월에서부터 초기 프라이부르그 시절의 말기인 1923년까지 '현사실성의 해석학'으로서,[39] 후에 『존재와 시간』(1927)에서는 현존재의 실존론적 분석으로서 체계적이고 성숙한 형태로 전개한다. 이 프로그램은 하이데거가 이론적으로 대상화시킬 수 없는 사상을 이론적 개념들을 가지고 개시시켜야 하는 방법적 필연성과 역설에 직면하여서, 문제를 해결하기 위해 얼마나 고심하였는가를 보여준다.

1919년 전쟁 후 보충 학기에서부터 『존재와 시간』의 사유로부터 전회가 시작되는 1929/30학기까지를 총괄적으로 보면,

37) M. Heidegger, *Zur Bestimmung der Philosophie*, Frankfurt a. M. 1987, 96쪽 참조.

38) 같은 책, 117쪽.

39) 하이데거는 『존재와 시간』(SZ, 72쪽 주석)에서 자신이 초기 프라이브르그 시절 1919/20년 겨울 학기부터 현사실성의 해석학을 전개시켰다고 말한다. 하지만 이것은 하이데거의 기억의 착오다. 사실은 현사실성의 해석학을 그보다 한 학기 전 1919년 2월에서부터 4월까지 행한 강의에서부터 발전시켰다.

하이데거가 근원 영역으로서 현사실성과 현존재의 실존성을 개시시킬 수 있는 철학적 개념들을 '형식적 지시'라는 창의적이고 독특한 철학적 논리학의 원리로부터 구성하고 있음을 알 수 있다. 1919년 전쟁 후 보충 학기 강의에서 하이데거는 딜타이의 개념 형성의 다원주의를 수용하는 입장에서 철학의 근원-사상인 '삶의 어떤 것'의 존재 운동성 방식을 표현하여 개시시킬 수 있는 개념을 정초하기를 시도하였다. 이 같은 개념은 비사물의 개시에 관여하기 때문에 전통적인 개-념(Be-griff)과 같은 것이 아니며, 이것은 생활 세계의 구체적 내용 의미의 체험을 가능하게 하는 '그것이 세계화한다(es weltet)'[40]의 운동성 차원의 개시를 의도하기 때문에 '선-개념(Vor-griff)'의 성격을 가진다. 이런 연관에서 하이데거는 이미 이 강의에서 비록 명칭을 부치지는 않았지만 '형식적 지시'의 사유를 도입하였다.

1921/22 겨울 학기에 형식적 지시라는 술어가 도입된다. 여기에서 철학적 정의는 자기의 대상들에게 자연과학적 정의처럼 보편타당한 파악을 주지 않는다.[41] 형식-지시적 철학적 정의는 자신이 규정하고자 하는 대상을 충전하고 본래적으로 증시하는 것이 아니라, 이해 주체가 이 대상의 구체적이고 완전하고 본래적인 내용을 자기의 것으로 만들 수 있게 하기 위한 단초와 내용의 구체화로의 방향을 선소여한다.[42] 그러나 이렇다고 해서 형식 지시적으로 규정된 대상이 추상적이거나 희미하거나 대상의 본래의 구체적 내용과 연결되어 있지 않은 것으로 생각해서는 안 된다. 형식적 지시에서 '형식적'이란 말은 질료가 없이 속이 비어 있는 깍지와 같은 것의 특성을 의미하는

40) 위의 책, 94쪽.

41) M. Heidegger, *Phaenomenologische Interpretationen zu Aristoteles*, Frankfurt a. M., 1985, 20쪽 참조.

42) 같은 책, 32쪽 참조.

것이 아니다. 형식적으로 지시된 단초와 방향에는 이미 언제나 그때마다 이해의 작용 주체가 자기화시키는 대상의 구체성이 동근원적으로 지시되어 있는 것이다. 하이데거에게서 윤리적 차원의 질료적 구체적 내용의 결여를 비판할 때 이 같은 근본 의도를 간과해서는 안 된다. 형식 지시적인 선험성은 구체적 현상의 지반을 결여한 공허하고 한낱 자의적으로 구성된 그 어떤 것이 아니다. 하이데거가 『존재와 시간』에서 자신이 추구하는 선험철학은 후설과 함께 참된 철학적 경험을 지향한다고 말했을 때, 우리는 이것은 바로 형식적 지시의 철학의 이 같은 근본 특성을 가리키는 것이라고 볼 수 있다.[43] 하이데거는 자신의 주도적 관심을 이 같은 형식적 지시의 선험성 차원의 개시에 두고 있었기 때문에, 의식적으로 질료적 가치들이나 구체적 실천적 행위들의 목적들 및 행위들의 내용의 규정을 지향하는 실천 철학의 건립을 의도하지 않았다.

하이데거는 이런 맥락에서 1930년 여름 학기 강의에서 칸트의 실천 이성의 본질이 순수한 의지, 즉 어느 경험적인 것에 의해 규정되지 않고, 스스로 규정하는 자 , 스스로 결단하는 자에 있다고 말한다.[44] 이때 하이데거는 행위의 인륜성이 행위하는 내가 자기 결단하고, 이 결단성 속에서 나에 대한 책임을 떠맡는 데에 있지 그 어떤 질료적 가치를 실현시킨다는 데에 있는 것이 아니라고 말한다. 이런 연관에서 하이데거는 가치 윤리학을 건립하기를 추구하면서 칸트 윤리학의 공허한 형식성을 공격하는 막스 셸러와 니콜라이 하르트만의 추구를 공격한다.

1930년의 강의에서 드러나듯이 『존재와 시간』의 실존 범주 '결단성'은 이미 칸트 윤리학의 해석에서 획득된 도덕적 범주

43) SZ, 50쪽 주석 참조.
44) WF, 280쪽 참조.

다. 『존재와 시간』의 공표 후 초기의 제자들인 한스 요나스, 허버트 마르쿠제 등에 의하여 하이데거 자신 역시 이 '결단성'의 윤리적으로 공허한 형식성에 대한 공격에 직면한 것은 주지의 사실이다. 그러나 이 모든 비판에도 불구하고, 이 개념의 윤리학적 불충분성을 문제삼기 전에 하이데거의 본래의 의도, 즉 하이데거는 바로 이 결단성 개념을 철학적 개념 형성에서 형식-지시적 원리의 토대 위에서 창출해내었다는 사실에 유념해야 한다. 우리가 보기에는 이 '결단성'은 질료에서 공허한 것이 아니다. 철학은 원칙적으로 그때마다 다양한 이해 수행의 행위에서 구체적으로 자기화할 수 있는 단초 방향을 형식적으로 지시하는 데에 머문다. '결단성'은 그때그때마다 다양한 이해 연관들에서 구체화 될 수 있는 형식-지시적 개념이다. 이 형식적 지시는 행위의 주체인 현존재가 그때마다 결단의 구체적 형태와 차원들을 자기화하는 방향과 길 및 단초로서 결단이 떨어지는 상황을 증시한다.

하이데거가 종교적인 개념인 '죄들'의 전개에 대한 지반을 줄 수 있는 '탓 있음'이라는 개념을 도입했을 때, 이 개념은 그때마다 서로 다른 이해 연관들에서 구체화 될 수 있는 형식 지시적 개념 이외에 다른 것이 아니다. 실존의 근본 양태로서 도입된 두 가지 범주인 '본래성 / 비본래성' 개념들은 이것들이 현존재로 하여금 이 개념들을 구체적으로 자기화하고 그로써 자기 자신을 변형시키는 과제 앞에 세운다. 즉, 이 개념들은 순간의 결단 상황에 있는 현존재에게 다양한 삶의 결단 차원들을 가리킨다. 이런 한 이 개념들은 형식 지시적 개념이다. 하이데거가 1930년 여름 학기 강의에서 — 비록 명시적으로는 아니지만 — 『존재와 시간』에서 타개된 도덕적 범주인 '양심을-가지기-원함'과의 근원적 연관에서 칸트의 실천 이성의 인륜성의 가장 고유한 본질을 실천 이성의 내용이 아니라, 인간이 무엇을 해야만 하는가를 그때마다 알고 있는 실천 이성의 의지의 순수성에서 보았을 때, 우리는 하이데거가 질료적 가치나 구체적 내용이 비어 있는 실천 이성의 공허한 형식성을 염두에 둔 것이 아니라, 실천 이성의 형식 지시적 기능을 중시한 것이라 파악할 수 있다.

단편으로 머무른 『존재와 시간』의 사유에서 두 가지의 서로 상이한 길이 있음은 주지의 사실이다. 하나는 1919년부터 1923년까지 초기 프라이부르그 시절에 '현사실성의 해석학'이란 프로그램으로 전개되었고, 후에 『존재와 시간』에서 '현존재의 실존론적 분석론'으로 수행되었던 현존재의 존재 및 이것의 시간성을 해석하는 것이다. 다른 하나는 존재 일반에 대한 물음의 초월적 지평으로서 존재시성을 설명하는 것이다. 전자의 길에 대한 설명에 단편으로 머문 채 간행된 『존재와 시간』의 중심 부분이 할애되었고, 후자에 대해서는 다만 69절에서 선취적 지시 정도로 설명되었다는 사실이 『존재와 시간』의 독자들 사이에서 『존재와 시간』의 근본 사유를 실존 철학으로 규정하는 데에 결정적 역할을 하였다고 볼 수 있다.[45] 하지만 이 저작의 발간 후에 하이데거 자신의 자기 해석에서 드러나듯이, 그리고 무엇보다도 지난 십수 년 동안 전집의 형태로 발간된 마르부르그 시절의 1925/26년 이래의 강의들이 보여주는 바와 같이 하이데거의 중심 시야는 존재시성의 문제성으로 정향되어 있으며 각종의 난관 속에서 이것의 타개에 전력을 기울였던 것이다.

이 같은 도상에서 하이데거는 칸트의 『순수이성비판』의 '순수 오성 개념들의 도식론'에 관한 장에서 근원적인 지지를 보았고,[46] 도식론 장에 대한 '존재시성적인 해석'이라는 독창적인

45) SZ, 350-366쪽 참조.
46) 같은 책, 23쪽 참조.

이해를 통하여 자기의 고유한 문제권 확보 및 이에 대한 해명을 성취할 수 있었다. 하이데거는 칸트가 도식론 장에서 전통적인 존재론의 존재 규정들로서의 범주들을 시간과 관련시키는 한, 칸트의 이 같은 시간의 기능의 규정에서 자신의 존재시성 문제의 중심 내용에 대한 계발적인 지시를 인식할 수 있다고 믿었다.

칸트에 대한 자기 이해 및 자유로운 응용을 통하여 하이데거는 『존재와 시간』에서 도덕성을 구성하는 인간 실존의 두 가지 존재 양태인 본래성과 비본래성의 존재시성의 도식인 '자기 자신을 위해'를 형성할 수 있었다.[47] 하이데거는 칸트의 실천 철학의 근저를 형성하는 '목적 그 자체'로서의 인간의 규정과 『순수이성비판』에서의 시간적 도식들의 파악을 자유롭게 응용적으로 종합하여 미래의 시제에 의해 구성되는 인간 현존재의 존재 의미의 도식인 '자기 자신을 위해'를 구성할 수 있었다. 인간 현존재는 죽음으로 앞질러 달리면서 혹은 실용적인 유익을 줄 수 있는 것을 기대하면서 자기 자신으로 온다. 본래적이든 비본래적이든 이 '자기 자신을 위해'의 지평적 도식은 미래의 탈자태에 상응한다. 이 '자기 자신을 위해'라는 지평적이고 미래적 시간 도식에 의해 현존재의 존재의 기투가 자기의 고유한 본래적인 존재 가능으로나 혹은 비본래적으로 자기를 망각하게 하는 실용적으로 유익을 줄 수 있는 가능성들로 정향된다. 우리는 — 비록 하이데거 자신이 명시적으로 밝히지는 않았지만 — 하이데거가 이 '자기 자신을 위해'라는 존재 의미의 도식의 도입을 통하여 초기 프라이부르그 시절에 발전시켰던 형식적 지시의 생각을 구체적으로 완성시킴을 알 수 있다. 이 도식

---

47) 실존 범주로서의 '자기 자신을 위해'의 존재시성의 해석은 근본적으론 비칸트적인 것으로서 하이데거의 창의적 응용의 산물이다.

이 이해 수행자에게 최종적이고 완전한 존재 의미의 파악을 주는 것이 아니라, 구체적인 존재 의미 이해를 위한 단초 방향을 주며 구체화를 필요로 한다는 점에서 형식 지시적이다. 이 도식은 존재 이해의 수행자로서의 현존재에게 거기로 이 현존재라는 존재자가 기투되고 거기로부터 이 존재자의 존재가 구체적으로 이해되는 단초 방향인 초월적 지평을 앞서 준다. 예를 들면 인간 존재자는 '자기를 위해'라는 도식에 따라서 가장 고유한 자기 존재를 망각하면서 일상적인 배려에서 구체적 실존 확보라는 의미에서 자기 존재를 이해하면서 살든지 혹은 갑자기 구체적인 종교적인 '종말적인 것들', 죽음, 심판 등에 직면하여 이 것들에 정향해야만 하는 본래적인 존재로서의 자기를 이해하면서 실존하든지 한다.

그러면 윤리학적 단초 일반의 문제권에 한정하여 볼 때, 하이데거의 형식 지시적 도덕 철학의 단초는 어떤 의미를 갖고 있는가? 이 물음에 대한 답변은 『존재와 시간』의 사유권 전체의 근본 의도에 대한 규정 및 이에 근원적으로 관련되어 있는 '형식적 지시'의 방법론적 의미에 대한 파악에 의하여 획득될 수 있다. 『존재와 시간』으로의 최초의 걸음을 여기에서 드러나듯이 하이데거의 근본 시야는 철학의 최종적인 자기 정초와 철학의 방법적 논리학의 최종 정초에 향해 있다. 형식적 지시의 원리에 입각한 개념 형성은 철학적 논리학의 완성의 맥락에서 수행된다. 『존재와 시간』의 사유권에서 개시된 우리에게 비일상적인 개념들은 문제의 이 같은 근원적인 어려움 속에서 하이데거가 창의적인 방식으로 창출한 선이론적이고 형식-지시적인 개념들이다. 『존재와 시간』이 개시시키는 현존재의 실존성은 근원 영역으로서 모든 종교적-도덕적-사회적 가치 경험과 구체적 생활 경험이 거기로부터 열리는 곳이다. 하이데거는 이

것을 '그것이 가치화한다'와 '그것이 세계화한다'라고 인상적으로 표현한다. 이 근원 영역이 그 같은 경험들의 가능적 조건인 한, 이 것은 선험적 영역이다. 하이데거에게서 도덕성의 단초는 근원 영역에서의 철학의 최종적인 자기 정초라는 주도적 시야 권내에서 형성되었으며, 도덕성을 표현하는 형식 지시적인 개념 구성은 철학적 논리학의 건립의 일환으로서 시도되었다.

하이데거의 형식적 지시의 원리에 입각한 윤리적 차원에 대한 숙고는 모든 도덕적 가치 경험이 거기로부터 열리는 영역, 즉 그것의 가능성의 조건을 구성하는 차원의 개시를 지향한다는 점에서 윤리학 이전의 윤리학, 선험 윤리학 혹은 윤리학의 윤리학이라고 규정할 수 있다.

4. 하이데거의 윤리학적 단초의 한계

위에서 상술한 형식-지시적인 윤리학적 단초의 의의는 다음과 같이 표현할 수 있다. 하이데거의 『존재와 시간』의 사유권 내에서 개시된, 철학 전체와 관련시켜볼 때 선-이론적이며 구체적인 근원으로부터 철학의 자기 정초 및 철학적 논리학의 건립의 추구, 그리고 이 같은 중심적이고 근본적 맥락에서 도덕성을 근원적으로 근거지움으로의 시도는 탈삶화된 영역을 토대로 구축된 윤리학적 사유 전반의 무지반성을 극복하고 새롭고도 생동적으로 참되며 근원적으로 반성된 그 어떤 윤리학적 사유의 길을 열어줄 수 있다는 기대를 일깨운다. 이런 맥락에서 칸트의 도덕 철학의 근원적 토대인 비이론적인 행위자인 도덕적 인격 주체 및 실천 이성의 현사실성을 기반으로 한 철학함의 타개가 하이데거에게 긍정적이고 계발적이었다.

그러나 이 같은 하이데거의 본래적 의도를 감안하더라도 『존재와 시간』에서 전개된 사유의 근본적인 한계와 부정적인 문제점을 놓칠 수는 없다. 하이데거의 선험적-형식 지시적 철학의 내부에서의 근본 문제점은 이 같은 사유에 머무르는 한, 행위 주체들 사이의 관계들 및 이것들의 조직적-체계적 형태인 정치적 제도들의 구체적이고 현실적인 도덕성 차원에 대한 반성을 근원적으로 차폐시킨다는 것이다.

하이데거에게는 다른 근원적인 행위 주체들-사이에 대한 관계가 도덕성의 구성에서 본질적인 역할을 하지 않는다. 그에게는 목적 그 자체로의 인간 '자기 자신을 위해'의 도식에 따라 그리고 그 인간-자기 자신으로의 결단성으로부터 개시되는 자기-관계야말로 도덕성의 필요할 뿐만 아니라, 충분한 조건이기 때문이다. 타인들에 대한 그 어떤 의무를 짊어지도록 그때그때마다 내리는 구체적-실존적 결단들은 이 인간 자기 자신으로의 결단성으로부터 비로소 열린다. 즉, 그 같은 결단들이 가능하기 위해서는 그 어떤 다른 사물이 아닌 인격적이고 목적 그 자체인 이 인간 자기로의 결단성이 필요한 것으로 전제되어야 한다. 우리는 하이데거의 이 같은 인간 자기 자신으로의 결단성이 타인에 대한, 그 무엇에 대한 실존적 구체적 의무를 짊어짐에의, 이런 의미에서 도덕성 구성의 필요 조건이라는 데에는 의심할 여지가 없이 동의한다. 그리고 이런 맥락에서 이런 정도로 이 인간 '자기 자신을 위하여'와 인간 자기 자신으로의 '결단성'이 형식 지시적으로 도덕성의 선험성 차원을 개시시키는 기능은 인정한다.

그런데 하이데거가 타인들과의 관계, 행위 주체들 사이의 관계, 상호 주관성 자체가 인간 '자기 자신을 위하여'으로의 '결단성'의 형식 지시적-실존론적 구성 범주라고 보고서, 이 결단성의 개시에 의하여 도덕성의 충분한 가능 조건의 개시에 도달하였다고 보는 한, 그의 사유엔 타자의 윤리학이나 인격적인 행위 주체들 사이의 구체적 도덕적 관계들에 대한 숙고 및 이에 대한 사유의 전진적인 발전을 통하여 도달될 수 있는, 정치적 제도 및 기구에 관한 철학적으로 정초된 숙고가 원천적으로 배제된다. 왜냐 하면 타인 및 정치 제도에 대한 구체적인 도덕적 결단들이 이미 형식 지시적으로 선험적으로 단초적으로 지시되었다고 보기 때문이다. 그래서 『존재와 시간』에서 인격적인 실천적 행위 주체의 이론이나 '도약적이고 해방시키는 상대방에게 마음씀'[48]으로의 타개에도 불구하고, 타인 윤리학 및 정치학적 이론들의 본래적 정초에는 이르지 못하는 것이다. 여기서 우리는 하이데거의 1933/34년의 정치적 행위의 오류와 『존재와 시간』의 관계에 대한 답을 얻을 수 있다. 구체화로의 단초 방향을 형식 지시적으로 규정하는 데에서, 구체화의 선험적 개방성 차원의 개시에서 자신의 사유의 근본 과제를 보고, 아울러서 이 같은 탐구에 자신을 제한시키는 『존재와 시간』의 철학에서는 본래 구체적인 것의 본격적 파악에는 이를 수 없는 것이며 애초부터 이런 것은 기대할 수도 없는 것이다. 현사실성의 해석학 및 현존재의 실존 존재론적 해석들에 의하여 형식-지시적으로 증시되는 자기의 삶을 그때마다 고유한 것으로서 형성해야만 하는 가능 존재로서의 인간 존재를 구성하는 도덕적인 계기들인 양심, 탓, 의욕, 결단성, 상대방에게 마음씀 등은 도덕성 구성의 필요 조건은 될 수 있을지라도 충분 조건이 될 수는 없는 것이다. 하이데거는 자신이 이 고유한 가능 존재가 그때마다 본래적으로 형성하는 구체적 삶을 도덕적으로 구성할 수 있는 원칙이나 척도를 개시시켰다고 믿었겠지만, 사실은

48) SZ, 298쪽 ; 같은 책, 123쪽 참조.

그가 고수하고 있는 형식-지시적 논리적 틀에 의해서는 단지 구체적 도덕적 삶의 형성으로의 불충분하고 불완전한 존재론적 단초 방향만을 줄 뿐, 실제로 충분하고 구속력 있는 원칙이나 원리를 제시할 수 없는 것이다. 인격적 행위 주체들 사이의 분쟁들이 혹은 정의롭거나 불의적인 정치 제도를 둘러싼 논쟁들이 형식 지시적인 고유한 존재 가능의 단초로부터 윤리적으로 해결될 수는 없는 것이다. 『존재와 시간』의 사유권에서는 본래 구체적인 것의 규정이나 이 것의 현실적 실현을 수행하는 데에서 그 어떤 원칙적이고 책임성 있는 윤리적 잣대 없이 다만 이해하는 행위 주체의 자의성에 맡겨버리는 것으로 귀결될 수밖에 없다. 하이데거의 1929/30년의 니체-수용[49]이나 그 이후 나치 정권에의 가담은 실존론적-선험적-형식 지시적 사유의 실천과의 관계에서 도덕적 무력성을 노출한 것 외에는 아무것도 아니다. 이것과 칸트의 입장에는 현격한 차이가 있다. 칸트의 법철학의 근원적인 타개와 기여는 법을 요구하는, 정의를 편파성 없이 견지하는 형식성을 증시하는 데에 있다. 이 형식성은 자의적 실천성으로 귀착되는 형식 지시적인 사유에 의해서는 개시될 수 없는, 타인들과의 관계를 규정하고, 현실적이고 구체적인 실천을 수행하는 데에서 보편적 원칙과 관계가 있으며, 이런 한 도덕성의 구성의 충분 조건과 밀접하다고 할 수 있다. 이 같은 연관에서 하이데거가 칸트의 도덕 철학의 단초들을 비록 존재론적 방향에서 창의적으로 해석하여 새로운 이해의 지평을 열었을지라도, 도덕 철학의 중심 문제권 내에서 엄밀히 보자면 칸트의 근본 정신의 이해에는 도달하지 못했으며, 그의 윤리학의 실존 존재론적-형식 지시적 정초의 시도는 결

---

49) M. Heidegger, *Die Grundprobleme der Metaphysik*, Frankfurt a. M., 1983, 244-255쪽 참조.

정적인 점에서는 칸트의 사유보다 설득력이 떨어지는 것이다. 우리는 하이데거가 윤리학 이전의 윤리학을 의도하였다고 짐작할 수 있는데, 그의 모든 노력에도 불구하고 애석하게도 윤리학에 결코 못 미치는 윤리학과 사유의 씨름을 함에 불과하였다고 총체적으로 평가할 수밖에 없다.

5. 나가는 말

우리는 여태까지 『존재와 시간』 및 이 것의 사유권 내에 있는 하이데거의 사유에 길에서 — 하이데거 자신이 실존론적 존재론을 도덕 철학으로 간주하지 말라고 경고하였음에도 불구하고 — 도덕 철학적 숙고가 수행되고 있으며, 이때 칸트의 도덕 철학적 단초들이 중심적인 영향을 미쳤음을 보았다. 하이데거가 숙고하고 있는 도덕적 차원은 인간 현존재의 실존적 존재틀을 — 존재자가 아니라 — 구성하고 있는 것으로, 이것을 열어 밝히기 위해서 하이데거는 형식적 지시라는 특수한 철학적 논리의 원리에 입각하여 형성된 개념들을 사용하였다는 사실을 밝혀냈다. 우리는 이와 같은 맥락에서 — 비록 하이데거 자신이 이런 용어를 쓰거나 이런 생각에 대하여 언급하지 않았을지라도 — 하이데거의 도덕적 차원에 대한 실존론적 사유를 형식 지시적 윤리학이라고 규정하였다. 그런데 이 형식 지시적 윤리학적-실존론적 사유는 존재자가 아닌 존재 현상 및 이것과 동근원적인 도덕 현상을 개시시키는 데에는 기여하였을지라도, 구체적인 현실적 도덕 현상 및 정치 제도의 규정과 반성에 실제로 구속력 있는 원리나 영향력을 줄 수 없다. 이런 연관에서 하이데거가 비록 일시적이었으나마 현실 정치의 영역에서 오류의 길을 걸은 것은, 『존재와 시간』은 부적절하건 적절하건 간에 현실 정치 제도 문제를 통찰하기에 어떠한 충분한 척도를 제공할 수 없다. 이런 의미에서 이것은 무력하며 칸트의 근원적인 실천 철학적 타개에 못 미치는 것이다.

하이데거는 『존재와 시간』의 실존론적 존재론의 추구 및 현존재의 존재 틀로부터 선험성을 개시시키려는 기획의 불충분성 때문에 1929년부터 존재 사유에서 전회를 한다. 그는 비록 현존재의 실존 존재론이 서구의 숙명처럼 되어버린 주관주의 형이상학 전통의 대표적 형태인 신칸트주의 및 후설 현상학에서 의식-주관 철학이 보지 못하였고 도달하지 못했던 근원 영역을 개시시킴으로써 보다 더 근원적인 선험성의 규정에 성공하였을지라도, 이 같은 선험적 사유 역시 주관주의의 영향권에서 벗어나지 못하였음을 깨닫고는 존재 자체의 생기적 사건의 영역을 개시시키는 사유를 심화시키고 발전시킨다. 이런 도상에서 하이데거는 서구의 주관주의의 가장 발전적 형태인 현대의 기술의 문제를 근원적으로 극복하고자 하였다. 그에 따르면 현대 기술 문명은 주관에 의하여 가치화된 대상-존재자를 지배하는 데에 불과하며 이로써 실제로는 존재자를 탈가치화시키는 오류를 범하고 있다. 하이데거는 존재 사유에 의하여 전통적 사유에 의해서는 개시 불가능하였던 가치의 참된 본질을 숙고한다. 하이데거에 따르면 이런 사유는 극단적인 미에서 휴머니즘이며 근원적 윤리학이다.

□ 참고 문헌

M. Heidegger, *Sein und Zeit*, Tubingen, 1972.

M. Heidegger, *Kant und Das Problem der Metaphysik*, Frankfurt a. M., 1973.

M. Heidegger, *Grundprobleme der Phaenomenologie*, Frankfurt a. M., 1975.

M. Heidegger, *Einfuhrung in die Metaphysik*, Tubingen, 1976.

M. Heidegger, *Die Frage nach der Wharheit*, Frankfurt a. M., 1976.

M. Heidegger, *Metaphysische Anfangsgrunde der Logik im Ausgang von Leibniz*, Frankfurt a. M., 1981.

M. Heidegger, *Brief uber den Humanismus*, Frankfurt a. M., 1981.

M. Heidegger, *Vom Wesen der menschlichen Freiheit*, Frankfurt a. M., 1982.

M. Heidegger, *Die Grundprobleme der Metaphysik*, Frankfurt a. M., 1983.

M. Heidegger, *Phaenomenologische Interpretationen zu Aristoteles*, Frankfurt a. M., 1985.

M. Heidegger, *Zur Bestimmung der Philosophie*, Frankfurt a. M., 1987.

H. G. Gadamer, *Heideggers Wege*, Tubingen, 1983.

I. Kant(1902. 프로이센 아카데미 판) ; *Kritik der praktischen Vernunft.*

I. Kant, *Metaphysik der Sitten.*

I. Kant, *Die religion innerhalf der Grenzen der blossen Vernunft.*

신칸트주의자 카시러의 사회철학
—정치와 신화의 문제를 중심으로

신 응 철

1. 칸트와 카시러 : 이성 비판에서 문화 비판으로

우리에게 카시러(Ernst Cassirer : 1874~1945)는 신칸트학파의 대표적인 학자 중의 한 사람으로 알려져 있다. 그것도 마르부르크학파에게서 말이다. 주지하듯, 신칸트학파는 칸트 철학의 수용 방식에 따라 빈델반트와 리케르트를 중심으로 하는 바덴학파와 코엔과 나토르프를 중심으로 하는 마르부르크학파로 나눠진다. 두 학파는 인간 경험 속의 보편성을 추구하고, 무비판적인 과학지상주의를 거부하며, 헤겔의 절대적 관념을 비판하고, 칸트 철학의 선험주의를 심리학적이고 생리학적으로 수용하기보다는 초월적 의미로 받아들이려 한다는 점에서 칸트 철학을 그들 철학의 출발점으로 삼고 있다는 공통점을 갖고 있다. 카시러는 마르부르크학파의 코엔이 주장하는 과학적 인식론의 한계들, 말하자면 인간의 정신과 실재를 파악하는 데에 논리적 사고만을 통해서 해명하려는 방식에 문제를 제기하고,

이에 덧붙여 상상력, 느낌, 의지 등의 영역에 의해서도 이 관계가 해명될 수 있다는 사실을 주장하게 된다. 그 점에서 카시러는 코엔의 인식론을 토대로 신화, 예술, 언어, 역사, 과학 등의 문화 현상들에까지 인식론의 논의를 확대 적용하고 있다. 그와 같은 맥락에서 카시러는 『상징 형식의 철학』[1] 제1권에서, 칸트의 세 가지 비판은 인간 정신의 서로 다른 측면을 다루고 있다는 점을 설명하면서, 칸트에 의해서 수행된 '이성에 대한 비판'이 자신에게서는 '문화에 대한 비판'이 된다고 밝히고 있다.[2]

한편, 카시러의 학문 활동의 여정 가운데 첫 시기는 1903년에서 1919년까지 베를린에 있던 때로서, 이때는 데카르트에 관한 박사 학위 논문과 라이프니츠에 관한 연구, 그리고 과학적 인식론에 대한 칸트적 접근의 문제를 주로 다루었다. 그 다음으로 1919년부터 1933년까지 함부르크에 있던 시기로서, 이때는 인식론에서 문화철학으로 자신의 관점을 확대 변경하면서 신칸트주의의 입장으로부터 결별하게 되는 시기다. 이제 카시러의 본격적인 문화 비판, 문화철학에 대한 연구는 1935년에서 1945년 사이 영국, 스웨덴, 미국에 체류하던 시기에 이루어지고 있는데, 이 시기에 자신의 사회철학적 경향이 함께 나타나고 있다.[3]

카시러의 사회철학적 성격은 자신의 인생 여정과도 밀접한 관련이 있다고 하겠다. 유대인으로서의 함부르크대학 총장 사임, 외국으로의 망명, 나치 정권의 등장, 양차 세계대전 등의 일

---

1) Ernst Cassirer, *Philosophie der Symbolischen Formen*(1923), Wissenschaftliche Buchgesellschaft, Darmstadt, Reprint, 1973 (이후 *PdSF*로, 영어 번역은 *PSF*로 표기함).
2) Cassirer, *PdSF*, vol 1, 11쪽, *PSF*, vol.1 80쪽 참조.
3) J. M. Krois, *Cassirer : Symbolic Forms and History*, Yale University Press, New Haven and London, 1987, 13-32쪽 참조.

련의 사건들은 카시러로 하여금 정치 문제를 새롭게 바라보게 만드는 계기가 되었다고 할 수 있다. 앞으로 논의하겠지만, 카시러는 정치의 문제는 항상 '신화적 사고'와 밀접하게 연결되어 있으며, 그런 점에서 신화는 긍정적이든 부정적이든 간에 우리의 삶과 뗄 수 없는 관계에 놓여 있다고 주장하고 있다. 그 점에서 카시러의 사회철학은 다분히 정치철학적 함의를 띠고 있다.

그래서 필자는 이 글에서 카시러의 사회철학의 성격을 정치와 신화의 관계를 중심으로 해명하려고 한다. 이 일을 위해서 먼저 2절에서는 카시러에게서 나타나는 문화철학에서 사회철학으로의 이행 과정을 추적해볼 것이다. 여기에서는 카시러 자신이 문화철학에서 사회철학으로 철학적 탐구 과정을 전환한 이유와 목적이 밝혀지게 될 것이다. 3절에서는 카시러 자신의 사회철학의 기획 의도를 분석하고, 정치와 신화의 관계를 본격적으로 해명해나가도록 한다. 여기에서는 정치 속에 들어 있는 신화의 순기능과 역기능, 신화의 정치철학으로의 침투 과정이 해명될 것이다. 다음으로 카시러 자신이 20세기의 대표적인 신화로 꼽고 있는 칼라일(Carlyle, Thomas : 1795~1881)의 '영웅숭배론'과 고비노의 '인종불평등론'에 대해서 분석해보고, 정치에서 나타나는 신화의 패러다임의 변화 과정을 밝힐 것이다. 4절에서는 카시러의 사회철학이 지니는 한국 사회에서의 의의를 검토하고, 마지막으로 카시러의 사회철학적 논의의 남겨진 과제를 생각해보도록 하겠다.

2. 문화철학에서 사회철학으로의 이행

카시러 철학 사상의 변화 과정에서 그 첫 단계는 마르부르크

신칸트학파의 인식 이론에서 문화철학으로의 이행이다. 여기에서는 이 부분에 대해서는 논의하지 않기로 하고,[4] 다만 카시러 자신이 생을 마감하기까지의 10년 동안의 문화철학의 논의에서 사회철학으로의 이행 과정에 대해 언급하고자 한다. 카시러 자신은 말년에 인간에 대한 보다 폭넓은 이해를 도모하려는 취지에서 '상징(Symbol)' 개념을 중심으로 한 문화철학을 연구하였지만, 양차 대전과 유대인 대학살 등의 사건을 경험하면서 자신의 철학의 변화를 모색하게 되었다. 그러니까 사회철학으로의 전환을 꾀하게 된 것이다.

카시러가 죽고난 다음 출간된 『국가의 신화』(1946)[5]는 그 자신의 사회철학적 기획 의도와 내용을 가장 명쾌하게 드러내주고 있다. 이 책에서 카시러는 유럽의 파시즘, 특히 나치 독일의 국가사회주의의 허구를 들추어내려고 한다. 말하자면, 카시러는 자신의 사회철학 논의에서 파시즘과 같은 유형의 현대적 전체주의 국가나 사회는 '정치적 신화'를 통해 인간을 정복한 것으로 평가하고 있다. 20세기의 정치적 신화들은 자유로운 상상력에서 나온 자연스런 결과가 아니다. 그것은 사회적으로 불안전한 집단을 효과적으로 묶어서 함께 단단하게 결속시키기 위해서 전략적으로 고안되어 집단적으로 투입된 것이다.[6]

카시러는 19세기와 20세기에 걸쳐 신화적인 것이 정치적 사고로 회귀되는 현상들을 철학 및 정치 사상에서의 신화 반대 투쟁사를 통해 접근하였고, 특별히 칼라일의 '영웅숭배론'과 고

---

4) 이와 관련된 논의는 신응철, 『카시러의 문화철학』, 한울아카데미, 2001. 제2장. 그리고 「카시러의 인식 이론 고찰」, 『칸트와 현대 유럽철학』, 한국칸트학회, 철학과현실사, 2001. 206-208쪽 참조바람.

5) Ernst Cassirer, *The Myth of the State*, New Haven and London : Yale University Press, 1946 (이후 *MS*로 표기함).

6) 하이츠 파에촐트, 『카시러』(봉일원 역), 인간사랑, 2000. 136쪽 참조.

비노(Gobineau, Joseph-Arthur : 1816~1882)의 '인종불평등론', 슈펭글러(Oswald Spengler : 1880~1936)의 운명론적 역사관을 그 대표적인 것으로 다루고 있다.

그런데 정치적 신화들에 대한 반대 투쟁에서 철학은 도대체 어떤 역할을 할 수 있을까?

언뜻 보기에, 정치적 신화들을 파괴하는 것은 철학의 힘이 미치지 못하는 일처럼 보인다. 만일 우리가 헤겔의 언급처럼, 말하자면 미네르바의 올빼미는 밤의 그늘이 짙어져 갈 때만 날기 시작한다는 주장에 우리가 쉽게 동조한다면, 그리고 헤겔의 이 말이 참이라면 철학은 하나의 절대적 정적주의(absolute quietism), 즉 인간의 역사적 생활에 대해 전적으로 수동적인 태도를 취하게 된다고 카시러는 지적한다.[7] 말하자면, 그저 주어진 역사적 상황을 받아들이고 설명할 뿐이며, 이러한 상황 앞에 굴복하고 만다는 것이다. 이렇게 될 경우 철학은 일종의 사변적 태만(speculative idleness)을 범하게 된다.[8] 카시러는 철학의 사변적 태만은 인간의 문화적 사회적 생활에서 그 임무를 다하지 못하는 것이라고 지적한다. 바로 이러한 문제 의식에서 카시러는 인간의 다양한 문화 현상들의 공통된 특징을 읽어내는 문화철학의 논의에만 머무르는 것이 아니라, 그러한 문화를 창조하고 향유하는 주체인 인간, 그리고 그 인간의 삶을 철저하게 억압하고 강제하는 정치적 신화들에 대해 그것의 기원, 구조, 방법 및 수법을 밝히려는 것이다.

부연하자면, 카시러가 문화철학에서 사회철학으로 이행한 것은 인간 문화의 위기에 대한 반성에서 체계적으로 의도되었다고 할 수 있다. 그러니까 문화의 정신적 기능을 기술하고 분석

---

7) Cassirer, *MS*, 296쪽 참조.
8) Cassirer, *MS*, 296쪽 참조.

하는 것만으로는 충분하지 못했던 것이다. 오히려 카시러는 문화가 좌초되어 붕괴되는 현실을 통해 문화란 조화로운 균형의 상태를 유지하기 힘든 속성을 지니고 있다는 사실을 해명하고 있다. 요약하자면 그는 사회철학을 통해서 문화의 위기를 진단하고 그것에 대처하고자 하는 것이다.

3. 카시러의 사회철학의 논의 주제들

1) 정치와 신화 : 신화의 정치철학으로의 침투

앞에서도 잠깐 언급했듯이, 카시러의 사회철학의 기획 의도는 근본적으로 유럽 파시즘을 해부하는 데 있다. 그는 『국가의 신화』를 통해서 상징병리학의 문제를 사회적 단계로 연장시켜서 논의하고, 심각한 정치 사회적 위기를 맞이한 인간이 그 위기를 유연하고도 신중하게 처리할 수 없게 된 원인을 규명하고 있다. 그러니까 신화가 정치 속에 침투해 있게 되면, 인간은 자신이 처한 위기 상황에 대해서 분석과 반성의 능력이 마비되어 버린다는 점을 지적하고 있다.

그렇다면 정치와 신화는 어떤 상관 관계가 있는 것인가?

카시러의 사회철학의 논의에서 나타나는 신화는 매우 '부정적인' 의미를 함축하고 있는 개념으로 사용되고 있다. 그런데 사실상 카시러 철학의 핵심은 주지하듯이, 상징 형식의 철학에 놓여 있다. 상징 형식과 상징 개념이 그의 인식 이론, 문화철학 논의에서 없어서는 안 될 핵심 개념들이다. 또한 『상징 형식의 철학』에서 신화나 신화적 사고는 대단히 중요하게 다루어지고 있다. 『상징 형식의 철학』 제2권인 『신화적 사고』는 현대의 과학적이고 논리적인 사유 방식의 한계를 보완하고, 이를 채워줄 수 있는 내용들로 꽉 차 있다. 필자는 이것을 신화의 순기능[9]이라 부르겠다. 이렇듯 카시러 자신이 인식 이론과 문화철학의 논의에서 신화를 언급할 때는 신화의 순기능, 말하자면 신화적 사고 방식에 들어 있는 '상모적 세계관', '생명 의식', '생명의 연대성', '공감적 사고', '탈바꿈의 법칙' 등의 신화적 세계 경험의 특징을 강조한다.[10]

다른 한편, 신화에는 역기능도 들어 있다. 카시러에 의하면 신화는 기본적으로 세상에 대한 인식적 사변적 해석이 아니다. 그것은 실제의 생활 형식에 뿌리를 두고 있다. 신화는 우리가 그것을 의식상 이루어진 행위 내에서 이해할 때 비로소 이해하기 쉬워진다. 원시인들에게서는 일상 생활에서의 실용적 지식에 대한 합리적이며 경험적인 법칙이 존재한다. 신화와 그것에 맞는 의식적 실행들은 특히 '위기 상황'에서, 그리고 '결과가 불확실한 상황'에서, 말하자면 생명 순환적 과도기에 중요한 역할을 수행한다.[11]

카시러에 따르면, 신화는 공동체에 형식을 제공하며, 이 사회적 형식 또한 위기 발생시에 파괴되지 않는다는 점을 보증한다. 만일 엄청난 위기 상황이 벌어졌을 때, 그것이 사회 경제적 성격을 지닌다면 신화는 '정치적 기능'을 수행한다. 그래서 신화는 각 개인에게 무조건적으로 집단과의 일체감을 심어준다. 카

---

9) Cassirer, *An Essay on Man*, New Haven : Yale University Press, 1944. 78-83쪽 참조.

10) 신화 및 신화적 사고의 특징과 관련한 논의는 신응철, 「카시러 문화철학에 나타난 신화관」, 『대동철학』 제7집, 대동철학회, 2000. 3, 「카시러의 인식 이론 고찰」, 『칸트 연구』 제7집, 한국칸트학회, 2001. 6, 『카시러의 문화철학』(한울아카데미, 2000) 제4장을 참조바람.

11) Cassirer, *MS*, 279쪽 참조.

시러는 이것을 신화의 정치철학으로의 침투라고 파악한다. 카시러가 볼 때, 현대 정치 사상의 발전에서 가장 중요하면서 가장 두려운 양상은 하나의 새로운 세력의 출현, 그러니까 신화적 사고를 바탕으로 하는 세력의 출현에 있다.[12] 그런 점에서 정치 제도들 가운데 몇몇의 경우에는 신화적 사고가 이성적 사고보다 우세하였다고 카시러는 확신하고 있다.

2) 20세기의 정치적 신화

(1) 칼라일의 영웅숭배론의 정치·사회적 의미

카시러는 20세기의 대표적인 정치 신화 가운데 하나로 칼라일의 영웅숭배론을 언급한다. 칼라일이 1840년 5월에 행한 강연 "영웅, 영웅 숭배 및 역사에서의 영웅적인 일에 관하여"[13]는 자신의 의도와는 관계없이 이후 국가사회주의, 즉 독일 나치즘의 이데올로기에 결정적으로 기여하게 되었다고 카시러는 판단한다.[14]

그렇다면 도대체 칼라일의 기본 입장은 무엇이었는가?

칼라일은 인간의 사회적 문화적 생활에서 가장 오래된 공고한 요소는 다름아닌 영웅 숭배라고 보았다. "영웅 숭배는 가장 고결하고 신에 가까운 형태의 사람에 대한 충성심으로부터 무한한 경배요 복종이며 열광이다. 그것은 바로 그리스도교 자체의 맹아가 아닌가?"[15] 칼라일은 이와 같은 생각에서 더 나아가

---

12) Cassirer, *MS*, 3쪽 참조.
13) Thomas Carlyle, *On Heroes, Hero Worship and the Heroic in History*, Oxford University University Press, London : Humphrey Milford, 1841, Reprinted, 1904, 1906, 1909, 1920, 1924, 1925, 1928(번역서 : 『영웅숭배론』, 박시인 역, 을유문화사, 1963).
14) Cassirer, *MS*, 190쪽 참조.

역사적 생활 전체를 위인들(영웅들)의 생활과 동일시하였다. 따라서 그의 관점에서는 위인들이 없으면 역사도 존재하지 않게 된다.

카시러는 칼라일의 영웅을 '변형된 성자', 다시 말하면 '세속화된 성자'로 파악한다. 그런 측면에서 칼라일에게 영웅은 '시인'일 수도 있고 '왕'일 수도 있으며 '문인'일 수도 있다. 어쨌든 이러한 현세적인 성자들이 없다면, 우리는 살 수가 없다고 한다. 여기서 문제가 되는 것은 과연 영웅은 무엇인가 하는 점이다. 이 문제에 대해서 칼라일은 즉답은 피하고 있으며, 다만 누가 위대한 영웅적인 사람들이었는가를 밝히고 있다고 카시러는 말한다. 말하자면, 카시러가 볼 때 칼라일의 영웅론에 대한 주장은 그 근거와 기준이 모호하다는 것이다.

칼라일의 영웅숭배론의 형이상학적 전제를 제공해준 이는 피히테라고 카시러는 파악한다. 18세기 철학자들은 철저한 개인주의자들이었고, 그들은 '이성의 평등'에 대한 그들의 맹신에서 인간의 '평등한 권리'라는 주장을 이끌어냈다. 그런데 피히테는 이성의 평등에 대한 주장을 한갓 주지주의적 편견(intellectualistic prejudice)으로 파악하였다.[16] 피히테는 이성이 실천 이성, 즉 도덕적 의지를 의미한다면, 그것은 결코 평등하게 분배되어 있지 않다고 말한다. 그것은 어디서나 발견될 수 있는 것이 아니라, 실제에서 소수의 위대한 인격 속에 집중되어 있다는 것이다. 이들이 다름아닌 영웅들이며, 인류 문화의 최초의 개척자들이라고 한다.[17] 피히테의 이러한 생각을 이어받고 있는 칼라일에 따르면, 영웅 숭배가 인간 본성 속에 있는 '근본적 본성'이

---

15) Cassirer, *MS*, 192쪽 참조.
16) Cassirer, *MS*, 215쪽 참조.
17) Cassirer, *MS*, 216쪽 참조.

며, 만일 이것이 전적으로 말살되면 인류를 절망에 빠뜨릴 것이라고 주장한다.[18]

현대의 파시즘 옹호론자들은 칼라일의 영웅숭배론과 관련하여 칼라일의 말들을 쉽게 정치적 무기로 전환시킬 수 있었다. 그래서 칼라일의 정치 이론은 그 근저에서 변장되고 변형된 캘빈주의라 할 수 있다고 카시러는 지적한다.[19] 참된 자발성은 선택된 소수의 사람을 위해서만 있다. 다른 사람들 그러니까 버림받은 대중은 이 선택된 자, 말하자면 통치자로 태어난 자들의 뜻에 복종하지 않을 수 없게 된 것이다.

그런데 여기서 카시러는 칼라일이 사용하는 '영웅주의'와 '리더십'의 개념이 현대의 파시즘 이론에서의 그것과는 분명한 차이가 있다고 말한다. 다시 말하자면, 칼라일에게는 참 영웅과 가짜 영웅을 쉽게 분간할 수 있는 두 가지 기준이 있는데, 그것을 '통찰력(insight)'과 '성실성(sincerity)'으로 꼽는다.[20] 칼라일은 큰 정치 투쟁에서 거짓말이 절대로 필요하지 않으며, 또한 이것이 정당한 무기가 될 수 없다는 사실을 말하고 있으며, 카시러는 이 점을 매우 긍정적으로 평가하고 있다.

또 다른 측면에서 카시러는 칼라일의 이론과 다른 유형의 영웅숭배론을 구별하고 있다. 칼라일이 영웅들에게서 가장 찬탄한 일은 '감정의 성실성'뿐만 아니라 '사상의 명석성'이다. 이 두 요소의 균형이 참 영웅의 두드러진 특징이 된다고 칼라일은 파악하였다.[21] 그리고 칼라일의 이론에서 영웅들의 성격을 이루는 것은 인간 속에 있는 모든 '생산적'이고 '건설적인' 힘의 매우 다행스러운 결합에 있다. 그리고 이 모든 힘들 가운데 '도덕

---

18) Cassirer, *MS*, 216쪽 참조.
19) Cassirer, *MS*, 193쪽 참조.
20) Cassirer, *MS*, 216쪽 참조.
21) Cassirer, *MS*, 217쪽 참조.

적 힘(moral force)'이 최고의 지위를 차지하며, 또 압도적인 역할을 맡는다. 칼라일의 철학에서 '도덕성(morality)'은 부인과 부정의 세력에 대한 긍정의 세력을 의미한다. 여기서 중요한 것은 긍정된 것보다도 오히려 긍정의 행위 자체 그리고 이러한 긍정의 행위의 강도다.[22]

바로 이러한 부분에서 카시러는 칼라일의 이론이 파시즘 옹호자들에 의해 그 원래의 중심적 주장과는 상당히 왜곡된 채 이해되었음을 지적하고 있는 것이다. 그렇기에 칼라일을 영국 제국주의의 아버지로 평가해버리는 어떤 견해들도 있지만, 카시러가 볼 때 중요한 사실은 바로 다음과 같은 점에 있다. 말하자면, 한 민족의 진정한 위대성은 '도덕적 생활'과 '지적 성취들의 강도 및 깊이'에 있지, '정치적 열망' 속에 있는 것이 아니라는 점이다.[23] 이러한 관점에서 카시러는 20세기 제국주의 및 국가주의와 칼라일의 영웅숭배론은 근본적인 차이가 있다는 사실을 밝히고 있다. 칼라일이 '힘은 정의다(Might makes right)'라고 말한 사실이 있다고 하더라도, 이때 '힘'이라는 말은, 물리적인 의미보다는 오히려 '도덕적' 의미로 이해되고 있다는 사실에 카시러는 주목한다. 그 점에서 영웅 숭배는 언제나 '도덕적 힘에 대한 숭배(the worship of a moral force)'를 의미하는 것이다. 칼라일이 가끔 인간의 본성에 대해 깊은 불신을 가지고 있는 듯이 보이지만, 사실은 '인간은 결코 자기 자신을 야수적인 힘에 전적으로 내맡기지 않고, 오히려 항상 도덕적 위대성에 내맡긴다'라고 말할 정도로 그는 인간성에 대해 신뢰하고 있으며 낙관적이었다고 카시러는 평가한다.[24] 비록

22) Cassirer, *MS*, 218쪽 참조.
23) Cassirer, *MS*, 222쪽 참조.
24) Cassirer, *MS*, 223쪽 참조.

칼라일의 영웅숭배론이 왜곡되어 적용되었지만, 중요한 것은 칼라일 사상의 본래적 취지와 뜻을 제대로 확인하자는 것이 카시러의 주된 입장이다.

(2) 고비노의 인종불평등론의 정치 · 사회적 의미

고비노의 인종불평등론의 핵심 내용은 의외로 단순하다. 인류의 여러 인종 가운데 '백인종'만이 문화적 생활을 건설하는 의지와 힘을 가진 '유일한' 인종이라는 주장이다.[25] 이 원리는 인종들간의 근본적 차이를 주장하는 그의 이론의 핵심 부분이다. 흑인종과 황인종은 아무런 생명도 아무런 의지도 그들 자신의 아무런 에너지도 가지고 있지 않다. 이들은 그 주인들의 수중에 있는 죽은 물질이요, 보다 높은 인종에 의하여 움직여지지 않으면 안 되는 무기력한 집단으로 파악되고 있다.

고비노는 "흑인종과 황인종은 거친 천이요, 무명이며, 양모에 지나지 않은 것으로서, 백인종이 이것 위에 그들 자신의 우아한 명주실을 짰다는 것은 아주 확실한 일이다"[26]라고 말한다. 이러한 관점에서 중국 문화조차도 중국인들이 만든 것이 아니라 인도에서 이주해온 외래 종족, 그러니까 중국을 침입해서 이를 정복하고 중앙 왕국과 중화 제국의 기초를 닦은 크샤트리아족(Kschattryas)의 소산이라는 것이다. 마찬가지로 아메리카 원주민들이 그들 자신의 노력으로 문명의 길을 찾을 수 있었다고 하는 것은 불가능한 가정이라는 것이다. 이러한 관점에서 "역사는 오직 백인종들과의 접촉에서만 생긴다(History springs only from contact of the white races)"[27]는 사실이 고비노 이

25) Cassirer, *MS*, 226쪽 참조.
26) Cassirer, *MS*, 227쪽 참조.
27) Cassirer, *MS*, 228쪽 참조.

론의 제1원리가 되었다.

그와 같은 맥락에서 고비노의 역사관은 숙명론적(fatalistic)[28] 이라고 할 수 있다. 그에 의하면 역사는 일정하고 냉혹한 법칙을 따른다. 우리는 사건의 진로를 변경시키기를 바랄 수 없다. 우리가 할 수 있는 것은, 말하자면 그것을 이해하고 받아들이는 것뿐이다. 그렇기 때문에 인류의 운명은 처음부터 '예정'되어 있다는 것이다. 인간의 그 어떤 노력도 이것을 돌이킬 수가 없고, 인간은 결국 자신의 '운명'을 바꿀 수 없다는 것이 고비노의 생각이다.[29]

고비노에게 인종은 역사적 세계의 유일한 주인이요, 지배자라는 것, 다른 모든 세력들은 그 심부름꾼이며 위성이라는 사실이다. 이 점을 그는 증명하려 했다고 카시러는 지적한다. 그렇기 때문에 고비노의 이론이 현대적 의미의 전체주의 국가 이데올로기로 오용될 소지는 있지만, 엄밀한 의미에서 고비노 이론의 핵심은 그와는 달랐다는 사실이다. 카시러가 볼 때, 고비노 이론에서 가장 중요한 요소는 '인종에 대한 찬미' 자체가 아니다. 자신의 조상, 가문, 혈통을 자랑스럽게 생각하는 것은 인간의 자연스러운 성격이다. 만일 그것이 편견이라면 그것은 매우 일반적인 편견에 지나지 않는다는 것이다.

카시러가 고비노에게서 발견하고 있는 중요한 사실은 첫째로 '다른 모든 가치를 파괴하려는 기도(an attempt to destroy all other values)'다.[30] 말하자면, 인종이라는 신(神)은 시기하는 신이다. 그는 자기 이외에 숭배될 다른 신들을 용납하지 않는다. 인종이 전부다. 다른 세력들은 아무것도 아니며, 독립적

28) Cassirer, *MS*, 225쪽 참조.
29) Cassirer, *MS*, 225쪽 참조.
30) Cassirer, *MS*, 232쪽 참조.

인 가치나 의미를 가지고 있지 못하다. 만일 인종 이외의 다른 것들이 어떤 힘을 가지고 있다면, 그것은 자율적인 힘이 아니라 전능한 존재인 인종이 이것들에게 위탁해놓은 것이다. 이러한 사실이 온갖 형태의 문화 생활, 즉 종교, 도덕, 철학, 미술, 국민과 국가 속에 나타나 있다는 것이다.

둘째로, 카시러가 볼 때 고비노에게는 18세기의 인본주의적(humanitarian) 이념과 평등주의적(equalitarian) 이념이 장애가 되었다. 이 이념들은 종교에 근거하기보다는 철학적 윤리학에 근거하고 있다. 카시러가 보기에 사실상 이 이념들은 칸트의 저서 속에서 가장 명료하게 체계적으로 기술되고 있다. 카시러는 칸트 저서에서의 핵심은 '자유(freedom)'의 이념인데, 또 자유는 '자율(autonomy)'을 의미한다. 이 이념은 도덕적 주체는 그가 자기 자신에게 주는 것 외의 다른 어떤 규칙에도 복종해서는 안 된다는 원리의 표현이다. 인간은 외부의 목적을 위해서 사용될 수 있는 수단에 불과한 것이 결코 아니다. 그는 그 자신 '목적의 왕국에서의 입법자(legislator in the realm of end)'다. 이것이야말로 그의 참 존엄성, 한갓 물리적인 모든 존재를 넘어서는 특권을 구성하는 것이다. 칸트에 따르면, "목적의 왕국에서는 모든 것이 값 혹은 존엄성을 가진다. … 한편, 모든 값을 초월하는 것, 따라서 맞바꿀 것이 도무지 없는 것은 그 어느 것이나 존엄성을 가지고 있다. … 그리하여 도덕성과 이것을 가질 수 있는 인간성(humanity)만이 존엄성을 가지고 있다."[31]

이 모든 것이 고비노에게는 전혀 알 수 없는 소리일 뿐만 아니라, 또한 한마디로 참을 수 없는 것이었다고 카시러는 평가한다. 그 이유는 이렇다. 존엄성(dignity)이란 개인적 우월성을

---

31) Kant, *Grundlegung zur Metaphysik der Sitten*, Sec. 2, "Werke" ed, E. Cassirer, Ⅳ, 293쪽 참조.

의미하는 것이며, 우리는 남을 열등한 존재로 내려다보지 않고서는 이 우월성을 의식할 수가 없다. 모든 위대한 문명과 모든 고귀한 인종에서 이것은 지배적 특성이었다고 고비노는 간주하고 있다. 따라서 고비노에게서 보편적 윤리의 기준과 가치를 찾는 일은 어리석은 것이었다. 그에게서 보편성이란 속악(俗惡. vulgarity)을 의미할 뿐이다.[32)]

셋째, 카시러가 볼 때, 고비노에게서는 인종의 본능(the instinct of the race)이 모든 철학적 이상과 형이상학적 체계보다 훨씬 우월하다. 우월한 인종들(예컨대, 아리안족)은 그들의 발아래 비굴하게 굽실거리는 다른 인종들과 자신을 비교함으로써만 그들이 어떤 존재며, 또 무슨 가치가 있는 존재인지를 알 수 있다고 고비노는 생각하였다. 그런 관점에서 볼 때, 칸트의 정언명법의 공식은 말 자체가 모순이 아닐 수 없다. 고비노가 볼 때, 그 격률, 그러니까 우리가 하고자 하는 것이 동시에 보편적 법칙이 되도록 하라는 격률은 불가능하다. 보편적 인간이 없는데 어떻게 보편적 법칙이 있을 수 있겠는가? 모든 경우에 타당할 것을 주장하는 칸트 식의 윤리적 격률은 어떤 경우에도 타당하지 않다. 누구에게나 적용되는 규칙은 아무에게도 적용되지 않는다. 그것은 인격적, 역사적 세계에서 대응하는 것이 하나도 없는 한갓 추상적인 공식이라는 것이다.[33)]

카시러가 고비노에 관한 논의를 통해서 확인하고 있는 사실 하나가 있다. 고비노 이론이 정치적으로 악용되어 인종주의(racism)와 국가주의(nationalism)로 이어지는 데 공헌한 것은 사실이지만, 고비노 이론 자체에서 본다면 결코 그는 국가주의자(nationalist)도 애국주의자(patriot)도 아니었다는 사실을 확인할 수 있다고

32) Cassirer, *MS*, 236쪽 참조.
33) Cassirer, *MS*, 236쪽 참조.

카시러는 지적한다.[34] 고비노에게서 애국심은 민주주의자들이나 선동자들에게 하나의 미덕일 수 있으나 자신과 같은 귀족주의자들의 미덕은 못 되며, 인종이 최고의 귀족주의라고 말한다.[35]

카시러는 지금까지 논의한 고비노와 칼라일의 사상을 일목요연하게 비교한다. 얼핏 보면, 이 두 사람의 정치적 경향은 매우 유사한 듯하지만 차이가 있고, 이들은 공통적으로 18세기의 정치적 이상들, 즉 자유(liberty), 평등(equality), 박애(fraternity)의 이상을 철저하게 반대하는 사람들로 카시러는 간주한다. 카시러는 칼라일의 영웅 숭배와 고비노의 인종 숭배 사이에는 근본적인 차이가 있다고 주장한다. 말하자면, 칼라일이 결합(connect)시키고 통일(unify)하려 한다면, 고비노는 분할(divide)하고 분리(separate)시킨다는 점에서 그렇다.[36]

칼라일에게서의 새로운 위인, 즉 종교적, 철학적, 문학적, 정치적 천재가 등장할 때마다 인류 역사의 새로운 장이 시작된다는 인상을 받는다고 카시러는 말한다. 말하자면 종교적 세계의 성격 전체가 마호메트나 루터의 출현으로 말미암아 완전히 바뀌었으며, 또 정치적 세계와 시의 세계가 크롬웰이나 단테, 셰익스피어에 의하여 혁신되었다. 새로운 영웅들은 모두 '신적 이념(Divine idea)'과 동일한 하나의 보이지 않는 큰 힘의 새로운 화신이다. 그런데 역사적 문화적 세계에 대한 고비노의 논의에서는 이러한 신적 이념이 사라져버렸다. 고비노가 볼 때, 위인들은 하늘로부터 오지 않는다. 그들의 온 힘은 땅에서 생겨난다. 그러니까 그들이 뿌리를 내리고 있는 출생지의 흙 속에서

---

34) Cassirer, *MS*, 239쪽 참조.
35) Cassirer, *MS*, 239쪽 참조.
36) Cassirer, *MS*, 243쪽 참조.

생기는 것이다. 그러므로 위인들의 최선의 성질들은 그들의 인종의 성질들이다.[37] 이러한 맥락에서 고비노는 존재론이 도덕에 앞서며, 또 어디까지나 도덕의 결정적 요인이라고 말한다. 즉, 한 인간이 '무엇을 하는가'가 아니라, 그가 '어떤 사람이냐'라는 사실이 그에게 도덕적 가치를 준다. 말하자면 인간은 잘 행동함으로써 선한 것이 아니라, 그가 선할 때 그러니까 잘 태어났을 때 잘 행동한다는 것이다.[38]

(3) 슈펭글러의 운명론의 정치 · 사회적 의미

카시러는 1918년 제1차 세계대전 종전 무렵에 발간된 슈펭글러의 『서구의 몰락』[39]을 현대의 정치적 신화의 전형적인 예로 설명하고 있다. 과연 어떤 요소들 때문인가? 슈펭글러에 의하면 문명의 발생과 몰락은 이른바 자연 법칙들에 의거하는 것이 아니다. 그것들은 하나의 보다 높은 힘, 곧 운명의 힘(the power of destination)에 의하여 결정된다. 인과율이 아니라 운명이 인류 역사의 추진력이다. 한 문화 세계의 탄생은 언제나 하나의 신비적 사건이자 운명의 명령이라고 슈펭글러는 말한다.

> 한 문화는 한 위대한 영혼이 언제까지나 어린애 같은 데가 있는 인류의 원시 정신에서 깨어나 무형한 것으로부터 하나의 형태를, 무제한적이고 영속적인 것으로부터 하나의 제한되고 가사적인(mortal) 것을 분리시키는 순간에 탄생한다. … 그것은 이 영혼이 여러 민족, 언어, 교리, 예술, 국가, 과학의 모습으로 그 모든 가능성의 총체를 실현하고, 원시 영혼으로 되돌아갈 때 사멸한다.[40]

---

37) Cassirer, *MS*, 230쪽 참조.
38) Cassirer, *MS*, 238쪽 참조.
39) Oswald Spengler, *Der Untergang des Abendlandes* (München : Beck, 1918).
40) Oswald Spengler, 같은 책, 106쪽 참조.

카시러는 슈펭글러의 『서구의 몰락』을 역사의 점성술(astrology of history), 말하자면 점쟁이의 저술이라고 혹평해버린다.[41] 왜 카시러는 유독 슈펭글러에 대해 강한 비난을 퍼붓는 것일까? 슈펭글러는 서양의 몰락을 말하였고, 다른 한편 독일 민족에 의한 세계 정복을 말하였다. 분명 두 가지는 서로 다른 것임에도 불구하고, 결과적으로 슈펭글러의 이 책은 독일 나치즘의 선구적 저서가 되어버렸다.

슈펭글러에게서 나타나는 '운명'의 관념은 세계의 거의 모든 신화에 공통으로 들어 있다고 카시러는 말한다. 운명의 관념에서 비롯되는 숙명론(fatalism)은 신화적 사고와 분리할 수 없는 것이다. 이러한 숙명론적이고 결정론적인 사고 방식이 정치와 문화 해석에 적용될 때,[42] 그 결과와 폐단을 우리는 미리 짐작할 수 있는 것이다.

카시러가 슈펭글러의 『서구의 몰락』에 나타나는 운명론적 사고 방식이 이후 하이데거의 『존재와 시간』[43]에도 그대로 스며들어 있다고 말한다. 슈펭글러의 책보다 9년 뒤에 출간된 하이데거의 이 책은 '실존철학'으로 전개되고 있다. 그런데 카시러가 볼 때, 실존철학은 객관적이고 보편적인 타당한 진리를 우리에게 준다고 주장하지 않는다. 이 '실존' 개념은 역사적 성격을 지니고 있다. 그것은 개인이 그 아래서 살고 있는 특별한 조건들과 결부되어 있다. 이 조건들을 변화시키는 것은 불가능하다. 카시러는 이러한 측면을 하이데거가 사용하는 '피투성(geworfenheit)' 개념에서 발견한다. 여기에서 필자는 하이데거

41) Cassirer, *MS*, 291쪽 참조.
42) 문화 해석에 대한 슈펭글러의 구체적인 입장에 대해서는 신응철, 「문화 해석의 두 입장 — 자유의지론과 문화결정론의 논쟁」, 『고전 해석학의 역사』, 한국해석학회, 철학과현실사, 2002. 10. 301-322쪽 참조바람.
43) Martin Heidegger, *Sein und Zeit*, Max Niemeyer Verlag Tübingen, 1927.

의 피투성 개념이 카시러의 이러한 지적을 받을 수 있는지의 여부, 실존 개념에 대한 두 사람의 견해 차이는 언급하지 않기로 하겠다.[44]

다만, 카시러가 볼 때, 시간의 흐름 속에 던져져 있다고 하는 이 '피투성' 개념이 우리 인간의 상황의 근본적이고 변경할 수 없는 특성인 것이다. 결국 우리는 이 흐름에서 빠져나올 수 없고, 또 그 흐름을 변환시킬 수도 없다. 우리는 우리의 실존의 역사 조건들을 받아들이지 않으면 안 된다. 다시 말하자면, 우리는 이 조건들을 '이해'하고 '해석'할 수는 있지만, 이것들을 '변화'시킬 수는 없는 일이다.[45]

카시러는 슈펭글러나 하이데거의 사상이 곧장 독일의 정치 이념의 발전과 직접적 관련을 가지고 있다고 단호하게 주장하지는 않지만, 그런 혐의를 지우지 않고 있는 것으로 보인다. 왜냐 하면 카시러는 이들의 사상이 '사변적인(speculative)' 의미보다는 매우 '현실적인(realistic)' 의미를 가지고 있었다고 평가하고 있기 때문이다.[46] 그것은 바로 이들 사상이 현대의 정치적 신화들에 항거할 수 있었던 세력들을 약화시키고 서서히 무너뜨렸기 때문이다. 우리의 문명의 몰락과 불가피한 파멸을 침울하게 예언하는 역사철학과 인간의 피투성을 인간의 주요 특징의 하나로 파악하는 실존철학은 인간의 문화 생활의 건설과 재건에 적극적으로 참여할 모든 희망을 단념하고 만 것이라고 카시러는 평가한다. 이러한 사상들은 정치 지도자들의 수중에서 다루기 쉬운 도구로 이용되고 말았다는 것이다.[47]

---

44) '실존' 개념과 관련된 카시러와 하이데거 사이의 논의는 신응철, 「카시러와 하이데거의 다보스 논쟁 다시 읽기」, 『철학논총』 제29집, 새한철학회, 2002. 7. 271-293쪽 참조바람.

45) Cassirer, *MS*, 293쪽 참조.

46) Cassirer, *MS*, 293쪽 참조.

4. 카시러 사회철학의 현재적 의의 : 정치적 신화의 성격 규명

지금까지 살펴본 카시러의 사회철학의 논의들이 현재 한국 사회에서 어느 정도로 의미를 지닐 수 있는지에 대해 잠깐 언급해보고자 한다.

첫째, 카시러의 논의에서 살펴볼 수 있는 현대의 정치적 신화들에 의한 생명의 의식화는 한 집단을 예컨대 그것이 국가든, 인종이든, 민족이든, 지역이든 간에 '정서적으로' (혹은 감정적으로) 결속을 다진다는 의미를 지니고 있다. 이는 현대 정치적 신화가 이성에 의해 결정된 '도덕적' 의사 공동체가 아닌 '정서적으로' 지배된 감정 공동체를 만들어내게 된다. 이러한 측면은 한국의 정치 상황에도 그대로 적용되고 있음을 쉽게 확인하게 된다. 대표적인 경우가 3김 정치로 대표되고 있는 한국의 현대 정치사는 그 밑바탕에 골 깊은 지역 감정 혹은 지역 정서를 은연중에 그러면서 강력하게 깔고 있는데, 이러한 현상은 바로 정치적 신화의 부산물이라고 할 수 있을 것이다.

둘째, 현대의 정치적 신화에서 나타나는 칼라일의 영웅숭배론은 거의 한 세기가 흘렀음에도 불구하고 그 모양만 달리할 뿐이지 실질적인 내용에서는 지금까지도 한국 사회에서 효능을 발휘하고 있다고 판단된다. 특히 한국 사회에서 대중 연예계 스타들, 스포츠 스타들에 대한 청소년들의 광적인 집착과 선호 그리고 찬양은 어떤 측면에서 칼라일 사상의 한국판 부활이라고까지 해도 지나치지 않을 것이다.

셋째, 위에서 논의되었던 고비노의 인종불평등론 또한 그야

---

47) Cassirer, *MS*, 293쪽 참조.

말로 한국 사회에는 더욱 교묘하게 정치 사회적으로 용인되고 있다고 할 수 있다. 또한 고비노 이론에서 특정 인종이 다른 여타의 인종들보다 우월하다고 논의되듯이, 한국 사회에서는 그 인종이 '학벌'이라는 이름으로 변장하여 활개치고 있다고 할 수 있다. 정부 조직상 고위 관료의 절대 다수가 특정 대학 출신들로 이루어져 있는 현실, 그리고 고등학교 교육의 최종 목표가 특정 대학으로의 진학에 맞추어져 있다는 것은 부끄러운 우리의 자화상임에 틀림없다. 이런 와중에 다행스러운 것은 안티학벌과 같은 대중적 모임이 활발히 전개되고, 이것이 여론의 폭넓은 지지를 얻어가고 있다는 점은 대단히 바람직한 현상이라고 여겨진다.

넷째, 현대의 정치적 신화는 역사의 숙명론적인 관점을 제시한다. 이러한 사고 방식에서는 역사적 시간은 운명적 고리로서 주어진다. 이는 비관론적 세계관을 제공할 가능성이 대단히 커지게 된다. 그렇게 된다면 개인 상호간에, 사회 전반에 걸쳐, 그리고 국가적으로도 불신 풍조를 더욱 조장하는 효과를 가져올 수가 있는 것이다. 결과적으로 사회의 기본적인 규범과 질서에 대한 회의적 태도가 확산될 것이고, 정치적으로는 대화와 타협에 의한 합리적 정치보다는 극단적인 힘에 의한 정치, 파벌 중심의 밀실 정치가 더욱 강하게 나타나게 될 것이다.

지금까지의 논의를 통해서 확인할 수 있는 사실은 인간 문화의 뿌리깊은 근원의 하나인 신화와 신화적 사고의 부정적인 측면이 오늘날에도 정치에 그대로 침투하고 활용되고 있는데, 문제는 그러면 어떻게 하면 이러한 상황이 변화될 수 있는가 하는 점이다.

카시러는 『국가의 신화』 마지막 부분에서 이 문제를 나름대로 모색하고 있다. 카시러는 베이컨의 입장을 제시함으로써 현대 정치적 신화의 본질을 밝혀내어야 한다고 주장한다.

> 베이컨은 "우리가 먼저 순종하지 않으면, 자연은 정복되지 않는다(Natura non vincitur nisi parendo)"라고 말한다. 이 말을 통해서 베이컨이 목표하는 바는, 인간으로 하여금 자연의 주인이 되게 하는 데 있다. 인간은 자연을 예속시키거나 노예화할 수 없다. 자연을 지배하려면 인간은 자연을 존경하지 않으면 안 된다. 인간은 먼저 자기 자신을 해방시키는 일에서 출발하지 않으면 안 된다. 즉, 그의 오류들과 착각들, 그의 인간적 괴벽과 망상에서 벗어나지 않으면 안 된다.[48]

우리는 카시러가 지시한 방식, 말하자면 정치에서의 신화의 기능을 제거하려는 베이컨 식의 방식이 결국은 서구 합리주의적 전통 그러니까 유럽 중심의 논의 관점에서 벗어나지 못하고 있다고 비판할 수도 있을 것이다. 그러나 현 단계에서 카시러가 제시하는 이러한 방향은 미온적이기는 해도 나름의 의미를 충분히 지니고 있다는 생각한다.

□ 참고 문헌

Carlyle, Thomas., *On Heroes, Hero Worship and the Heroic in History*, Oxford University Press, London : Humphrey Milford, 1841, Reprinted, 1928(『영웅숭배론』, 박시인 역, 을유문화사, 1963).

Cassirer, Ernst., *Philosophie der Symbolischen Formen*(1923),

---

48) Cassirer, *MS*, 294쪽 참조.

Wissenschaftliche Buchgesellschaft, Darmstadt, Reprint, 1973.

Cassirer, Ernst., *An Essay on Man*, New Haven : Yale University Press, 1944.

Cassirer, Ernst., *The Myth of the State*, New Haven and London : Yale University Press, 1946 (『국가의 신화』, 최명관 역, 서광사, 1988).

Heidegger, Martin., *Sein und Zeit*, Max Niemeyer Verlag Tübingen, 1927.

Kant, Immanuel., *Grundlegung zur Metaphysik der Sitten*, Sec.2, "Werke" ed, E.Cassirer, Ⅳ.

Krois, J. M., *Cassirer : Symbolic Forms and History*, Yale University Press, New Haven and London, 1987.

Spengler, Oswald., *Der Untergang des Abendlandes*, München : Beck, 1918.

신응철, 『카시러의 문화철학』, 한울아카데미, 2001.

신응철, 「카시러 문화철학에 나타난 신화관」, 『대동철학』 제7집, 대동철학회(2000. 3).

신응철, 「카시러의 인식 이론 고찰」, 『칸트와 현대 유럽철학』, 철학과현실사(2001. 6).

신응철, 「카시러와 하이데거의 다보스 논쟁 다시 읽기」, 『철학논총』 제29집, 새한철학회(2002. 7).

신응철, 「문화 해석의 두 입장 — 자유의지론과 문화결정론의 논쟁」, 『고전 해석학의 역사』, 한국해석학회, 철학과현실사(2002. 10).

파에촐트, 하이츠, 『카시러』(봉일원 역), 인간사랑(2000).

칸트 철학과 리요타르의 포스트모더니즘*

박 종 식

1. 머리말

9·11 테러 이후 미국의 일방주의에 대해 많은 사람들이 우려하고 있다. 미국의 모든 침략과 전쟁 행위는 정의와 평화의 이름으로 자행되고 있음에도 어느 나라도 미국의 행위에 대해서 드러내놓고 비판을 가할 능력이 없는 것 같다. 악의 축으로 지명된 나라들은 정의와 평화라는 미명의 테러 앞에서 불안에 떨고 있다. 모든 정의와 선은 미국이 독점하고 있으며, 미국의 편 아니면 테러의 편이라는 이분법이 공공연히 행해지고 있다. 그들은 자신들이 바로 절대적 정의와 선의 기준이라고 생각한다. 이러한 생각이 다름아니라 바로 아우슈비츠의 비극을 낳은 생각이다. 자신들만이 정의로우며 선하다는 독단적인 생각은 다양하고 이질적인 종류의 담론들을 억압하고 테러를 가한다.

* 이 논문은 제15회 한국철학자대회 한국칸트학회에서 발표한 논문임.

오직 자신의 행위만이 절대적이고 보편적이라는 생각의 바탕에는 하나의 유일한 진리와 정의가 존재한다는 근대적 이성의 기획이 놓여 있다. 전체성과 과학주의라는 근대적 이성의 기획 결과는 오늘날 포스트모던 시대에서는 폐기되거나 수정되어야 할 신화며, 우리가 지향해야 할 이념은 다양성과 이질성을 수용하고 옹호하는 것이다. 21세기 문화의 시대에는 다양성과 이질성이 핵심적 용어로 등장해야 한다. 이렇게 다양성과 이질성을 중시하는 포스트모던적 입장은 리요타르에 의해서 본격적으로 논의된다.

리요타르는 이성 능력들 사이의 넘을 수 없는 간격, 각 영역들간의 고유성, 각 영역들 사이의 공약 불가능성에 주목한다. 바로 이런 점에서 리요타르는 칸트를 포스트모던의 선구자로 간주한다. 이성의 삼분설은 전통적인 지, 정, 의 삼분설에 상응한다. 이런 삼분설을 철학적으로 철저히 이론화시킨 것이 바로 칸트다. 이성의 각 영역들 사이를 연결할 수 있는 다리는 없다는 것이 칸트의 주장이다. 이것은 과학의 영역으로부터 윤리와 미학의 영역을 구제한 것이며, 과학절대주의를 거부한 것이다. 과학적 합리성은 오직 과학 자신의 영역 안에서만 정당성을 지닐 뿐, 다른 영역에까지 과학의 정당성을 주장하는 것은 과학의 월권이다. 즉, 과학의 명제만이 의미를 지니며, 윤리적, 미학적 언명은 단지 감정의 표현일 뿐이므로 무의미하다는 논리실증주의의 논리를 칸트는 철저히 배격한다. 그는 윤리학, 미학 영역의 고유한 합리성을 인정하며, 이 합리성은 과학의 합리성과는 이질적이라고 한다. 이것이 바로 칸트의 공헌이다.

우리는 포스트모던의 논쟁적인 저작인 『포스트모던적 조건』의 기본적 입장을 살펴본 후 이를 바탕으로 칸트의 『판단력비판』의 숭고 개념과 그것에 대한 리요타르의 해석을 다룰 것이다. 취미 판단과 숭고미의 구분을 통해서 숭고가 지닌 포스트모던적 성격을 드러내고, 그렇게 함으로써 이성 능력들 사이의 차이와 이질성을 주장하는 리요타르의 칸트 해석이 오늘날의 이성중심주의의 문제를 해결하는 실마리가 될 수 있는지, 리요타르의 칸트 해석이 정당한지, 각 담론 영역들이 과연 공약 불가능한지를 살펴볼 것이다.

2. 포스트모던의 조건

리요타르의 기본적 입장은 모던적 이성이란, 즉 총체성에 중심을 둔 사고란 아우슈비츠(Auschwitz)와 스탈린주의로 대변되는 전체주의의 뿌리라고 본다. 따라서 그는 어떤 형태의 총체성도 받아들이려고 하지 않으며, 동일성, 총체성이 뿌리를 둔 사고를 해체하려고 한다.[1] 일반적으로 '모던'이란 서양의 계몽주의적 전통, 이성중심주의적 태도를 말한다. 이는 인간 주체와 이성을 세계의 중심에 두고, 이성에 의해 세계와 그 본질을 완전하게 인식할 수 있고, 이를 통해 이성적 사회를 건설해서 자연과 억압적 사회 제도로부터 해방된다는 믿음을 지닌다. '포스트모던'은 이런 계몽주의, 이성중심주의에 대해 전면적으로 거부한다. 포스트모던은 근대의 기초가 된 인간 주체, 이성, 역사의 진보 등이 모두 신화에 불과하며, 실제로는 이성이 인간을 해방시키는 것이 아니라 억압해왔다고 주장한다. 아우슈비츠로 상징되는 사건들은 계몽의 이상에 심각한 문제가 있음을 드러낸 사건이며, 모더니즘의 기획은 이제 청산 대상이 될 운명에

1) 양운덕, 「리요타르의 포스트모던 철학」, 『헤겔에서 리요타르까지』, 지성의 샘, 1994. 241쪽.

처해 있다.

그러나 비판가들은 포스트모더니즘을 전염병(die Seuche des Postmodernismus)으로 취급하며, 이 전염병은 중심도 잃고 오직 편향성이 지배하는 곳에서 창궐한다고 비난한다. 즉, 포스트모던이 사회를 구상하는 방식의 특징은 다양화와 파편화라는 것이다.[2] 이런 비판은 리요타르의 테제인 메타 이야기들(Meta-Erzählungen)에 대한 불신에 근거한다. 리요타르는 한 시대의 모든 이론적, 실천적 태도를 포괄하는 주도적 이념 형식인 메타 이야기는 포스트모던 시대에는 더 이상 보편적 구속성과 정당화의 힘을 상실했으며 낡은 것이 되었다는 것이다.[3] 메타 이야기에는 다수를 포괄하고 이것들을 한 가지 목표로 추동할 수 있는 총체적 해석의 가능성을 믿는 정신의 목적론에 관한 헤겔의 철학이 속한다. 헤겔의 사상은 통일성 사유의 정점이었으며, 포스트모더니즘은 바로 이런 사유에 반대한다. 포스트모더니즘은 바로 헤겔 이후의 사유 발전의 필연적 귀결점이자 정점이다.[4] 헤겔의 입장은 전체만이 진리일 수 있다는 것이며, 차이를 배제하지 않는 통일성, 즉 통일성을 통일성과 차이성의 통일성으로 파악한다. 정신은 단지 차이를 절대적으로 제어하기 위해 요구되는 만큼만 차이를 인정한다. 차이가 나타내는 저항은 정신의 자기 전개를 위한 매개물일 뿐이다. 모든 차이는 동일한 하나가 여러 다양한 모습으로 등장하는 것에 불과하다. 통일성이 모든 것의 핵심이며, 차이는 다만 통일성의 자극적인 안정제일 뿐이다.[5]

---

2) Welsch, W., Unsere postmoderne Moderne, Berlin : Akademie Verlag, 1997. S.169(『우리의 포스트모던적 조건』, 박민수 역, 책세상, 2001).

3) 리요타르, 『포스트모던적 조건』, 이현복 역, 서광사, 1992. 14쪽(이후 "『조건』"으로 표기함. 쪽수는 번역판 쪽수를 나타냄).

4) Welsch, S.173.

헤겔 이전에 이미 근대 철학의 통일성의 강압에 저항했던 인물이 칸트다. 그는 서로 상이한 합리성 유형들, 즉 인식적, 도덕적, 미적 합리성 유형들의 불연속성을 드러냈고, 이를 견지했다. 이성은 점점 더 다양하고 이질적인 형태로 등장한다. 이 다양한 형식들을 하나로 연결하기는 어려우며 그것들을 하나로 묶어내려는 시도는 수포로 돌아간다. 칸트에게서 총체화에 저항하는 결정적인 기본 모티브를 포착할 수 있다.[6] 칸트는 이성이 지닌 한계를 인정하고 이성의 월권을 경계한다. 인간 이성의 유한성을 주장하면서 신적 이성의 존재를 거부한다. 인간 이성이 자신의 한계를 넘어 전체성 또는 무제약자를 파악하고자 한다면 이런 시도는 선험적 가상에 빠질 수밖에 없다. 총체성과 무제약자에 대한 욕망은 이성 자신을 파멸시키는 것이다.

이처럼 칸트는 전체성에 대한 인식 불가능성을 주장하지만, 칸트 이후의 철학적 흐름은 전체성에 대한 인식 가능성을 주장한다. 오늘날 전체성에 대한 부정을 전체성의 상실이라고 슬퍼하는 한 우리는 여전히 모던에서 살고 있는 것이며, 전체성의 소멸을 긍정적으로 인식할 때 비로소 우리는 포스트모던으로 이행한다. 다원성에 대해 개방적인 전망을 취할 때 다양성은 근본적으로 긍정적인 내용을 갖게 된다. 포스트모던은 통일성(Einheit)을 단지 잠재적으로만 인지할 뿐이다. 통일성과 다원성은 대립적인 것이 아니며, 통일성은 자신의 특수성(Spezifität)을 인정할 수 있어야 한다. 그때 비로소 통일성과 특수성은 양립할 수 있으며, 이런 일은 다원성의 토대 위에서만 일어날 수 있다.[7] 결국 전체성과 결별하고(der Abschied vom Ganze) 다원

---

5) Welsch, S.174.
6) Welsch, S.175.
7) Welsch, S.177.

성으로 이행하는 것(der Übergang zu Pluralität), 이것이 『포스트모던적 조건』에서 기획되고 선전된 구상의 주도 모티브다.[8] 전체성과 총체성은 어떤 부분적인 것을 절대화하는 과정에서만 생겨나는 것이며, 이때 다른 부분적 요소들은 억압의 희생물이 될 수밖에 없다. 포스트모던의 역사적인 계기는, 일방적인 절대성 선언과 배타성으로부터 생겨난 억압이다.[9] 차이와 다원성을 원칙적으로 인정하는 것이 바로 포스트모던의 입장이다.

모던을 옹호하는 사람들은 이런 주장에 대해서 다음과 같이 논박한다. 전체성의 명령과 총체성을 극복했다고 주장하는 포스트모더니즘 역시 그 자체가 이미 전체성의 명령이며, 포스트모더니즘도 총체화를 감행하고 있다. 통일의 지령이 아니라, 다원성의 지령이 내려지고 있으며, 수학적 보편 과학의 독재가 아니라 다양성의 독재가 감행되고 있다고 한다. 그러나 사실상 포스트모던적 다원론은 배타성을 지닌 총체성의 입장을 뛰어넘는다. 포스트모던이 총체화를 금지하는 것은 총체화 명령과 같은 차원이 아니다. 포스트모던적 다원론은 내용적 입장이 아니라 '형식적' 입장이며, 이는 모든 내용적 입장과 고루 결합될 수 있다. 이런 내용적 입장들에 대하여 형식의 전환을 요구하는 것이다. 내용적 입장들로 하여금 자신의 제한적 특수성을 깨닫고 다른 입장들의 가능성과 정당성에 주목하여, 배타성의 광기에서 탈피하게 한다. 이런 포스트모던 입장은 역사적 동기에 의해 형성된 것이며 아주 정당한 입장이다.[10]

리요타르는 『포스트모던적 조건』에서 후기 산업 사회에서 지식의 위상에 대한 연구를 통해 자신의 견해를 정당화한다.

---

8) Welsch, S.178.
9) Welsch, S.181.
10) Welsch, S.182.

그는 새로운 정보 테크놀로지의 영향을 받아 지식은 어떠한 형태로 변화할 것인지를 탐구한다. 이 책은 이후 포스트모더니즘에 관한 철학적 논쟁의 출발점이 되었다. 그는 계몽주의와 이성중심주의에 바탕한 주체와 지식의 정당성에 관해서 비판적으로 검토한다. 리요타르는 현대화를 지식의 관점에서 '사회의 정보화'로 규정하고, 정보 사회의 특징을 언어의 보편화와 보편적 언어를 통한 전체화로 분석한다. 후기 산업 사회에서는 영토와 자원이 아니라 정보의 지배에 의해서 권력이 결정된다.[11] 따라서 모든 지식은 그 축적이 가능하도록 통일적인 언어 체계와 호환성을 갖추어야 한다. 동시에 무엇이 지식으로 타당한지를 결정할 수 있는 규범적 토대를 장악해야 한다. 따라서 정보화는 지식의 정당화 과정인 것이다. 정당화란 입법자가 특정한 법률을 보편타당한 규범으로 설정할 수 있는 권위를 부여받는 절차를 의미한다.

사회의 정보화는 지식의 규범적 토대를 설정하는, 즉 지식을 정당화하는 커다란 이야기다. 그러나 리요타르는 거대한 이야기, 메타 이야기에 대한 불신에 의해서 이제는 메타 이야기들의 정당화의 힘이 사라졌다고 한다. 즉, 메타 이야기에 대한 회의가 후기 산업 사회에서 '포스트모던적' 조건이라는 것이다. 메타 이야기는 서구 문명을 지지해주는 선험적, 보편적 진리로서, 서구 문명에 대한 객관적 합리화를 제공하는 기능을 한다.[12] 그런데 이 메타 이야기의 불신, 죽음은 서구 문명의 합리화, 정당화가 사라졌다는 것을 의미한다. 세계의 정보화를 가능하게 하는 것은 근본적으로 헤겔 논리학이다. 헤겔은 지식이란

---

11) 『조건』, 22쪽.
12) 최병길, 「리요타르의 포스트모던 숭고론」, 『역사와 사회』 제25집, 국제문화학회, 2000년 12월. 10쪽.

본질적으로 통일된 형식을 가지고 있으며, 이 통일성은 지식을 가능하게 하는 정신의 메타 이론에 의해 정당화된다는 것을 체계화하였다. 헤겔의 전체성의 철학은 이성 중심적이며 역사 발전을 신뢰하는 대표적인 커다란 이야기다. 헤겔의 철학은 전체적이고 통일적인 사유를 대변한다.[13] 메타 이야기의 하나인 역사와 발전에 대한 사변적인 태도는 결국 현실에 존재하는 차이와 모순을 근본적으로 인정하지 않는다. 다양한 경험적 담론들을 통일적으로 정당화하는 주체는 메타 주체일 뿐이다.

그러나 실천적인 주체가 인식의 분야, 사회의 분야, 정치의 분야에서 표현되는 다양한 언어 유희들을 결코 하나의 메타 담론으로 통일화하거나 전체화할 수 없다. 전체성의 상실과 다양성으로의 이행은 지식이라는 단어의 의미가 변화되었다는 사실을 전제로 한다. 즉, 지식은 이미 알고 있는 사실을 산출하는 것이 아니라 아직 모르는 사실을 생산하는 것이다. 자연과 세계에 대한 현대적 지식이 주체의 선험적 자기 인식에 불과하다면, 주체는 바로 지식의 요건을 선험적으로 규정하는 담론 체계인 것이다. 주체의 상실은 이러한 의미에서 지식과 인식의 선험적 토대의 붕괴를 뜻한다. 전통 형이상학에서는 지식이란 우리에게 이미 선험적으로 알려진 것을 명료화하는 것에 불과하다. 아직 알려지지 않은 것을 생산하는 포스트모던적 지식은 서양 형이상학의 이성중심주의와 결별하는 것이다. 따라서 이성, 주체중심주의와 전체화가 탈정당화된 후기 산업 사회에서 지식은 이제 합의보다는 불일치에 주목해야 한다.

리요타르는 포스트모던적 지식의 형태에 내재하고 있는 정당화의 모델을 규명하기 위해 우선 과학적 지식과 서술적 지식

---

13) 이진우, 「장 프랑수아 리요타르 : 탈현대성의 철학」, 『포스트모더니즘과 포스트구조주의』, 현암사, 1997. 226쪽.

의 불일치를 확인한다. 그는 정당성에 대한 물음으로 시작되는 과학적 지식과 그 자체가 정당화의 과정인 서술적 지식 사이에는 서로 환원될 수 없는 공약 불가능성이 존재한다고 말한다. 과학적 지식은 언제나 과학적 지식이 아닌 것, 즉 서술적 이야기와의 구분을 통해서 정당화된다는 점에서 두 언어 유희 사이의 공약 불가능성이 스스로 증명된 셈이다. 메타 주체와 메타 언어를 배제하고 과학적 지식의 타당성을 전문가 집단의 합의로 축소시킨 오늘날의 정보 사회는 결국 합의 모델의 붕괴를 가져온다. 포스트모던 철학은 바로 다양한 체계들 사이의 차이를 사유의 대상으로 삼는다.

포스트모던적 체계는 열려진 체계의 모델을 전제로 한다. 이 체계는 새로운 이념들을 발전시키고 다른 언명 체계와 언어 유희의 다른 규칙들을 생산하는 체계다. 포스트모던적 지식의 목표는 근본적으로 합의가 아니라 불일치다. 따라서 보편적으로 타당한 메타 규칙에 관하여 합의하는 것을 불가능하다고 리요타르는 본다. 이런 관점에서 논증을 통해 보편적 합의를 도출하고자 하는 하버마스의 의사 소통 이론은 정면에서 거부된다. 전체성의 해체와 다원성으로의 이행인 포스트모던 사회에서는 합의는 낡고 전체주의라는 의혹을 지울 수 없는 가치에 불과하기 때문이다. 포스트모던의 핵심적인 동기는 다양한 언어 유희들 사이의 공약 불가능성과 '서술할 수 없는 것'이 있다는 것이다. 인간이 자기 자신을 완전히 인식할 수 있다는 계몽주의는 유한한 인간의 자기 착각으로 폭로된다. 완전한 자기 인식과 지시 체계의 완전성을 포기한 포스트모던적 지식은 이런 의미에서 인간에게 고유한 유한성을 인정한다.

리요타르는 이제 메타 이야기의 기능은 이제 서술적 언어뿐만 아니라 지시적, 규범적, 기술적 언어의 요소로 형성된 구름

속으로 분산되며, 그 각각은 고유한 화용론적 가치를 지닌다고 한다. 수많은 언어 게임들의 이질성이 존재한다. 이것들은 단지 국지적 결정론을 제공할 뿐이다. 그럼에도 메타 이야기들은 여전히 요소들의 공약 가능성 및 전체의 결정 가능성 논리에 따라서 투입-산출의 도식을 토대로 해서 저 사회적 구름을 통제하고자 한다.14) 과학적 진리와 사회적 정의에 대한 정당화는 체계 수행의 극대화, 즉 효율성에 근거한다. 이 기준을 우리의 모든 게임에 적용할 때, 반드시 어떤 테러가 초래된다. 공약 가능하지 않은 것들은 사라져야 할 운명에 처해 있다.15)

메타 이야기가 사라진 후 정당성은 작동성(opérativité)이라는 기술 공학적 기준에 근거하기 때문에 진리와 정의를 판단하는 데는 적절하지 않다. 왜냐 하면 다양한 이질적인 담론 영역의 고유성을 하나의 기준으로 재단하기 때문이다. 이런 측면에서 하버마스가 말하는 담론 영역들 사이의 합의란 언어 게임의 이질성과 다양성을 침해하고 파괴하는 역할을 수행하는 것이다. 오히려 창조는 항상 이의(dissentiment) 속에서 생겨나며, 포스트모던적 지식은 차이에 대한 우리의 감수성을 세련시키고 불가 공약적인 것에 대한 우리의 인내력을 강화시킨다. 그 지식은 전문가들의 일치(homologie)가 아니라 창안가들의 불일치(paralogie) 속에 근거를 두고 있다.16)

모던적 지식의 전형인 과학은 스스로 자신의 정당성을 획득할 수 없다. 그러므로 과학은 보다 광범한 철학이라는 정당화 담론을 필요로 한다. 그런데 모던적 지식의 체계화인 과학적 담론은 다른 다양한 이야기 지식들을 우화나 질 낮은 지식으로

14) 『조건』, 15쪽.
15) 『조건』, 15쪽.
16) 『조건』, 15쪽.

간주한다. 그러나 과학 지식의 우월한 지위는 결코 정당화될 수 없다. 과학 지식은 오히려 자신의 정당성을 자신 이외의 메타 이야기에 의존하고 있으며, 이 메타 담론은 이제 진부한 것으로 드러나서 폐기되어야 할 시점에 이르렀다. 과학 지식의 담론에 우월한 위치를 부여하는 것은 다른 담론 영역들을 억압하는 것이 된다. 왜냐 하면 각각의 영역에는 그 영역에 적합한 합리성이 존재하기 때문에, 하나의 유일한 지식이라는 주장은 다른 종류의 지식 영역을 부정하는 것이 된다. 각 담론 종류들의 우월한 위치를 결정할 메타 규칙이나 상위 규칙이 없기 때문에 서로를 이질적인 것으로 인정해야 한다. 메타 규칙(최고 원리, 신, 왕, 최후의 심판 또는 상위 담론)이 없다는 것이 리요타르 구상과 모스트모더니즘 일반의 핵심적 주장이다.[17] 따라서 과학적 지식은 지식의 총체가 아니다. 과학은 이야기라는 다른 종류의 지식과 항상 갈등적, 경합적 관계에 있다.[18]

그런데 후기 산업 사회에서 기계 공학적 변화와 더불어서 지식의 본질이 변하며, 지식은 정보량으로 번역될 수 있을 때만 활용될 수 있다. 정보 단위는 비트(bit)다. 기존의 지식 중에서 이와 같이 번역될 수 없는 것은 모두 폐기될 것이며, 새로운 연구 방향은 결과들이 기계 언어로 번역될 수 있다는 조건에 따라야 한다고 예상된다. 지식의 사용자나 생산자는 지식을 이런 언어로 번역하는 수단을 지녀야 한다. 이것이 바로 어느 진술이 지식에 속하는 것인지를 결정하는 일련의 규정이다.[19] 지식의 공급자 및 사용자가 지식에 대해 가지는 관계는, 상품의 생산자 및 소비자가 상품에 대해 갖는 관계와 같은 형태, 즉 가치

17) Welsch, S.232.
18) 『조건』, 26쪽.
19) 『조건』, 20쪽.

형태를 지닐 것이다. 지식은 팔리기 위해 생산되며, 또한 새로운 생산에서 더 높은 가치를 부여받기 위해 소비된다. 이 두 경우에서 지식은 교환되기 위해 생산, 소비된다. 지식은 자신의 고유한 목적을 포기하고 사용 가치를 상실한다.[20]

오늘날 과학은 지배 권력에 철저히 종속되어 있다. 과학적 진리의 현실적 위상을 검토하면서, 이중적 정당화에 대한 물음은 더욱 심도 깊게 제기된다. 이 물음은 지식과 권력이 동일한 물음의 두 측면임을 명확히 하는 전도된 형태 속에서 제기되기 때문이다. 지식이 무엇인지를 누가 결정하는가? 그리고 무엇을 결정해야 하는지를 누가 알고 있는가? 정보 시대에서 지식에 관한 물음은 지배에 관한 물음이다.[21] 이런 정보 사회의 지식의 억압을 벗어나기 위해서 우리는 해방에 대한 기획을 하는 거대한 이야기를 제시하는 것이 아니라, "기억 장치와 자료 은행을 대중에게 개방하라"고[22] 주장한다. 지식의 생산이 인간을 억압하기 위해 사용되는 것을 막을 수 있는 길은 그뿐이다. 왜냐 하면 지식 생산의 대부분을 차지하고 있는 과학적 연구를 권력이 지배하고 있으며, 과학을 통제한다는 것은 곧 돈을 가지고 있다는 것이며, 이는 지식을 통제하고 있다는 것이다. 따라서 "돈 없이는 증명, 진술의 검증, 진리도 없다. 과학적 언어 게임은 재력가들의 게임이 될 것이며, 이 경우 가장 부유한 자가 옳을 수 있는 기회를 가장 많이 가진다."[23] 이런 행위들은 이제 진리를 위한 것이 아니라 권력을 확장하기 위한 것이다.[24] 결국 '이것이 맞습니까?'가 아니라 '이것은 쓸모가 있습니까?' '이것

---

20) 『조건』, 21쪽.
21) 『조건』, 28쪽.
22) 『조건』, 144쪽.
23) 『조건』, 103쪽.
24) 『조건』, 105쪽.

은 팔 수 있습니까?'라는 것이 가장 중요한 물음이 된다.[25]

여기에 저항하기 위해서 리요타르는 '포스트모던적 저항의 정치'를 제시한다. 지금의 후기 산업 사회는 스스로를 강화시키는 동시에 해체시킬 잠재력을 포함하고 있기 때문이다. 급격한 지식의 증대는 지식을 다룰 수 있는 조작 기술을 필연적으로 개방할 수밖에 없다고 본다. 또한 포스트모던 사회는 수행의 극대화 및 효율성 증대의 신화를 유지, 발전시키기 위해서는 또한 창의성과 다양한 지식들의 교류를 인정해야만 한다고 본다.[26] 따라서 리요타르는 참과 거짓을 문제삼는 인지적 담론, 정의와 불의의 문제인 정치적 담론, 선악의 문제인 윤리적 담론, 미와 추의 문제인 미학적 담론은 각각 상이한 규칙 체계에 종속되며, 상호 이질적이라고 한다.[27] 칸트의 이론 이성과 실천 이성의 영역이 완전히 상이한 것처럼, 각각의 규칙 체계가 만족시켜야 할 선천적 조건이 다르다. 그러므로 하나의 절대적 이성 혹은 하나의 담론만을 고집하는 것은 '초월적 환상(칸트)' 혹은 '문법적 환상(비트겐슈타인)'에 근거한 이데올로기에 불과하다.[28]

칸트의 인식 이론과 미적 판단력에 대한 주장 사이의 연결을 검사할 때 직면하는 일차적 임무는 능력들의 조화 원리를 명백하게 밝히는 것이다. 능력들의 조화를 올바로 이해해야만 칸트 미학 이론의 장점과 반성에 대한 인식론적 중요성을 옹호할 수 있다.[29] 칸트는 각 이성 능력들이 구분되지만 조화될 수 있다

25) 『조건』, 115쪽.
26) 『조건』, 117쪽.
27) 『조건』, 14쪽, 30쪽.
28) 리요타르, 「비트겐슈타인, 이후」, 『지식인의 종언』, 이현복 역, 문예출판사, 1999. 73-74쪽.
29) Fred L. Rush, Jr., Lawrence, The Harmony of the Faculties, *Kant-Studien*, 2001, Heft 1. p.38.

고 본다. 그러나 리요타르는 여기서 이성은 하나의 이성이 아니라 이론적, 실천적, 미학적 이성 등 다수의 이성이 존재하며, 그 각각의 영역은 이질적이라고 주장한다. 그는 칸트의 상이한 이성을 공약 불가능한 영역으로 간주한다. 리요타르는 『포스트모던적 조건』에서 각 담론 장르들 간의 이질성과 공약 불가능성을, 즉 과학적 담론과 도덕적 담론과 미학적 담론 등의 영역의 차이성을 강조한다. 그들은 서로 이질적인 언어 게임이다. 특정한 하나의 상위 담론을 전제하고 다른 담론들을 평가하거나 그 담론들의 질서에 개입하는 것은 한 담론 영역의 독자성을 없애는 것이다. 진에서 선으로, 선에서 미로의 이행은 전혀 불가능하다. 따라서 각각의 언어 게임의 고유성을 인정해주어야 한다. 담론 장르들간의 연쇄는 폭력 없이는 불가능하다는 것이다. 따라서 리요타르는 분쟁을 확인하고 그것을 존중하며, 이질적인 문장 가족들에 고유한 공약 불가능성을 확립하고, 현존하는 언어로 표현할 수 없는 것을 위해서 기존 언어와는 다른 언어를 발견하는 것만이 오늘날의 문제를 해결할 수 있다고 본다. 이것이 바로 『분쟁』에서 요구한 리요타르의 근본 입장이다.

칸트는 다양한 이성의 공존 가능성과 상호 이행 가능성을 주장했기 때문에 비판받는다. 칸트는 각각의 이성 영역의 차이는 비판 철학의 시초며, 결국에는 각 이성 영역의 이질성을 넘어서 이성 영역들의 공약 가능성과 상호 이행 가능성 및 상호 작용을 강조한다. 리요타르는 칸트의 이런 시도가 오늘날의 분열의 '사건'을 심하게 약화시킨다고 본다. 지시적 게임, 규범적 게임, 기술적 게임은 서로 공약 불가능하기 때문에[30] 이질적인 언어 게임들로 분열되는 것은 피할 수 없는 포스트모던 사회의 요청이다. 이런 분열과 이질성은 극복될 수 없으며, 각각의 이

30) 『조건』, 105쪽.

성의, 언어 게임의 상이성과 이질성이라는 심연을 연결시키는 다리는 존재하지 않는다. 따라서 분열은 진리에, 결합은 비진리에 속한다. 리요타르는 나아가 일치에 의한 정당화를 거부하고 불일치에 의한 정당화의 가능성을 모색한다.[31] 리요타르는 하버마스의 보편적 합의 이론의 문제점으로 첫째로 모든 화자는 모든 언어 게임에서 보편 타당한 규칙들 또는 메타 규범에 대해 일치할 수 있다는 것과, 둘째로 대화의 목표가 합의라는 가정을 지적한다. 왜냐 하면 모든 언어 게임을 이질적이기 때문에, 메타 규칙이나 규범이란 존재할 수 없으며, 또한 합의는 단지 토론의 한 우연한 한 상태에 불과하지 결코 목표가 될 수 없기 때문이다. 오히려 토론의 진정한 목표는 불일치, 즉 불일치를 인정하고 존중하는 것이다.[32] 하버마스의 명분은 훌륭하지만 논증은 그렇지 못하다고 비판한다. 우리의 행동 방향은 이질성과 차이성에 대한 모든 억압에 저항하는 것이다. 이런 철학적 모티브를 리요타르는 칸트 철학에서 도출해낸다. 그러나 칸트가 이성 영역들간의 화해를 시도하는 것에 대해서는, 비록 그것이 주관적인 것이라고 하더라도 비판적 입장을 취한다. 리요타르는 이성의 체계화가 아니라 이성의 이질성을 강조하는 것이 칸트 철학을 올바로 해석하는 것이라고 한다.

3. 칸트의 취미 판단과 숭고미

리요타르는 칸트의 미학을 포스트모더니즘의 선구로 간주한다. 『판단력비판』은 미의 본질이 무엇인가를 다루는 것이 아니

31) 『조건』, 133쪽.
32) 『조건』, 142-143쪽.

라 미를 판정하는 능력, 즉 취미 판단(Geschmacksurteil)을 다루는 것이다. 칸트는 인식론에서는 '경험의 사실'로부터, 윤리학에서는 '도덕의 사실'로부터 출발하듯이, 미학에서는 '아름다움의 사실' 또는 '취미 판단의 사실'에서 출발한다. 즉, 아름답다는 판단이 우리에게 이미 '사실'로서 주어져 있다. 따라서 아름다움이 어떻게 가능한가를 밝히고자 한다. 칸트는 자연과 자유 사이에 놓인 간격을 연결시킬 수 있는 매개로서 판단력, 특히 '반성적 판단력'을 도입한다.[33] 자연 개념들은 오성의 입법 능력 위에, 자유 개념들은 이성의 입법 능력 위에 기초하고 있다. 그런데 오성과 이성 능력의 중간 항이 판단력이다. 판단력은 특수를 보편 아래로 포섭하는 사유의 능력이다. 이론 이성의 규정적 판단력과는 달리, 단지 특수만이 주어져 있을 때 이 특수에 적합한 보편을 발견할 수 있는 능력이 반성적 판단력이다. 우리는 반성적 판단력을 통해서 자연을 합목적성이라는 보편적 원리에 따라서 하나의 체계로서 표상하며, 여기서 자연미는 우리에게 자연의 법칙과는 구별되는, 자연의 기교를 보여준다 (KU, 77).

규정적 판단력에서는 구상력이 오성에 따르는 일(Geschäft)을 하는 데 비해서 반성적 판단력에서는 구상력은 대상의 다양한 형식을 하나의 상으로 형성하지만, 주어진 오성 개념에 포섭되지 않기 때문에 자유로운 유희(Spiel)를 한다고 말한다 (KU, 116). 즉, 대상의 형식들을 통해서 비규정적인 법칙을 발견하는 것은 일이 아니라 즐거운 유희다. 다양한 대상 형식들이 비규정적인 법칙과 일치된다고 느낄 때, 미적 쾌감이 발생한다. 이와 같이 구상력과 오성이라는 인식 능력의 자유로운

---

33) Kant, *Kritik der Urteilskraft*, Felix Meiner, 1974. IX (이하 *KU*로 표기함).

유희를 발생시키는 대상 형식들의 합목적성을 칸트는 아름답다고 말한다.

자연의 합목적성은 오성에 의한 자연 개념과 이성에 의한 자유 개념을 매개하는 개념이다. 칸트는 여기서 미를 자연과 자유를 연결시키는 매개 개념으로 사용하고 있다. 이 매개 개념을 통해서 자연 개념에 의한 합법칙성으로부터 자유 개념에 의한 궁극 목적으로 이행하게 한다. 따라서 자연의 합목적성 개념은 반성적 판단력의 독특한 개념이다. 칸트는 이론과 실천을 매개하는 반성적 판단력의 기본 원칙으로서 합목적성과 공통감을 들고 있다. 미란, 합목적성이 목적의 표상을 떠나서 어떤 대상에서 지각되는 한, 그 대상의 합목적성의 형식이다. 따라서 미는 형식적 합목적성, 즉 목적 없는 목적성을 그 규정 근거로 삼는다. 따라서 미는 대상의 내용적, 실질적, 객관적 합목적성이 아니며, 우리가 보기에 대상이 마치 어떤 목적을 지향하는 것처럼 보인다는 주관적 표상에 근거한다. 그런 주관적 합목적성이라는 형식을 갖춘 대상으로부터 우리는 쾌감을 느낀다.

칸트는 우리가 미적 판단을 내릴 때 주관의 쾌·불쾌의 감정에 의존한다고 본다. 미적 표상은, 대상 그 자체에서 오는 것이 아니라 일체의 관심을 떠난 무관심에서 온다. 취미란 일체의 관심을 떠나서 만족 또는 불만족에 의해서 대상의 표상 형식을 판정하는 능력이다. 따라서 미를 판정할 때 대상의 현존이 아니라 그 대상을 단지 고찰하고 직관하며 반성한다. 쾌적(Angenehmen)한 것에 대한 만족은 언제나 관심과 결합되어 있다. 선에 대한 만족은 실천적인 관심과 결합되어 있다. 반면 취미 판단은 단지 관조적이며 무관심적이다.

미란, 개념과 법칙을 떠나서 보편적인 만족의 객체로서 표상된다. 그리하여 보편적인 만족을 우리에게 준다. 미적 판단은 주관적, 개별적이면서 보편성을 요구한다. 이것이 공통감의 이념이다. 이 공통감에 근거하여 감정을 보편적으로 전달한다. 취미 판단의 보편적 동의의 필연성은 주관적 필연성이지만, 공통감의 전제 아래에서는 객관적 필연성으로 표상된다. 즉, 개인적인 감정에 기초를 둔 것이 아니라, 누구에게나 타당한 공통적인 감정에 기초를 둔 것이다. 이 공통감은 경험에 기초한 것이 아니라 가능한 경험에 기초를 두고 있다. 칸트는 공통감을 인식 능력의 보편적 전달 가능성의 필연적 조건으로 상정한다. 미적 감정의 보편적 전달 가능성은 구상력과 오성의 비례 관계에 근거한다.

그런데 칸트는 미를 자유미(pulchritudo vaga)와 부용미(附庸美. pulchritudo adhaerens)로 구분한다. 자유미는 대상의 개념을 전제하지 않으나 부용미는 개념과 그에 따른 대상의 완전성을 전제하다(KU, 48). 자유미는 이 사물 또는 저 사물의 미를 말하며, 부용미는 어떤 개념에 종속되는 미로서 어떤 특수한 목적 개념 아래에 있는 객체에 귀속된다. 예를 들어 인간의 미, 남자의 미, 여자의 미, 말의 미, 건축물의 미는 그 사물이 무엇이어야 하는가를 규정하는 목적의 개념을, 그 사물의 완전성의 개념을 전제한다(KU, 50). 그런데 사물의 다양을 그 목적의 측면에서 볼 때 좋다고 하는 선 개념과 순수한 미 개념이 결합되면 취미 판단의 순수성은 파괴된다. 그러나 미감적 만족과 지적(도덕적) 만족이 결합됨으로써 취미에다가 합목적적으로 규정된 객체에 관한 규칙이 지정될 수 있다. 내적 목적에서 볼 때 어떤 사물에서 느끼는 만족은 개념에 근거를 둔 만족이다. 따라서 여기서의 규칙은 취미의 규칙이 아니라 취미와 이성, 미와 선과의 일치라는 규칙에 불과하며, 미는 선에 관한 의도를 실현하기 위한 도구로서 사용된다. 이런 측면에서 칸트는 미가 도덕적 선과 결부되기를 희망했기 때문에 자연과 주관의 합목적성의 연결에 그치지 않고, 자연을 자유와, 구상력을 오성뿐 아니라 이성으로까지 연결시키고자 한다.[34] 여기서 우리의 인식 능력 전체가 활동하게 된다. 이제 미는 자유미에 그쳐서는 안 되고 오히려 미는 도덕적 선과 연결되는 부용미와 결합되어야 한다는 사실을 알게 된다. 그래야만 자연은 주관적 합목적성뿐 아니라 자유라는 이성 개념과 완전히 매개될 수 있기 때문이다. 칸트는 이런 측면에서 미를 도덕적 상징이라고 말한다(KU, 258). 칸트가 자유미와 부용미를 구분한 것은 바로 미를 도덕과 연결시키기 위해서였다.

칸트는 더 나아가 미의 판정 능력으로부터 숭고의 판정 능력으로 이행한다. 아름다운 것과 숭고한 것은 모두 그 자체로서 만족과 즐거움을 주며, 반성적 판단력을 전제로 한다. 자연의 미는 대상의 형식에 관계하며, 대상의 형식은 한정되어 있다. 숭고는 몰형식에서 찾아볼 수 있으며, 이 경우 무한성이 표상된다. 미적 만족은 성질의 표상과 결부되나 숭고는 분량의 표상과 결부된다. 자연미에 대해서는 그 근거를 우리 자신의 '외부'에서 찾아야 하지만, 숭고미에 대해서는 우리 자신의 '내부'에서 찾아야 한다. 자연의 표상에 숭고함의 감정을 불어넣는 것은 바로 우리 마음에 있다. 숭고 감정의 바탕에는 도덕성이 암시되는데, 숭고의 감정은 본질적으로 도덕적 의식의 산물이다. 여기서 우리는 칸트가 미의 판정 능력으로부터 숭고의 판정 능력으로 이행하는 이유를 알 수 있다. 물론 숭고는 수학적 숭고에서 역학적 숭고로 이행해야 한다. 도덕적 이념이 역학적 숭고에서 제대로 드러나기 때문이다.

---

34) 한동원, 「칸트 철학의 숭고에 관한 연구」, 『철학연구』 제54집, 1998, 한국철학회, 74쪽.

칸트는 단적으로 큰 것을 숭고하다고 부른다(KU, 80). 여기서 크다는 것은 어떤 객관적 척도를 통한 비교가 아니라, 크기에 관한 반성적 판단에 기초한 주관적인 척도를 통해서 판정한 것이다. 이것은 논리적 판정이 아니라 미감적 판단에만 사용할 수 있다. 그럼에도 그 판단은 보편적 동의를 요구한다(KU, 82). 단적으로 크다는 판정에서 느껴지는 숭고의 감정은 간접적인 쾌감이며, 생명력이 일순간 저지되었다가 뒤이어서 한층 더 강력하게 충일한다는 감정으로 인해서 생기는 만족감이다. 이 만족은 객체가 몰형식적이기에, 객체에 관한 만족이 아니라 구상력 그 자체의 확장에 관한 만족이다(KU, 83). 엄청난 크기를 접할 때 우리를 압도하는 미감적 감동을 느낀다. 칸트는 자연미는 대상의 형식에 관계하며, 모든 형식은 언제나 대상을 한정한다고 한다(KU, 75). 따라서 미의 감정은 대상의 제한성에서 성립한다. 반면 숭고는 대상의 크기, 무한정성, 몰형식성에서 느껴지는 미감적 감정이다. 숭고는 대상의 질서와 조화로운 형식에서가 아니라, 오히려 혼돈 속에서 또는 난폭하고 규정되지 않은 무질서와 황폐함 속에서 가장 자주 야기된다(KU, 78).

무제한적이고 절대적 크기는 오직 사물의 전체, 즉 절대적 총체성(KU, 85)뿐이다. 그 자신과 동일한 하나의 크기다(KU, 84). 숭고란 무한성과 총체성을, 개념을 통해서가 아니라 감성적 표상을 통해서 미감적 방식으로 느끼고 반성할 때 일어난다. 칸트는 숭고의 감성적 차원을 숭고의 본질적 계기로 이해한다. 숭고는 절대적 크기의 표상을 통해 총체성의 이념, 무제약자의 이념과 본질적으로 관계한다. 숭고란 자연의 사물들에서 찾을 수 있는 것이 아니라 오직 우리의 이념에서만 찾을 수 있다(KU, 84). 숭고의 개념은 자연 그 자체에서 합목적적인 것을 지시하는 것이 아니라 자연과는 전혀 독립된 합목적성을 우리 마음이 감지할 수 있도록, 자연에 관한 직관을 사용할 수 있을 때만 합목적적인 것을 지시한다(KU, 78).

그런데 구상력이 감성계의 사물의 크기를 평가하고자 하나, 절대적 전체성으로서의 이성의 이념에는 언제나 부적합할 수밖에 없다. 이런 사실이 우리의 마음 내부에 초감성적 능력의 감정을 환기시킨다. 따라서 단적으로 큰 것은 결코 감관의 대상이 아니다. 반성적 판단력을 활동시키는 어떤 표상에 의해서 야기된 정신 상태가 숭고하다고 불릴 수 있지, 객체가 숭고하다고 불릴 수는 없다. 즉, 숭고란 그것을 단지 사유할 수 있다는 것만으로도 감관의 모든 척도를 초월하는 어떤 심의 능력이 있다는 증거가 된다(KU, 85). 따라서 자연의 어떤 대상들을 아름답다고 하는 것은 정당하지만, 자연의 어떤 대상을 숭고하다고 부르는 것은 부당한 표현이다. 숭고란 감성적 형식에 포함될 수 있는 것이 아니라 이성의 이념들에만 관계하는 것이다(KU, 77).

숭고의 감정에서도 역시 쾌감이 따른다. 그러나 미적 쾌감은 직접적이며, 마음의 능력들 사이의 조화로운 활동을 촉진시키는 반면(KU, 75), 숭고의 감정은 간접적이며 감동이다. 숭고한 것에 대한 감정은 적극적인 쾌감이 아니라 경외심이다. 절대적 크기를 대할 때 우리는 조화로운 쾌감이 아니라 위압감과 전율을 느낀다. 이것은 쾌감이 아니라 불쾌감(Unlust)이다. 숭고의 감정은 먼저 이런 불쾌감을 전제하며, 불쾌감이 크면 클수록 우리는 더욱 큰 쾌감을 느낀다. 따라서 숭고의 감정에 따르는 쾌감을 부정적 쾌감(소극적 쾌감. negative Lust)이라 한다. 숭고의 감정에서는 대상이 우리에게 먼저 쾌감이 아니라 불쾌감을 준다. 이런 의미에서 숭고의 감정을 불러일으키는 대상을 반목적적(zweckwidrig)이라 부른다(KU, 76). 아무런 쾌감도 주지 않고 오직 정신의 고통만을 주는 대상에 대해 숭고함이라는 미감적 가치를 부여할 수 없기 때문이다. 숭고의 미감적 쾌감은 공포와 전율이 제거될 때, 그 대상으로부터 안전한 곳에 있을 때 느끼는 안도감에서 비롯하는 쾌감이다. 급격한 반전의 쾌감이 곧 숭고의 쾌감이다.

이런 측면에서 숭고의 감정은 총체성의 표상과 관계하기 때문에 이성적이지만, 개별적 감성적 대상을 매개로 해서 생겨난다는 점에서는 감성적이다. 즉, 숭고의 감정에서 우리는 하나의 감성적 대상을 무한한 크기라고 느끼면서, 총체성의 이념을 감성적 대상에서 느낄 수 있다. 이 크기는 수학적 크기가 아니라 미감적인 크기이기 때문에 주관적으로 규정된 것이며, 따라서 수학적 크기와는 달리 미감적 크기의 평가에는 최대의 것이 있으며, 감성적 대상을 절대적 크기라고 느낀다(KU, 86). 여기서 우리는 숭고의 이념을 느끼며, 수학적 크기 평가에서 느낄 수 없는 감동이 발생한다(KU, 87). 이런 의미에서 숭고의 감정은 총체성이라는 이성의 이념이 감성적 방식으로 자기를 드러내는 것이다. 그러므로 미는 규정되지 않은 오성 개념의 현시며, 숭고는 규정되지 않은 이성 개념의 현시라고 간주된다. 즉, 미가, 감성적 표상과 관계하는 구상력과 오성 사이의 조화로운 협동에 의해 발생한다면, 숭고는, 감성적 표상과 관계하는 구상력과 이성의 불일치와 그로 인한 불쾌감을 통해서 발생한다.

이념에 도달하기에는 구상력이 부적합하다고 느끼는 감정이 경외심이다(KU, 96). 우리의 모든 현상을 모두 직관 속에 총괄하고자 하는 이념은, 이성의 법칙에 의하여 우리에게 부과된 이념이며, 이성은 절대적 전체만을 자신의 척도로 인정한다. 구상력은 현상을 모두 전체성으로 총괄하라는 이성의 요구를, 감성적으로 현시하려고 아무리 노력해도 자기의 한계과 부적합성을 드러낼 뿐이다. 그럼에도 구상력은 이 이념과의 적합성,

일치를 성취하는 것을 자신의 사명으로 삼는다. 자연에서 숭고의 감정은 우리 내부의 이성 이념과 우리의 사명에 대한 경외의 감정이며, 이 경외감을 치환(Subreption)를 통해서, 즉 주관속의 인간성의 이념에 대한 경외심을 객체에 대한 경외심으로 바꿈으로써 자연의 객체에 표시하는 것이다(KU, 97). 바로 여기에서 숭고의 주관성이 드러난다. 결국 숭고의 감정은 현상적으로는 대상에 관한 것이지만, 본질적으로는 인간의 이성 그 자체에 대한 것이다. 따라서 대상에 대해 느끼는 존경과 전율은, 실제로는 우리 자신의 내부에 있는 이성의 이념에 대해 우리가 느끼는 존경과 경외다. 칸트는 진정으로 경외로운 것은 자연이 아니라 바로 인간의 정신이라고 파악한 것이다.

그런데 직관적 대상의 크기를 구상력은 포착(apprehensio)과 총괄(comprehensio aesthetkica)을 통해서 파악한다. 포착은 무한히 진행하지만, 포착이 진행될수록 총괄은 처음 포착한 것을 표상할 수 없을 만큼의 크기에 이르면, 구상력은 최초로 포착된 것을 표상할 수 없어서 놓치고 만다. 구상력은 하나의 전체성이라는 이념을 현시하고자 해도, 구상력이 그 이념에 대해 부적합하다는 감정이 일어난다(KU, 88). 그럼에도 이성은 무한한 것을 주어진 것으로서, 감성적으로 현시된 것으로 사유하도록 한다. 숭고란 유한과 무한, 절대적인 것과 자연적인 것 사이의 미감적, 감성적 매개다. 미감적 경험의 지평이란 무한하고 신적인 것이 자연적이고 감성적인 방식으로 자기 자신을 계시하는 하나의 장소다. 바로 여기에 미감적 감정의 의미와 가치가 놓여 있다. 모든 미적 감정과 예술적 성취의 참된 의미는 우리가 미적 감정의 대상을 통해 무한하고 완전한 존재를 예감하고, 그 완전성과 무한성을 동경하게 되는 것에 놓여 있다.[35] 따

---

35) 김상봉, 「칸트와 숭고의 개념」, 『칸트와 미학』, 민음사, 1997. 256쪽.

라서 칸트가 미에서 숭고로 이행한 것은 자연 대상을 통해서 자연과는 전혀 다른 종류의 합목적성, 즉 주체의 합목적성과 도덕적 영역을 드러내고자 한 것이다. 미에서는 자연이 인식 주체에 대해서 합목적성을 갖지만, 숭고에서는 자유가 인식 주체에 대해 합목적성을 갖는다. 미에서 숭고로 이행한 것은 바로 이 때문이다.

수학적 숭고는 크기와 관련되지만 역학적 숭고는 힘과 관련된다. 우리는 힘을 가진 거대한 자연에 대해서 공포를 느끼지만, 공포는 안전한 곳에서는 소멸되며 이때 우리는 기쁨을 느낀다. 이것이 숭고다. 힘있는 자연에 대해 인간은 나약함을 느끼지만 동시에 우리는 우리 내부에 전혀 다른 저항 능력을 느낀다. 어떤 자연적 힘에도 굴복하지 않는 능력, 이것은 바로 실천 이성의 이념이 감지된 것이다.[36] 우리는 인격에 대해서 어떤 힘으로 강제해도 굴복해서는 안 된다는 사명을 지니고 있는데, 자연의 힘과 마주칠 때 이러한 도덕적 이념이 우리에게 드러난다. 따라서 단순히 무한성의 이념이 아니라 도덕적 이념을 드러내기 때문에 칸트는 수학적 숭고에서 역학적 숭고로 이행할 수밖에 없다. 여기서 칸트는 미를 도덕의 상징으로 보았다. 수학적 숭고에서는 자연과 인식 주체의 근거인 초감성적인 것이 주어지지만, 역학적 숭고에서는 부용미의 경우처럼 도덕적 이념, 즉 자유가 감지되며, 바로 여기서 주체의 합목적성을 통해 자연과 자유가 통일된다.[37]

---

36) 한동원, 81쪽.
37) 한동원, 82쪽.

4. 리요타르의 칸트 숭고미 해석

계몽적 모더니즘에서는 윤리적-정치적 목표와 보편적인 평화를 위해서 계몽의 이야기를 끊임없이 재생산하였다면, 포스트모더니즘은 그와 같은 계몽이라는 커다란 이야기를 부정하면서 조그만 이야기들을 미묘한 감성으로 혹은 예술적으로 관찰할 것을 요청한다.[38] 포스트모더니즘에서는 조화로운 아름다움에 집중하기보다는 부조화와 이질성에 대해 관심을 가지며, 리요타르는 이런 관심을 아름다움보다는 숭고에 집중한다. 칸트는 두 가지 미적 범주, 아름다움의 미학과 숭고함의 미학(KU, §23-29)을 다룬다. 전자는 자연의 합목적성이, 후자에서는 인간의 합목적성이 중심 테제가 된다. 아름다움에서는 조화가 자연적으로 나타나지만, 숭고함에서는 조화가 인위적으로, 도덕적으로 만들어진다. 수학적 숭고에서는 구상력과 인식 능력간의 결합이 좌절되면서, 초감성적, 이성적 토대에 의존하게 되며, 역학적 숭고에서는 구상력과 욕망(욕구) 능력(Begehrungsvermögen) 간의 결합을 조정할 수 있는 윤리적-도덕적 요청이 나타난다.

오성은 자연 인식을 위한 구성적, 선천적 원리를 지니며, 이성은 자연 인식에 대해서는 규제적이지만, 욕망에 대해서는 구성적, 선천적 원리를 지닌다. 이제 『판단력비판』의 과제는 인식 능력과 욕구 능력의 중간 항인 판단력이 쾌와 불쾌의 감정에 대해 선천적 원리를 지니고 있는지, 만약 있다면 구성적인지 규제적인지를 고찰하는 것이다(KU, XXIV-XXV). 오성은 자연 법칙을 세우고 이성은 자유 법칙을 세운다. 자연 개념은 직관에서 대상을 현상으로서 표상하며, 자유 개념은 객체에서 물

38) 최문규, 「포스트모더니즘과 장엄함의 미학 — 칸트와 리요타르를 중심으로」, 『문학과 사회』 제19집, 1992, 1041쪽.

자체를 표상하지만 직관에서 표상할 수는 없다. 자연 개념의 감성적 영역과 자유 개념의 초감성적 영역 사이에는 건널 수 없는 커다란 심연이 존재한다. 따라서 자연에서 자유로 이행하는 것은 불가능한 것처럼 보인다.

그러나 자유 개념은 자연 개념에 영향을 미친다. 실천 이성은 자유 법칙에 의해 부과된 목적을 감성계에서 실현해야 한다. 따라서 자연의 합법칙성과, 자유의 궁극 목적은 일치할 수 있어야 한다. 자연의 근저에 놓여 있는 초감성적인 것과, 자유 개념의 실천적 목적과의 통일이 필요하다. 이것을 가능하게 하는 것이 바로 자연의 합목적성이라는 개념이다. 자연의 합법칙성으로부터 자유의 궁극 목적으로의 이행은, 반성적 판단력의 자연 또는 예술의 합목적성이라는 매개 개념에 의해 가능하다. 왜냐 하면 자연에서만 그리고 자연의 법칙들과 조화됨으로써만 실현될 수 있는 궁극 목적은, 이 매개 개념에 의해서 인식되기 때문이다. 결국 칸트는 오성이나 이성과는 달리, 판단력은 자신의 고유 영역이나 지반을 갖지 않으며, 판단력은 단지 능력들간의 이행을 보증하는 능력이며 매개 능력이라고 말한다.

칸트의 비판 철학에서 현상과 물 자체의 구별은 아주 중심적 문제다. 칸트는 이 둘을 한편에서는 통합시키지 않고 구별함으로써 독단과 회의의 그물에서 빠져나오는 희열을 느끼지만, 다른 한편에서는 통합되지 못하는 분열적 아픔을 느끼고 있다.[39] 분열을 인정하면서도 통일을 추구한다. 이것은 적극적 통일이 아니라 이념적인 소극적 통일이다. 이런 정신이 잘 반영된 개념이 반성적 판단력이다. 『판단력비판』의 목적은 『순수이성비판』과 『실천이성비판』의 종합이다. 반성적 판단력은 차이성과 분열성 그리고 통일성을 동시에 인정하고, 양자의 대립적 통일

39) 김석수, 「반성적 판단력과 현대 철학」, 『칸트와 미학』, 민음사, 1997. 348쪽.

을 소극적으로 이루어내는 '사이성(zwischen)의 철학'이다.[40]

리요타르는 현대를 서술, 표현할 수 없는 것이 있다는 사실을 보여주는 시대로 규정하면서, 모든 것을 객관적으로 파악할 수 있다는 과학적 현대와 대립시킨다. 포스트모던적 아방가르드는 기존의 규칙과 논리적 범주들은 사용하지 않는다. 오히려 그들의 작품을 통해서 추구하는 규칙과 범주들을 '앞으로 만들어질 것'의 규칙과 범주들이다. 이런 역할을 하는 것이 바로 칸트의 반성적 판단력이다. 따라서 리요타르는 칸트의 1비판서가 아니라 3비판서의 관점에서 자신을 칸트주의자라고 한다.[41] 리요타르는 서술적 관점과 규제적 관점, 진리적 관점과 정의적 관점을 구별함으로써 전체주의를 극복하고자 한다. 리요타르는 칸트의 반성적 판단력이 입법적이지 않고 규제적인 이념을 추구하는 것으로서 자연과 자유의 영역을 그들의 이질성을 잃지 않으면서 통합시키는 역할을 한다고 말한다. 그러나 리요타르는 그 두 영역의 통합이 가능하지 않다고 본다.

리요타르는 칸트의 반성적 판단력의 역할을 통해서 서구의 전체주의를 벗어날 수 있는 중요한 틀을 발견할 수 있다고 한다. 그는 아우슈비츠는 없어진 것이 아니라, 정치성이 경제성으로 위장되어 오늘의 기술 문화 속에 여전히 교묘한 형태로 자리잡고 있다는 것이다. 따라서 경제적 전체주의를 조장하는 도구적, 계산적 이성에 바탕한 주체 철학의 횡포에서 타자의 중요성을 강조하는 '거리를 가진 철학'을 표방한다.[42] 여기에서 리요타르는 오성의 형식과 한계를 넘어선 낯선 것으로 느껴지는 숭고의 타자성과 이질성을 통해서 자신의 포스트모던적 견

40) 김석수, 349쪽.
41) 김석수, 350쪽.
42) 김석수, 350쪽.

해를 강화한다. 숭고는 미와는 달리 무형식의 미며, 미를 초월할 때 오는 고차적인 미라고 할 수 있다. 이러한 숭고의 감정은, 재현 가능성을 믿으면서 현실의 파편성과 단편성, 불연속성에 질서와 조화를 부여하고, 총체성을 추구하고자 하는 모더니즘 미학과는 대조된다. 리요타르의 숭고 미학은 무한한 실재를 느낄 수는 있으나 이를 표현할 수 없다는 모호한 정서, 고통과 갈등을 있는 그대로 인정하는 불쾌와 쾌의 모순된 정서다.

리요타르의 포스트모던 철학은 실제로 현대의 예술 정신으로부터 출발하였다. 아방가르드 예술은 더 이상 아름다움을 표현하는 것이 아니라 숭고함을 표현 대상으로 삼는다고 리요타르는 분석한다. 포스트모더니즘이 추구하는 대상은 시각적인 아름다움으로 축소되지 않는다. '현실이 얼마나 현실적이지 않는가?' 하는 현실의 허구성을 토대로 하는 예술적 모더니즘은 표현 대상을 단지 감각적 대상으로만 파악하는 것이 아니라 동시에 정신과 사유의 대상으로 파악한다. 아방가르드 예술은 '서술할 수 없는 것을 서술해야만 한다'는 사실을 발견한 것이다. 리요타르는 숭고의 감정에서 드러나는 무제약자에 대한 이념과 그것을 현시할 수 없는 구상력의 간격을 화해시킬 수 없다고 한다. 화해는 바라지만 차이를 없앨 수 없다. 숭고의 감정에서는 절대적인 것의 이념은 있지만 그것의 현시는 불가능하다. 절대적인 것의 현시란 결국 부정적인 현시를 통해서만 가능하다. 숭고함을 표현하는 미감적 양식은 표현을 통해 표현할 수 없는 것을 보여주는 것이다. 표현할 수 없는 것은 합리적 이성에게는 낯선 타자다. 따라서 숭고함을 서술하는 포스트모던 미학은 이성에 의해서 배제된 차이와 타자에 대한 감수성을 전제한다. 리요타르가 숭고를 중시하는 것은 바로 이 때문이다.

리요타르는 1948년 아방가르드 예술가인 바넷 뉴먼(Barnett

Baruch Newman)이 쓴 '숭고한 것이 지금 존재한다'는 에세이의 제목을 포스트모던의 철학적 명제로 전환시킨다. 숭고함을 경험할 수 있는 대상이 지금, 여기에 존재한다는 것은 곧 서술할 수 없는 것이 다양한 언어 유희들 사이의 갈등과 불일치를 통해 표현된다는 것을 의미한다. 리요타르는 비규정적인 것이 존재한다는 것을 증언하는 것이 19~20세기 미학의 과제라고 한다. 리요타르는 이 단초를 칸트에게서 발견한다.

리요타르는 바움가르텐의 미학 이론은 오성이 범주에 따라 현상들을 정돈하는 규정적 판단과 감정의 형태 속에서 주체의 능력들간의 비규정적 관계와 연관되는 반성적 판단을 혼동하고 있다고 한다. 즉, 바움가르텐의 미학은 여전히 예술 작품과의 관계를 개념적으로 규정한다는 것에 사로잡혀 있다.[43] 이와 달리 칸트에게서 미의 감정은 이미지의 능력, 즉 구상력과 개념 능력 간의 자유로운 합치로부터 나오는 쾌다. 숭고는 현시 능력인 구상력이 이념에 적합한 현시를 할 수 없을 때 발생한다. 이런 현시가 실패함으로써 불쾌가, 즉 주체 속에서 파악하는 것과 현시하는 것 사이의 분열이 발생한다.

리요타르는 칸트의 숭고가 불쾌와 쾌를 동시에 느끼게 한다는 것을 인정한다. 구상력이 보여질 수 없는 것을 여전히 보이도록 함으로써, 구상력은 자신의 대상을 이성의 대상과 조화시키려는 것이, 역으로 구상력의 무력함을 드러내는 것이라는 사실에서 나오는 쾌다. 다른 한편, 이미지의 빈약함이 이념의 광대한 힘에 대한 하나의 소극적 표시(negative Zeichen)라는 사실에서 유래하는 쾌다.[44] 이런 능력들간의 분쟁은, 정적인 미의 감정과

43) 리요타르, 「숭고와 아방가르드」, 『지식인의 종언』, 문예출판사, 1999. 171쪽.

44) 「숭고와 아방가르드」, 171쪽.

는 달리, 숭고의 감정을 특징짓는 극도의 긴장과 동요를 유발시킨다. 이런 분열에서 이념의 무한성 혹은 절대성은, 칸트가 소극적 현시(negative Darstellung) 혹은 비현시(Nicht-Darstellung)로 명명한 것 속에서 드러난다. 칸트는 소극적 현시의 좋은 예로서 유대인의 형상금지법을 든다. 거의 무로 환원된 시각적 기쁨은, 무한한 것에 대해 무한히 사고하게 해준다는 것이다. 따라서 칸트의 숭고의 미학에는 이미 아방가르드주의가 배태되어 있다.[45]

자연물이 아니라, 판단자의 마음의 능력이 숭고의 본질이라는 칸트의 생각은 발생하는 사건 그 자체에 몰입하기보다는 이것에 대한 반성적 태도를 요청한다. 이런 점에서 칸트는 관념론적 숭고를 중시한다. 반면 리요타르는 도덕적 의식과 이성이 가미된 칸트식의 숭고를 비판하면서 탈의식적, 탈이성적 상황에서의 숭고를 구상한다.[46] 리요타르는 칸트의 '초감성적 토대'나 '우리 안의 자연'은 거부하지만, 숭고 대상이 '몰형식적'이라는 점, 대상과 관찰자 간의 부조화를 적극 수용한다. 리요타르는 숭고를 이성적, 도덕적 정신으로 전환하지 않고 오히려 대상 자체에서 숭고를 파악한다.[47] 리요타르는 관념론적 숭고의 특징인 인간중심주의적 위력 또는 의식의 절대적 위력이 불가능하다고 본다. 리요타르는 칸트의 미학을 긍정적으로 평가하면서도, 칸트 미학에서 예술의 본질은 숭고한 주체를 재현하는 것이기 때문에 주체의 형이상학에 머물러 있다고 비판한다. 리요타르는 시간에 대한 문제 혹은 '일어나고 있는가(Geschichtes?)'라는 문제는 칸트에게 중시되지 않고 있다고 비판한다.

---

45) 「숭고와 아방가르드」, 172쪽.
46) 최문규, 「포스트모더니즘과 장엄함의 미학」, 『문학과 사회』 제19집, 1992. 1046쪽.
47) 최문규, 1048쪽.

리요타르는 숭고의 감정에서 본질적인 것은 보여질 수 없는 것, 표현될 수 없는 것에 대한 암시라고 한다.[48] 뉴먼은 지금(Now)은 의식에 알려지지 않은 것이며, 또한 의식에 의해 구성, 정립될 수도 없는 것이라고 한다. 그것은 '무엇인가 일어나고 있다(daß etwas geschieht)'는 것 또는 '일어나고 있다(daß es geschieht)'는 것이다. 그것은 '큰' 사건도 '작은' 사건도 아니다. 그것은 단지 '발생'이다. 여기서는 '무엇'이 문제가 아니다. '무엇(quid)' 이전에 일어나고 있다는 '사태(quod)'가 선행되어야 한다. 일어나고 있다는 것은 무엇이 일어나고 있는가라는 질문보다 항상 앞서는 것이다.[49]

쾌와 불쾌, 즐거움과 두려움, 감정의 강화와 저하가 결합된 이 모순적 감정이 숭고다.[50] 뉴먼이 '지금, 여기'에서 숭고성을 추구할 때, 조형적 표현은 현시할 수 없는 것을 증언해야 한다는 임무를 거부하는 것은 아니다. 표현될 수 없는 것은 저편에, 다른 세계에, 다른 시간에 존재하는 것이 아니라, '일어나고 있다', '어떤 것이 일어나고 있다'는 것에 존재한다. 회화 예술에서 비규정적인 것, 일어나고 있다는 것은 색, 그림이다.[51] 색, 그림은 발생, 사건이고, 그것은 현시할 수 없는 것이며, 그것은 현시할 수 없는 것을 증언해야 한다. 이 그림이 여기 지금 존재한다는 것, 아무것도 존재하지 않는 것은 아니라는 것, 바로 이것이 숭고한 것이다. 숭고한 것을 파악하고자 하는 지성의 무능력, 지성의 무장 해제에 직면해서 회화의 박탈, 주석을 하기 전에 발생을 보호하는 것, 바로 이런 것이 아방가르드의 엄격함이다.[52]

---

48) 리요타르, 「숭고와 아방가르드」, 『지식인의 종언』, 이현복 역, 문예출판사, 154쪽.
49) 「숭고와 아방가르드」, 157쪽.
50) 「숭고와 아방가르드」, 161쪽.
51) 「숭고와 아방가르드」, 162쪽.

부알로(Nicolas Boileau-Despréaux)는 숭고란 증명되거나 제시될 수 있는 것이 아니라, 갑자기 다가와서 흔들어놓고 느끼게 하는 어떤 경이로운 것이라고 한다. 심지어 불완전성, 취미 혼란, 추함까지도 이런 충격 효과에 관여한다. 예술은 자연을 모방하지 않으며, 그것은 두 번째 세계 혹은 사이 세계(Zwischenwelt) 혹은 옆 세계(Nebenwelt)를 창조한다.[53] 이 세계에서는 어마어마한 것 혹은 비정형적인 것이 숭고한 것으로서 권리를 확보한다. 따라서 아방가르드 예술 작품은 표현될 수 없는 것이 존재한다는 것을 표현해야 한다. 그것은 자연을 모방하지 않으며, 자연은 하나의 미술품이며 환영일 뿐이다. 이런 의미에서 아방가르드 화가에게 중요한 것은 발생으로서 색채, 일어나고 있다는 놀라움을 포착하고 표현하는 것이다. 이런 아방가르드의 탐구는 전통적 예술에서 기본적인 것 혹은 근원적인 것인 회화 예술의 규칙과 구성 요소들을 의문시한다. 그들의 작업은 '지각'할 수 있는 '지금'을 거대한 재현적 회화의 붕괴 속에, 그리고 '표현'할 수 없는 '지금'을 앞으로 표현되어야 할 것으로 설정한다. 따라서 아방가르드는 '주체'에게 '무엇이' 일어나고 있는가가 아니라, '일어나고 있는가'에 관심을 두기 때문에, 아방가르드 미학이 진정한 숭고의 미학에 속하게 된다고 말한다.

이런 숭고 미학에 자극받은 예술은 이제 아름다운 대상에 대한 모방을 그만두고, 강렬한 효과를 추구하고 비일상적이고 충격적인 결합을 시도할 수 있고 또 해야만 한다. '일어나고 있다'는 것, 아무것도 일어나지 않는 것이 아니고 어떤 것이 일어나고 있다는 것, 박탈이 지연되고 있다는 것은 훌륭한 충격이기

52) 「숭고와 아방가르드」, 164쪽.
53) 「숭고와 아방가르드」, 169쪽.

때문이다.[54] 그러므로 천재로서의 예술가는 대중에게 즐거움을 주는 것이 아니라 놀라움을 주어야 한다. 이것은 바로 비규정적인 것, 비현시적인 것, 비표현적인 것, 패러독스 등을 증언, 암시하고 가시화하는 포스트모던 미학의 임무다. 따라서 리요타르는 숭고 회화의 미학은 어떤 것을 소극적으로 표현한다고 말한다. 그것은 형상화는 재현화를 피할 것이고, 볼 수 없도록 함으로써만 볼 수 있게 하며, 고통을 야기함으로써만 기쁨을 준다. 가시적 표현을 통해서 표현될 수 없는 것을 암시하는 데 몰두한다. 그래서 비현시적인 것의 암시는 숭고 미학에 속하는 작품에 필수적인 표현법이다.

리요타르는 모던적 미학과 포스트모던 미학을 구분한다. 모던적 미학은 숭고의 미학이지만 여전히 향유적이다. 그것은 표현할 수 없는 내용을 단지 결여된 내용으로 드러내주지만, 형식은 인식 가능한 일관성 덕택으로 지속적 위안과 기쁨을 제공한다. 그러나 이런 감정들은 기쁨과 고통의 내적 결합인 숭고의 감정을 형성하지 못한다.[55] 이때의 기쁨은 이성이 모든 표현을 넘어서고 있다는 데서, 고통은 구상력과 감성이 개념과 일치하지 않는 데서 생기는 것이다. 반면 포스트모던적 미학은 표현 그 자체에서 표현할 수 없는 것을 드러낸다. 그것은 적합한 형식으로부터 생기는 위안을 거부하며, 불가능한 것에 대한 향유를 공동으로 느끼도록 하는 취미의 합의를 거부한다.[56] 그것은 새로운 표현을 찾는다. 그렇지만 이런 것을 즐기기 위해서가 아니라 표현할 수 없는 것이 존재한다는 것을 더욱 예민하게 느끼기 위해서다. 포스트모더니스트들의 임무는, 현실을

54) 「숭고와 아방가르드」, 177쪽
55) 리요타르, 「포스트모더니즘이란 무엇인가라는 물음에 대한 대답」, 『포스트모더니즘의 철학적 이해』, 이진우 옮김. 78쪽.
56) 리요타르, 앞 논문. 78쪽.

제공하는 것에 있는 것이 아니라, 표현될 수 없지만 생각할 수 있는 것에 대한 암시들을 창안해내는 데 있다.

그러나 이런 포스트모더니즘의 이념은 오늘날 아직도 리얼리즘적 환상에 젖은 권력에 의해 위협받고 있다. 그들은 작품들과 청중을 선택하는 선천적 미의 기준들만 인정, 강요한다.[57] 결국 미적 판단에서 범주 사용은 인식적 판단의 경우와 본성상 동일하게 된다. 즉, 양자 모두 규정적 판단에 속하게 되고 만다. 따라서 표현은 오성 속에서 '잘 구성된' 것이며, 이런 표현 아래에 포섭될 수 있는 사례들만이 경험 속에 남게 된다는 것이다.[58] 반면 경제 권력은 돈의 논리에 따라 모든 작품을 평가한다. 여기서는 심미적 기준이 결여되어 있기에 작품이 벌어들이는 이익에 따라 작품의 가치를 평가하는 것이다.[59] 따라서 리요타르는 자본주의가 강요한 사이비 합리성 및 수행성에 대항해 다양한 방식으로 투쟁해야 한다고 주장한다. 하나의 이성(La Raison), 즉 과학과 자본주의의 계산적, 도구적 이성만을 내세우는 사람은 이성들간의 혼란을 계속 조장할 뿐이기 때문이다.[60]

이제 리요타르의 숭고 미학의 특징을 몇 가지 살펴보자. 칸트는 취미를 바탕으로 한 판단력은 감성적인 것과 초감성적인 것, 자연 개념과 자유 개념 간의 매개적 개념이며, 이것을 통해서 이론적 합법칙성이 실천적 합목적성으로 이행한다고 한다. 그러나 리요타르는 각 영역간의 소통 불가능성에 주목할 뿐, 그 한계상황을 극복할 수 있는 예술의 매개적 역할을 포기한다. 또한 개

---

57) 리요타르, 앞 논문. 71쪽.
58) 이현복, 「칸트의 이성 비판과 리요타르의 포스트모더니즘」, 『포스트모더니즘과 철학』, 이화여대 출판부, 1995, 119쪽.
59) 리요타르, 앞 논문, 72쪽.
60) 이현복, 122쪽.

념과 감성, 의미와 기호의 부조화를 전제로 한 감성의 탈개념화 혹은 예술의 영향성을 강조한다. 리요타르는 예술이 진리를 탐구할 수 없다는 점과 예술의 감성적 측면을 강조한다.[61] 그는 동시에 내용주의적 미학 이론, 즉 의미를 중시하는 예술론과 결별한다. 그는 주체의 해석적 능력의 한계를 지적하고, 전통적 진리 인식의 예술 이해 방식을 벗어나 예술은 정서적으로 영향을 끼치는 것이 목적이라는 영향 미학(Wirkungsästhetik)을 주장한다.[62] 리요타르는 합리적 의식과 사유에 의해서 자연적, 감성적 상태가 지배되는 것을 비판하면서, 의미에 의해서가 아니라 정서에 의해서 예술을 느끼는 것이라고 한다. 따라서 리요타르는 이성과 도덕에 관계되는 기의를 비판하면서, 기표 자체의 힘을 중시한다.[63] 즉, 유한한 서술, 기표 자체가 우리에게 가하는 감성적 자극만을 중시한다. 예술적 텍스트의 기의적 측면을 강조하는 전통적 예술 이해를 거부한다. 내용를 바탕으로 한 진리 구성 혹은 의미 구성을 위해 감성적, 영향적 측면이 도구화되는 것이 아니라, 감성을 바탕으로 한 예술의 영향적 측면은, 내용의 개념화가 불가능해진 상태에서 절대적인 자율성을 획득한다. 즉, 리요타르는 예술에서 내용적 측면의 호소력을 배제하고, 감성적-효과적 측면에 의해 수용자가 압도되는 것을 예술의 본질로 본다.

리요타르가 강조하는 예술의 자율성은, 자신의 삶을 주체적으로 관장하며 역사의 주인공이라는 의식과 관련된 모더니즘에서의 자율성과는 다르다. 리요타르는 예술에서 의미론적 구성이 불가능하다고 본다. 아방가르드 예술의 극단적 예술적 실

61) 최문규, 1053쪽.
62) 최문규, 1053쪽.
63) 최문규, 1054쪽.

험은 원래 사회적 혁명의 메타포였지만, 리요타르는 의미론적 측면을 배제하고, 단지 효과에 의해 압도당하는 수용성만을 강조한다. 버넷 뉴먼의 그림에서는 어떤 대상에 대한 이야기가 더 이상 진행되지 않고, 수용자는 작품에 대한 이야기를 더 이상 구성할 수 없으며, 이야기는 텍스트와 무관한 해석학적인 추가물일 뿐이다.[64] 리요타르는 예술적 텍스트 속에서는 진리, 도덕적 준거에 근거한 이해가 더 이상 일어나지 않는다고 선언한다. 리요타르는 의식이 배제된 일어남에는 무(Nichts)만이 일어나고 있는 유일한 것이다. 텍스트 속에서는 진리가 구현되지 않는다는 것이 텍스트 속에서 일어나는 유일한 것이다. 칸트 미학에서는 이제 오히려 구상력은 이성에 의해서 더 이상 도구화 혹은 거세될 수 없다는 것이 리요타르의 입장이다. 즉, 이성을 위한, 도덕을 위한, 진리를 위한 예술이 아니라, 예술이 우리에게 주는 영향과 효과에 집중할 필요가 있다는 것이다. 의미를 덮어씌우지 말고 예술이 우리에게 주는 바의 영향을 그대로 느끼라고 한다.

결국 감성은 탈개념화되고, 구상력은 이성화될 수 없다는 리요타르의 주장은 역사와 보편사에 대한 저항을 의미한다. 리요타르는 데리다와 마찬가지로 텍스트 밖의 것, 즉 역사적인 것을 거부한다. 즉, 탈역사적 시각을 숭고의 특징으로 내세운다. 역사적인 것이 결여된 텍스트 자체가 오직 사실적, 구체적인 계시라는 점은, 사실적인 것이 텍스트 저편에 있고, 텍스트는 그것을 재현하는 단순한 도구라는 모더니즘적 사유에 대한 저항이다.[65]

64) 최문규, 1055쪽.
65) 최문규, 1057쪽.

5. 맺음말

칸트는 이론 이성과 실천 이성, 판단력이라는 이성의 능력을 구분함으로써 각 영역의 독자성을 인정하고, 각 영역의 한계를 넘어서고자 하는 인간 이성의 본성적 시도를 선험적 가상이나 환상이라고 비판한다. 그렇게 함으로써 칸트는 과학으로부터 도덕과 미학을 구제할 수 있었다. 동시에 그는 아름다움과 숭고를 구분함으로써 오성의 형식과 이성의 몰형식성을 통해서 인간의 위대성은 우리 내부의 이념에 있다는 것을 밝힌다. 그러나 리요타르는 인간 내부의 이념에 대해 숭고를 느끼는 것은 근대의 주체중심주의에서 벗어나지 못한 것이라고 비판한다. 또한 칸트가 비록 주관적이기는 하지만 오성과 이성 사이의 심연을 판단력을 통해서 조화시키려고 한 것에 대해서도 비판한다. 상이한 담론 영역, 즉 과학적, 규범적, 미학적 담론 영역은 침범할 수 없는, 공약 불가능한 영역이기 때문에, 각 영역에 개입하려는 시도는 모던의 통일성 기획과 다를 바 없으며, 이는 곧 다양성과 이질성에 대한 억압과 테러에 다름아니다. 이런 측면에서 통일성을 추구하지 않으면서 다양성과 이질성을 그 자체로 인정하고자 하는 노력이 필요하다. 그러나 들뢰즈와 마찬가지로 리요타르는 사유하는 자아의 진리 인식을 위해서 능력들 각각은 서로 조화, 일치한다는 공통 감각(sens commun)의 공리를 부정하기 때문에, 전적으로 통일과 조화 및 합의를 부정하는 것이 가능할지에 대해서는 의문이 남는다.

칸트를 비판하면서 리요타르는 자연과 자유의 영역을 매개하고자 했던 칸트의 의도를 무시하고 있다. 칸트는 자연의 인과 법칙 속에서 자유의 영역이 개시되기 때문에 자연의 합법칙성과 자유의 궁극 목적이 어떤 식으로든지 연결, 일치되지 않으면 안 된다고 보았다. 자연의 법칙을 파괴하지 않으면서 자유의 영역이 드러나야 하기 때문이다. 그렇지 않으면 각 영역의 이질성이 파괴된다. 칸트는 이 문제를 자연에 대한 주관적 합목적성 개념을 통해서 해결하고자 한다. 따라서 자연의 합목적성이라는 반성적 판단력의 선천적 원리에 따라서 이루어지는 판단력의 기교(Technik)는 자연을 합법칙적으로 파악하는 관점과 세계를 도덕적 궁극 목적에 따라서 파악하는 관점을 매개하는 것이며, 두 세계를 서로 분리된 독립적인 세계로 인정하면서도 두 세계에 동시에 속해 있는 인간의 혼란을 화해시키는 활동이다. 그러나 자연에서 자유로의 이행이 가능하다고 해서, 실제 세계가 실제로 자유와 궁극 목적에 의해 지배되는 것은 아니다. 자연과 자유의 일치와 조화는 단지 현상적 자연 세계를 마치 자유의 궁극 목적에 의해서 질서지워져 있는 것처럼(als ob) 평가하려는 우리의 주관적 태도일 따름이다. 자연과 자유의 통일은 우리의 이성이 자연 세계 전체가 합목적적이길 요청할 뿐이다. 반성적 판단력의 선천적 원리로서 자연의 합목적성이라는 개념은 자연이 목적에 따르는 체계를 가진다고 주관적으로 반성하고 의식하기 위한 원리로서, 오성의 규칙이나 이성의 원칙처럼 '대상'을 향하는 것이 아니고, 대상을 바라보는 '주관'을 향한 원리다. 자연을 목적의 체계 속에 주관적으로 포섭시키지만 자연을 합목적적인 것으로 '규정'하지 않으며, 단지 합목적적인 것처럼 기교적으로(technisch) 다룰 뿐이다. 따라서 이는 판단력의 주관적이며 형식적인 원리이지 객관적이며 구성적인 원리가 아니다.

그러나 리요타르는 각 영역들간의 이런 주관적인 통일과 조화를 불가능한 것으로, 억압적인 것으로 파악하고 칸트의 주관적인 통일조차 부정한다. 이는 칸트의 의도를 제대로 인정하지 않은 것이며, 자신의 철학적 주장을 위해 칸트의 특정한 측면만을 왜곡한 것이라고 비판받을 수 있다. 동시에 각 영역의 이질성이 객관적 사실이라고 하더라도 인간은 각 영역들의 이질성을 자신의 관점에서 어떤 식으로든 통일, 종합하지 않을 수 없다. 주관적 통일 아니 종합이 없다면, 하나의 인격 속에 다양한 이질적인 인격이 충돌하지 않을 수 없으며, 정신분열증에 걸리지 않을 수 없다. 이런 측면에서 리요타르는 칸트의 의도를 제대로 이해하지 못한 것처럼 보인다.

또한 리요타르는 담론들의 이질성을 유지하면서도 각 담론 영역들을 포섭하는 새로운 담론 영역들의 발생에 관해서, 즉 생명 의료 윤리나 정보 윤리 및 학제적 연구 등의 발생에 관해서 설명할 수 없다. 그러나 우리가 리요타르를 호의적으로 해석한다면 새로운 담론 영역들의 출현은 오히려 하나의 이성을 강화시키는 것이 아니라, 지금까지의 언어 체계나 담론 체계로는 설명할 수 없는 영역들을 새로운 언어 체계나 담론 체계를 통해서 설명하고자 하는 과정이며, 이는 이질성에 근거한 지속적인 분열의 과정임을 알 수 있다. 리요타르가 말한 각 영역들의 이질성과 공약 불가능성 테제는 여전히 유지되면서도, 각 영역들을 새로운 방식으로 연결시켜서 새로운 담론 체계나 규칙 체계에 따르는 독자적인 담론 영역이 새로 생겨나는 것이다. 이런 상황은 모든 것이 하나의 점으로 수렴하는 것이 아니라 끊임없이 다양한 지점으로 분산되는 과정이며, 이질성과 다양성이 새로운 힘을 얻어가는 과정이다. 이 상황을 부정하고 하나의 소실점으로 수렴시키고자 할 때 하나의 이성에 근거한 광기가 나타난다.

각 담론 영역들의 이질성과 공약 불가능성 주장은 각 영역 사이에 공통성이 전혀 없다는 것을 주장하는 것이 아니다. 공통성이나 유사성보다는 이질성이 더 근원적, 근본적이기 때문에 공약 불가능한 것이다. 공약 불가능하다고 해서 이해가 불가능하다는 것을 뜻하지 않는다. 진위, 선악, 미추를 다루는 영역이 단 하나의 담론 영역으로 통일될 수 없다는 것이다. 그러나 각각의 담론 영역을 각각의 관점에서 이해할 수 있다. 그런 이해 가능성까지 부정한다면, 각 담론 영역들이 이질적이라는 것조차 알 수 없기 때문이다. 따라서 각 담론 영역들의 공약 불가능성을 이해 불가능성으로 해석하는 것은 리요타르를 악의적으로 왜곡하는 것이다. 각각의 담론 영역의 공통성은 하나의 담론 장르며, 상이한 규칙 체계가 지배하고 있으며, 진위, 선악, 미추가 그 담론의 기준이 된다는 것 등이다. 그런 공통성이 있다고 해서 그 담론 영역들이 바로 이질적이지 않다고 말할 수는 없다.

결국 자연과 인간을 다루는 방식에는 단지 하나의 층위만 있는 것이 아니라 다양한 층위가 있다. 동일한 대상을 어떤 관점에서 탐구하는가에 따라 과학, 윤리, 미학, 종교라는 담론 영역으로 나누어진다. 대상을 다루는 관점이 상이하기 때문에 각 담론 영역들의 이질성이 존재하는 것이다. 예를 들어 축구 경기의 규칙과 농구나 야구 경기의 규칙이나 진행 방식은 다르다. 그러므로 축구, 농구, 야구는 각각 다른 게임이다. 즐기기 위한 것이라는 목적이 같다고 해서 각 경기의 이질성이 사라지는 것은 아니다. 만약 축구 경기에서 야구 경기의 규칙이나 진행 방식을 따르라고 강요한다면 이것을 축구 경기의 고유성을 부정하는 것이다. 또한 야구와 축구 경기의 규칙을 혼합한 새로운 경기를 만들 수도 있다. 그렇다고 축구와 야구 경기는 각각 그 이질성을 지니며, 새로운 생성된 '야축' 경기는 새로운 규칙과 질서에 따라서 진행되는 새로운 경기가 된다. 이렇게 볼 때 리요타르는 각 담론의 상이성과 이질성을 부정하고 오직 하나의 경기만을 절대화시키고자 하는 시도를 거부하려는 것이며, 축구와 야구 경기 사이의 합의나 일치란 불가능하다는 것을 강조하려는 것이다. 그렇다면 다양성과 이질성의 고유한 권리를 인정하고 활성화하는 것은 당연하다. 당연한 것이 당연하지 않은 것으로 억압당해온 역사에 대한 반성이 필요한 이유가 바로 이것이다.

이런 리요타르의 주장도 역시 자신이 비판하는 메타 담론과 다르지 않다고 역으로 비판받을 수 있다. 그러나 리요타르의 이질성에 대한 주장은 각 담론 영역은 사실상 자신의 독자성을 지니고 있기 때문에 이를 인정하자는 것뿐이지, 이질성 개념이 모든 담론 영역을 정당화시켜주는 역할을 하는 것은 아니다. 만약 그렇다면 리요타르의 이론 자체가 또 하나의 메타 담론이 되는 역설이 발생한다. 리요타르는 이런 측면에서 체계를 세우고자 하지도 않으며 또한 관심도 없다. 리요타르의 이질성 강조는 이성중심주의의 병폐로부터 벗어날 수 있는 실마리를 제공할 수 있다는 점에서, 모던적 이성이 배제한 타자와 다양성, 이질성의 권리를 인정하고 본격적인 논의의 대상으로 삼았다는 점에서 큰 의미가 있다.

□ 참고 문헌

김상봉, 「칸트와 숭고의 개념」, 『칸트와 미학』, 민음사, 1997.
김석수, 「반성적 판단력과 현대 철학」, 『칸트와 미학』, 민음사, 1997.
리요타르, 『지식인의 종언』, 이현복 역, 문예출판사, 1999.

리요타르, 「포스트모더니즘이란 무엇인가에 대한 대답」, 『포스트모더니즘의 철학적 이해』, 이진우 역.

리요타르, 『포스트모던적 조건』, 이현복 역, 서광사, 1992.

벨쉬, 『우리의 포스트모던적 조건』, 박민수 역, 책세상, 2001.

양운덕, 「리요타르의 포스트모던 철학」, 『헤겔에서 리요타르까지』, 지성의 샘, 1994.

이진우, 「장 프랑수아 리요타르 : 탈현대성의 철학」, 『포스트모더니즘과 포스트구조주의』, 현암사, 1997.

이현복, 「칸트의 이성 비판과 리요타르의 포스트모더니즘」, 『포스트모더니즘과 철학』, 이화여대출판부, 1995.

최문규, 「포스트모더니즘과 장엄함의 미학 — 칸트와 리요타르를 중심으로」, 『문학과 사회』 제19집, 1992.

최문규, 「포스트모더니즘과 장엄함의 미학」, 『문학과 사회』 제19집, 1992.

최병길, 「리요타르의 포스트모던 숭고론」, 『역사와 사회』 제25집, 국제문화학회, 2000년 12월.

한동원, 「칸트 철학의 숭고에 관한 연구」, 『철학연구』 제54집, 1998, 한국철학회.

Fred L. Rush, Jr., Lawrence, The Harmony of the Faculties, *Kant-Studien*, 2001, Heft 1.

Lyotard, J. F., *La condition postmoderne*, Minuit, Paris, 1979.

Lyotard, J. F., *The Inhuman, Reflections on Time*, Stanford Univ. Press, Translated by Geoffrey Bennington and Rachel Bowlby, 1991.

Kant, I., *Kritik der Urteilskraft*, Felix Meiner, 1974.

Welsch, W., *Unsere postmoderne Moderne*, Berlin : Akademie Verlag, 1997.

인식 의무, 그 자연화 전략상의 문제

홍 병 선

1. 들어가는 말

현대 영미 철학에서 '인식 의무(*epistemic obligations*)'에 관한 논의가 하나의 독립된 논변의 성격을 띠면서 그 윤곽이 드러나기 시작한 것은 1980년대에 들면서부터다. 당시를 전후해 인식 정당화와 관련하여 수많은 논의가 진행되기는 했지만 논의 자체에 대한 지지부진함이 지속되는 가운데 새로운 돌파구가 절실히 요구되었던 것으로 보이며, 이러한 상황에서 인식 정당화의 의무론적 견해에 대한 비판이 그 구실을 마련해주게 된다. 이는 인식 정당화의 속성에 관한 해명이 무엇보다도 절박한 문제로 부각되기 시작한 시점과도 어느 정도 그 때를 같이한다. 동시에 인식 의무의 충족이 지식 성립의 여부와 무관할 수 있다는 논의가 꾸준히 진행되어온 것도 한몫 거들게 된다.[1] 여기에는 논의 자체가 겉도는 상황에서 인식 정당화가 의무론적 견해를 반영한다는 생각에 의문을 제기함으로써 기존 인식론의 판도에 대한 보다 근본적인 변화를 추구하려는 의도가 깔려 있기 때문으로 보인다. 그런데 이러한 의도에서 엿볼 수 있는 보다 본질적인 측면이 있다고 한다면, 그것은 자연화 계획의 일환으로 진행되어 왔다는 사실이다. 즉, 의무론적 견해를 근간으로 하는 전통적인 인식론에 대한 전면적인 수정의 불가피성을 내세워 한편으로 자연화 계획을 완수하려는 의도가 숨어 있다는 말이기도 하다.

전통적으로 한 믿음의 정당화를 위한 의무론적 개입이란 필수적이라고 생각해왔고 이는 별다른 이견 없이 받아들여졌다. 이에 따른 인식 의무란 오직 참인 믿음을 받아들이되 그렇지 않은 믿음을 결코 받아들여서는 안 된다는 인식 주체의 의무 이행 여부에 따라 정당화가 결정될 수 있다는 논점을 반영한다. 그러나 이러한 견해는 참인 믿음을 받아들이고 거짓인 믿음을 받아들이지 않는 것이 반드시 인식 주체의 의무에 따르지 않을

---

1) 그 발단의 구실을 마련한 것 중 대표적으로 콘브리스(H. Kornblith)의 의무론적 견해와 증거론(*evidentialism*) 간의 논쟁을 들 수 있을 것이다. '인식 의무'를 만족시키지 못하는 믿음은 정당화될 수 없다는 콘브리스의 주장에 대해, 타당한 근거(증거)에 의해 뒷받침된, 즉 정당화된 믿음임에도 불구하고 인식적 의무를 만족시키지 못할 수도 있다는 증거론의 답변에서 비롯된다. 달리 말해 인식 의무를 만족시키지 않아도 그 인지자의 증거와 믿음이 맞아떨어지기만 하면 정당화된다는 주장에 대해 인식 의무를 만족시키지 못하면서 얻게 되는 믿음은 정당화될 수 없다는 콘브리스의 대응이기도 하다. 즉, 인지자 S가 어떤 명제와 맞아떨어지는 증거를 소유하는 것으로 정당화된다는 주장에 대해, 맞아떨어짐(fitness)에 대한 의식 없이 단순히 소유하는 것만으로는 정당화될 수 없다는 요지를 담고 있다. 이는 결국 '정당화 부여 속성이 무엇이냐' 하는 문제로 이어지게 된다. Kornblith(1980) Kornblith(1983), Feldman & Conee(1985) 참조. 이 밖에도 인지자의 증거가 믿음 형성의 중요한 요인이기는 하지만, 그것만으로 전적으로 결정되는 것은 아니라는 메일랜드의 주장[Meiland(1980)], 기존의 의무론적 정당화 개념이 불필요한 문제를 일으켜왔다고 전제하고 믿음 획득의 과정이 자발적이거나 통제 가능한 행위가 아니기 때문에 믿음 형성에는 어떠한 의무도 없다는 플란팅가의 주장[Plantinga(1990)] 등을 들 수 있을 것이다.

수 있다는 반론들이 제기되면서 인식론의 판도에 적지 않은 변화를 예고하게 된다. 일차적으로 인식정당화에 대한 의무론적 견해에 반대하는 진영에서는 인식적 정당화가 규범-평가적 개념이기는 하지만, 이 경우의 규범성은 의무와는 아무런 관련이 없는 것이라고 주장한다.[2] 더 나아가 인식 정당화는 인식 주체의 의무에 따른 것이 아닌, 인식 의무와는 무관한 객관적인 사태에 의해서도 얼마든지 결정될 수 있다는 주장으로 전개된다. 그들은 이를 뒷받침하기 위한 논거로 의무론적 견해에 따른 인식 정당화는 인지자의 의지에 따른 통제력 행사 여부에 달려 있다고 보고, 그러한 통제력이 행사될 수 없거나 혹은 제한될 수 있다는 입장을 견지하면서 그 가능성을 다각적으로 모색하게 된다.[3]

---

2) 규범-평가적 개념이 반드시 의무와 연관지을 필요가 없다는, 즉 무관하다는 것을 다음의 예로 설명한다. 즉, 어떤 컴퓨터에 대해 좋다거나 나쁘다는 평가를 할 때, 그 컴퓨터가 갖추어야 할 의무가 없는 것처럼, 이와 마찬가지로 어떤 믿음에 대한 평가에서도 인식적 목표에 비추어 그 믿음에 대해 좋다거나 적절하다고 평가할 뿐 여기에 의무는 개입되지 않는다는 것이다. 3장에서 보다 구체적인 논의가 이루어짐.

3) 이는 인식 정당화에 의무론적 요소가 개입된다는 견해에 대해 그 반론을 확장하는 경우다. 따라서 이들은 믿음이 형성되는 과정에 주목함으로써 의무가 있다는 것을 통제력이 행사될 수 있는 것과 동일시하는 전제에서 출발한다. 그래서 이들은 믿음 형성에 의무적인 요소가 있느냐는 물음에 대해 '그렇다'고 답한다면 믿음의 형성이 우리 의지의 통제력 하에 제약될 수 있다는 것이고, '그렇지 않다'고 답한다면 믿음 형성이 우리의 의지와 무관할 수 있다는 것이다. 전자를 '의지주의(*voluntarism*)'라 하고 후자를 '비의지주의(*unvoluntarism*)'라 했을 때, 의지주의에서는 인식 의무를 함축하는 데 반해서 비의지주의는 인식 의무를 포함하지 않는다. 인식 의무에 대한 도전은 비의지주의를 옹호하려는 일련의 시도에서 비롯된다. 물론 중간적인 입장에서 믿음 형성에 의지의 직접적인 통제력은 없지만, 간접적인 통제력은 행사될 수 있다는 입장을 취할 수도 있다. 그러나 믿음 획득이 우리의 의지와 무관할 수 있다는, 따라서 인식 의무의 개입이 요구되지 않는다는 주장은 인식 외적으로 확보될 수 있다는 입장으로 전개된다. 대부분의 인식 외재론자 혹은 인식론에서의 자연화 옹호론자들이

물론 의무론의 진영에서 보자면 인식 정당화가 의무론적 개입과 무관할 수 있다는 반론에 대해 과연 어느 정도 방어해낼 수 있느냐 하는 문제는 중대한 사안임에 분명하다. 그런데 여기에는 방어 여부의 문제에 선행하는 중요한 철학적 배경이 놓여 있다고 생각한다. 말하자면 인식 정당화에는 내재론과 외재론 간의 논쟁을 전제하고 있기 때문에, 이에 대한 답변이 선행되는 경우에 한해 인식 정당화에 대한 의무론적 개입 여부에 관한 답변이 가능하다는 것을 의미한다. 물론 내·외재론 논쟁은 근본적으로 인식론에서의 자연화 계획에서 비롯된 것이다. 그렇다면 인식 정당화에 대한 의무론적 개입 여부의 논란 역시 자연화 계획의 산물로 보아야 할 것이다.[4] 이 때문에 인식 의무를 둘러싼 논의에 한정해서 그 해소점이 마련될 경우 자칫 나무만 보고 숲은 보지 못하는 누를 범하게 될 소지가 있다고 본다. 이후의 논증을 통해서도 밝혀지게 되겠지만, 결국 인식 의무를 둘러싼 논의에 대한 보다 올바른 진단은 이미 진행되고 있었던 인식론에서의 자연화라는 흐름과의 연장선상에서 다루어져야 할 것이다.

그래서 필자는 만일 어떤 인식 정당화론자가 비의무론적 견해를 취하게 되면 이는 그가 인식론의 자연화 계획에 가담하는 결과를 초래한다고 생각한다. 그 좋은 예가 비의무론적 견해의 대표적 옹호자 가운데 한 사람인 알스톤(W. Alston)의 경우다. 그는 자신의 비의무론적 견해의 정당성을 초기에는 자연화 전략과 무관하게 입증하고자 했으나, 나중에는 결국 자연화 계획에 포함시키는 방향으로 자신의 전략을 큰 폭으로 바꾸게 된다.

여기에 해당한다. 이에 관한 논증은 이 글의 범위를 벗어난다. 특히 믿음 형성을 둘러싼 대립적 양상에 관한 쟁점과 분류에 관해서는 Pojmann(1993)을 참조 바람.

4) 이에 관한 논증은 이 글의 범위를 벗어난다. 홍병선(2002)을 참조하기 바람.

따라서 비의무론적 진영에 가담하고 있는 대부분의 인식론자들의 성과가 이후에 흐지부지해지는 근본적인 이유도 그들이 자연화 계획에 따른 전략을 애써 거부하거나 받아들이려 하지 않으면서 인식적 정당성을 확보하려 하기 때문이라고 생각한다. 필자는 알스톤의 입장을 검토하는 가운데 이 점을 특히 부각시켜 그 어떠한 비의무론적 전략도 궁극적으로는 자연화 계획에 포섭될 수 있음을 밝히게 될 것이다.

2. 인식 정당화에 대한 의무론적 견해

'정당화'라는 개념은 주어진 대상의 성질을 있는 그대로 기술하는 서술적 개념과는 달리, 어떤 주어진 기준에 입각하여 그 타당성을 가려내는 데 기여한다는 측면에서 평가적 혹은 규범적 개념이다. 이와 마찬가지로 '인식적 정당화' 역시 타당한 근거라고 하는 기준에 입각하여 믿어야 할지 혹은 믿지 말아야 하는지의 여부에 관계한다는 측면에서 규범-평가적 개념이 될 것이다. 그래서 인식 정당화된 믿음은 타당한 근거에 의해 뒷받침된 믿음이라는 의미에서 "인식론적으로 허용 가능한(permissible)" 믿음이 된다. 하지만 이와 달리 정당화되지 않은 믿음은 그 어떠한 근거에 의해서도 뒷받침되지 않았다는 의미에서 인식론적으로 믿는 것이 허용되지 않으며 따라서 그러한 믿음은 믿어서도 "안 된다."[5)]

이에 따라 한 믿음이 인식적으로 정당화된다는 것은 인식적

5) 이러한 믿음의 예로 '단순한 추측'에 의한 믿음이라든가 '억측'이나 '편견' 그리고 '희망적 사고'에 따른 믿음 등을 들 수 있다. 제시된 믿음들이 지식이 되지 못하는 이유는 그것들을 참이라고 받아들일 만한 이유가 없기 때문이다.

평가의 주체인 인지자가 문제의 믿음에 대해 타당한 근거와의 뒷받침 관계에 관한 의무 이행 여부에 따른다는 생각은 매우 자연스럽다. 말하자면, 한 믿음이 정당화되었다는 것은 인지자가 그러한 믿음을 가짐에 있어 그 뒷받침 관계에 관한 인식 의무를 이행했다는 것을 의미한다. 이렇게 보았을 때, 한 믿음이 인식적으로 정당화된다는 것은 참인 믿음을 받아들이되 거짓인 믿음을 받아들이지 않는다는 의무 이행에 속한 사안임을 알 수 있다. 그래서 인식 정당화는 인식자의 의무 이행 여부에 의해 확보되고, 동시에 인식 정당화라는 개념은 인식적 평가의 차원에서 의무를 나타내는 개념인 '의무,' '책임,' '허용,' '면책'과 같은 의미로 규정된다.[6] 그래서 대부분의 전통적 인식론자들은 인식 정당화의 개념을 의무론적 요소를 포함하는 개념으로 여겨온 것이다. 이러한 견해는 근대의 데카르트, 로크 등으로부터 현대의 제임스(W. James), 치즘(R. Chisholm), 봉쥬르(L. Bonjour), 코니와 펠드만(E. Conee & R. Feldman) 등에 이르기까지 전통적 인식론의 전형적인 모델로 여겨왔다.[7]

---

6) 이 점은 특히 도덕적 정당성과의 유사성을 통해 잘 드러난다. 양자의 유사성이 규범-평가적이라는 차원에서 더 나아가 도덕적 평가의 대상이 행위라면, 인식적 평가의 대상은 우리가 갖게 되는 믿음일 것이다. 그러한 믿음을 갖는 것 역시 넓은 의미의 행위일 것이다. 그래서 양자가 단순한 평가의 차원을 넘어 일종에 행위를 대상으로 한다는 점에서 의무적인 요소를 갖는 것으로 설명한다. 이에 관해서는 Alston(1988a) 참조.

7) 데카르트는 "주어진 명제를 믿어야 하는지의 여부는 우리에게 달려 있으며, 우리는 그 명제에 대한 명석하고도 판명한 관념을 갖는 오직 그 경우에 한해 그 명제를 믿어야 한다"고 『성찰』에서 밝히고 있으며, 로크는 우리가 마땅히 해야 하는 바로서 진리를 추구하는 것은 지적 동물로서의 우리의 의무를 충족시키는 것이라고 명시적으로 밝히고 있다. 현대에 와서도 이러한 의무론적 관점은 그대로 이어진다. 특히, 현대의 인식 의무에 관한 설명이 유래된 것으로 알려진 제임스(W. James)부터 시작하여 제시된 인식론자들 이외에도 퍼어스(R. Firth), 기넷(C. Ginet), 모저(P. Moser), 폴락(J. Pollock) 등을 들 수 있다.

현대 인식론자 가운데 이러한 의무론적 견해의 대표적인 옹호자로 치즘을 꼽을 수 있을 것이다. 그에 따르면 우리는 어떤 명제를 받아들이는 데에 그것이 참인 경우 또 오직 그 경우에 한해 자신이 그 명제를 받아들이는 결과가 되도록 해야 하는 지적 책임을 지닌다고 보고, 그것은 바로 지적인 존재로서 인간이 져야 할 책임이자 의무라는 것이다. 따라서 어떤 시점에서 어떤 인식 주체에 대해 q에 비해 p가 더 합리적이라는 것은 바로 그 시점에서 지적인 존재로서의 그의 책임이 q보다는 p에 의해 더 잘 달성되게 되어 있다는 것을 의미한다.[8] 치즘에 의하면 지적 존재로서 인식 주체는 그의 믿음을 정당화시킴으로써 자신에게 긍정적인 인식적 지위에 도달해야 하는 혹은 인식적 탁월성(epistemic excellence)을 성취해야 할 입장에 있다. 그러한 지위에 도달해야 할 혹은 인식적 탁월성을 성취하는 일은 인식 주체가 얼마든지 할 수 있는 일로서 그가 그 일에 게을리 한다는 것은 인식적 책임을 다하지 못하는 결과가 될 것이다. 이러한 의미에서 인식적 의무의 개념은 전적으로 인식 주체에 의해 결정될 문제인 것이다.

또한 인식 의무에 일관된 입장을 보이고 있는 봉쥬르 역시 "적어도 대부분의 경우에서 우리의 믿음을 곧장 참이 되게 할 수는 없지만, 아마도 인식적으로 정당화되게 할 수 있는 길이 있을 것"[9]이라고 전제하면서 인식적 정당화의 기준이 적절하게 수립된 것이라면, 그 기준에 맞추어 정당화된 믿음이 참이 되는 경향이 있어야 할 것이라고 지적하고 있다.[10] 이처럼 인

인식적 정당성 개념의 유래와 그 전개에 관해서는 Plantinga(1990)를 참조하기 바람.

8) Chisholm(1977), 14쪽.

9) Bonjour(1985), 7-8쪽.

10) 앞의 책, 8쪽.

식적 정당화의 특징적인 면이 진리라는 인식적 목표와 본질적인 혹은 내적인 연관성을 지니는 경우, 즉 참이라고 생각할 만한 좋은 이유가 있는 경우에 한해 주어진 믿음은 정당화될 것이며 또한 그러한 의미에서 정당화된 믿음을 지니는 것은 인식적 책임을 다하는 것이 될 것이다.[11] 인식적 정당화 개념의 핵심을 이루는 것은 바로 이처럼 인식적인 책임을 다하는 데 있다고 본 것이다. 그런데 봉쥬르에 의하면 어떤 믿음을 받아들이는 데에 그것이 인식적 정당화의 기준을 충족하도록 함으로써 인식적 책임을 다하기 위해서는 자신의 믿음이 정당화의 기준을 충족시킨다는 것을 다시 정당화할 수 있는 길이 인식 주체에게 열려 있어야 한다는 것이다. 왜냐 하면 그러한 의미의 상위 정당화(meta-justified)[12]를 하지 못한다면 인식 주체는 자신의 믿음이 문제의 정당화 기준을 충족하더라도 그 사실이 문제의 믿음이 참이 될 가능성이 크다고 생각할 만한 이유를 가지지 못할 것이기 때문이다.[13]

봉쥬르의 이러한 입장은 인식 의무에 대한 이행 여부의 관건이 오직 인식 주체에 달려 있다는 견해에 따른 것임을 알 수 있다. 이러한 의무론적인 견해에 비추어볼 때, 인식 주체가 한 믿음을 받아들일 만한 적절한 이유가 있음에도 그것과는 무관한 이유에서 그 믿음을 받아들인다면, 인식 의무를 올바르게 이행했다고 볼 수 없다. 봉쥬르에 의하면 인식적 의무를 이행하기

11) 앞의 책, 같은 쪽.
12) 상위 정당화라 함은, 인식 의무를 이행하기 위해서는 인식 주체가 주어진 믿음을 받아들이기 위한 근거를 단순히 갖는 것에만 그치는 것이 아니라, 그 근거에 의해 뒷받침된 믿음을 받아들일 만한 이유에 대해 의식하고 있어야 인식적 의무를 이행했다고 볼 수 있다. 말하자면 그러한 상위 의식을 갖고서 믿음을 받아들이는 경우를 말한다. Bonjour(1985), 1장 참조.
13) 앞의 책, 10쪽.

위해서는 한 믿음을 참이라고 여길 수 있는 이유가 있어야 함은 물론이고 그 이유가 문제의 믿음을 정당화한다는 의식을 가져야 할 것이 요구된다. 즉, 치즘의 경우와 마찬가지로 봉쥬르의 경우에도 인식 주체가 인식적 의무를 다하기 위해 해야 하는 노력은 인식 주체에 달린 문제이기 때문에, 정당성 여부를 결정짓는 것은 전적으로 인식 주체의 능력에 따른 것으로 이해할 수 있다.

이와 같이 인식적 정당화를 책임이라든가 의무의 충족이라는 개념에 의거하여 해명하려는 의무론적 견해는 다음의 핵심적인 논점을 반영한다.

> (JR) 인식 정당화는 인식적 책임 내지는 의무의 문제로, 어떤 믿음의 소유자가 그 믿음을 형성하고 유지하는 데에 인식 의무를 저버렸다는 혐의를 받지 않는 경우에 그 믿음은 정당화된다.

이와 같이 (JR)의 견해에 따를 때, 정당화된 믿음을 갖는다고 하는 것은 그 믿음을 소유한 주체가 인식 의무를 충실하게 이행했다는 것을 의미하며, 반면에 정당화된 믿음을 지니지 못했다는 것은 자신이 해야 할 의무를 소홀히 한 것이며 따라서 이행하지 못했다는 것을 의미한다.

그러나 참의 극대화와 거짓의 최소화라는 인식 정당화론의 목표에 비추어 그 의무의 충족 여부에 따른 의무론적 견해와 전혀 다르게 접근하려는 시도 또한 꾸준히 전개되어 왔다. 이러한 시도들 가운데 인식 의무론적 견해를 괴롭힌 문제 가운데 하나로 의무론은 '믿음상의 의지주의(*doxastic voluntarism*)'[14]

14) 믿음상의 의지주의가 담고 있는 핵심적인 주장을 포이만은 다음의 세 가지로 요약하고 있다. ① 믿음의 획득은 인지자의 통제 가능한 행위다. ② 그래서 믿음의 획득은 그에 대한 인지자의 의식을 동반하는 행위다. ③ 따라서 믿음의

를 함축하기 때문에 믿음의 획득에서 우리의 의지와 무관하게 어쩔 수 없이 형성된 믿음에 대해 의무가 부과될 이유가 없다는 주장이다. 믿음의 형성에서 인식 의무에 따른다는 말은 내가 그것을 믿을지의 여부에 관한 한 나의 통제력에 달려 있다는, 즉 믿음의 형성이 전적으로 나의 의지에 의해 결정될 수 있다는 것을 의미한다. 말하자면 제기된 반론은 나의 의지와는 무관하게 믿을 수밖에 없는, 즉 어쩔 수 없이 믿게 되는 경우가 우리의 믿음을 형성하는 대부분을 이룬다면, 우리는 믿거나 믿지 말아야 할 어떠한 의무도 가질 수 없다는 요지를 담고 있다.[15)]

메일랜드(J. Meiland)에 따르면, 증거가 믿음 형성에 중요한 요소이기는 하지만 그것만으로 믿음 획득이 전적으로 결정되지는 않는다고 전제하고, 우리의 믿음이 형성되는 데에 인식 주체의 가치나 목적 혹은 상황적 요인 등에 직접 혹은 간접적으로 영향을 받아 총체적으로 이루어지는 것이기 때문에, 믿음의 형성에서 의무론적 고려는 더 이상 설득력이 없다고 주장한다.[16)] 플란팅가(A. Plantinga) 역시 인식 의무의 충족과 믿음의

획득이 증거적 고려 외적으로 획득되기도 한다. Pojmann(1993) 참조.

15) 이 점에 관해서는 알스톤의 논지가 비교적 선명하다. 그는 윤리학에서와 같이 "당위가 수행 가능성을 함축한다(Ought implies can)"는 원리를 적용하면서 우리에게 인식적 의무가 있다는 것은 무엇을 믿을 것인지의 여부를 선택할 수 있는 능력이 있다는 것을 함축한다는 것이다. 하지만 그 선택에 대한 우리의 통제력이 발휘될 수 없다면, 즉 무엇을 믿을지의 여부를 의지대로 할 수 없다면, 무엇을 믿어야만 하는 당위나 의무가 없을 것이라는 주장이다. 그런데, 믿음상의 의지주의 함축하는 의무론적 견해의 문제는 믿음이 우리의 의지와 무관하게 비자발적으로 형성된다는 사실에서 비롯된다는 요지를 담고 있다. Alston(1988a) 참조. 또한 포이만의 견해에 따르면, 믿음의 획득은 일종에 세계가 우리를 강제하는 작용이기 때문에 우리 의지의 통제력이 행사되거나 선택하는 것이 아니라고 규정하고, 따라서 믿음의 획득은 어떤 것을 행하는 것이 아니라 어떤 것이 자신에게 발생되는 것으로 일종에 수동적인 명제적 태도라는 것이다. Polmann(1993) 참조.

16) 메일랜드에 따르면, 증거적 고려가 아닌 인지자의 가치, 목적, 상황 등 비증

형성 간의 괴리가 그동안 다양한 각도에서 입증되어 왔다고 전제하고, 믿음을 갖게 되는 과정이 자발적이거나 통제 가능한 행위가 아니기 때문에 믿음 획득에는 어떠한 의무론적 요소도 개입되지 않는다고 강조하고 있다.[17] 이들의 말이 맞는다면 믿음의 형성이 나의 의지와는 무관하게 이루어지기 때문에, 무엇을 믿고 또 무엇을 믿지 말아야 한다는 식의 의무는 부과될 수 없을 것이고 따라서 의무론적 견해를 받아들일 수 없을 것이다. 그러나 이러한 입장이 인식 정당화의 의무론적 견해에 별다른 영향을 미치지 못한다는 응수의 가능성 역시 열려 있기는 마찬가지다.

믿음-형성의 의무론적 개입에 대한 반론에는 믿음이 형성되는 데에 우리의 의지와는 무관할 수 있다는 논점을 담고 있다. 여기에는 믿음이 형성되는 과정에 관한 것이고 동시에 그 과정에서 나의 의지력이 행사될 수 없음을 의미한다. 그렇다면 믿음이 형성되는 과정에만 나의 의지력이 행사될 수 없다는 주장을 함축하기 때문에, 이미 형성된 믿음에 대한 *정당화 과정*에서 나의 의지력이 행사될 수 없다는 주장과는 전혀 별개의 문제다. 말하자면, *믿음이 형성되는 과정*과 형성된 믿음에 대한 정당화

거적 고려에 의해서도 얼마든지 믿음이 형성될 수 있다고 보고, 따라서 "어떠한 경우에서도 인지자의 가치나 주어진 상황적인 요인들이 증거의 역할을 적절히 통제하게 된다"고 밝히고 있다. 물론 메일랜드는 이러한 주장을 토대로 궁극적으로는 도덕적 혹은 실용적 의무에 적용하고 있다. Meiland(1980) 참조.

17) 플란팅가에 따르면, 인식 정당화에 대한 기존의 의무론적 견해가 불필요한 문제들을 야기시켜 왔다고 지적하면서 '정당화' 개념 대신에 이와는 다른 '보증(warrant)'의 개념을 그 대안으로 제시하고 있다. 그는 인식 주체가 인식적 의무를 충족시키더라도 지식을 갖지 못하는 경우가 있다고 지적하면서 그동안 다각적으로 입증되어 왔다고 밝히고, 한 믿음이 지식으로 보증을 받기 위해서는 그 인식 주체의 인지 기관이 올바른 방식으로 작동되는 방식에 따라 적합하게 기능해야 한다는 조건을 전제해야 한다고 주장한다. Plantinga(1993) 1장.

과정은 서로 다른 문제이기 때문에, 앞의 반론에서 언급하고 있는 믿음상의 의지주의와 관련한 문제는 믿음 형성-과정에만 해당되는 것으로 보아야 할 것이다. 그렇다면, 나의 믿음이 형성되는 과정은 나의 의지력이 행사될 수 없으므로 그렇게 믿지 않을 수 없게 될 수도 있겠지만, 믿음의 정당화 과정에서는 그것이 어떻게 형성되었든 일단 형성된 믿음에 대한 정당화의 의무를 질 수 있다는 점에서 적절한 반론을 구성하고 있다고 보기 어렵다. 따라서 인식 의무론적 견해를 괴롭힌 믿음상의 의지주의 문제가 믿음 형성-과정에는 반론이 구성될 수 있을지 몰라도 일단 형성된 믿음의 정당화 과정에는 별다른 영향을 미치지 못하게 된다.[18]

믿음-형성에 대한 의무론적 개입에 제기된 반론이 아마도 인식 정당화론에 대한 우회적인 전략일 수도 있다. 인식 정당화론이 적어도 믿음에 관한 이론이라고 했을 때, 믿음의 형성에 있어 의무론적 요소의 개입 자체를 봉쇄시킴으로써 정당화 과정으로 넘어가는 것을 차단하려는 일련의 시도일 수 있기 때문이다. 물론 믿음이 형성되는 과정에서 우리의 의지가 필연적으로 개입될 수밖에 없다고 고집하는 인식론자는 아마도 없을 것이다. 그렇다고 어떠한 과정을 통해 형성된 믿음이 곧장 정당화되었다고 주장하는 인식론자 역시 없을 것이다. 만일 그렇게 주장하는 인식론자가 있다면 그는 믿음에 대한 정당성을 요구

18) 믿음상의 의지주의 문제에 관한 스토입(M. Steup)의 해결책에 따르면, 믿음 형성의 비의지성을 강한 비의지성과 약한 비의지성으로 구분하고 증거 변화에 따른 대처 능력에 따라 대처 가능한 것은 우리가 지적 능력을 발휘할 수 있는 비의지적 믿음이며, 대처 불가능한 것은 우리가 지적 능력을 발휘할 수 없는 비의지적 믿음이라는 것이다. 그는 후자의 강한 비의지성만이 어떤 믿음을 인식적 의무의 대상이 되지 못하도록 배제시키는 반면, 전자의 약한 비의지성은 믿음을 인식 의무의 대상이 되지 못하게 배제시키지 않는다고 답변한다. Steup(1988) 4장 참조.

할 필요가 없기 때문에 형성된 믿음을 곧장 지식으로 여기는 입장을 취해야 할 것이다.

그럼에도 불구하고 제기된 반론은 믿음 형성-과정에 따른 문제이기 때문에 이와는 무관한 믿음의 정당화 과정에는 별다른 영향을 미치지 못할 것이고, 따라서 인식 정당화에 대한 의무론적 견해는 여전히 유지될 수 있다. 그렇다면 인식 의무론적 견해에 대한 효과적인 반론이 구성될 수 있기 위해서는 믿음 형성-과정이 아닌 믿음의 정당화 과정에서 의무론적 견해를 달리 해명하는 전략을 취하거나 아니면 정당성 자체를 포기하는 등의 새로운 전략이 되어야 할 것이다.

3. 비의무론적 정당화 전략의 성격

앞 장의 논의를 통해 우리는 인식 의무론적 견해에 가해진 비판이 믿음의 형성에는 적용될 수 있을지 몰라도 일단 형성된 믿음에 대한 정당화 과정에는 적용될 수 없음을 보았다. 이에 따라 적용 가능한 전략이 되기 위해서는 *한 믿음을 정당화하는 데에서* 의무의 충족 여부와는 달리 접근하려는 시도가 되어야 할 것이다. 그러한 시도의 후보로 인식 정당화가 평가적이라는 측면에는 동의할 수 있어도 그러한 평가가 반드시 의무나 책임의 문제일 필요는 없다는 관점을 반영하는 것일 수 있다. 또한 인식 정당화의 개념을 이와 같이 의무론적 관점과 달리 해명한다는 차원에서 *비의무론적 견해*가 될 것이다.

이러한 견해를 명시적으로 표방하고 있는 알스톤에 따르면 '인식 정당화'가 평가적 개념이라는 점에서 만큼은 동의하지만, 반드시 인식 의무의 이행과 관련된 평가일 필요는 없다는 것이다. 그는 Alston(1985)에서 의무론적인 개념만이 인식적 평가를 위한 개념이 아님을 분명히 하고 있다.[19] 어떤 인식적 행위를 하는 것이 지적인 존재로서 인식 주체의 의무라고 한다면 그것은 의무론적인 개념이라고 할 수 있겠지만, 그렇게 하는 것이 인식적인 관점에서 좋은 일이라고 말한다면 그것은 비의무론적인 평가일 것이라는 지적이다. 말하자면, 인식적인 관점에서 좋다는 것과 지적인 존재로서 의무라는 것은 분명히 구분되는 것이며 정당화가 지니고 있는 평가적 의미는 후자가 아닌 전자에서 비롯된다는 주장이다. 그렇다면 알스톤이 의도하고 있는 믿음의 정당화란 의무의 이행에 따른 것이라기보다는 다만 인식적 관점에서 좋은 것이라고 볼 수 있다. 그래서 인식적인 관점에서 좋다는 것은 진리의 극대화라는 인식적 목표의 관점에서 이해되어야 하며 지적 의무를 소홀히 하지 않음으로써 비난받지 않을 상황에 있다는 개념과는 구분되어야 할 것이라는 제안이다. 만일 인식 주체가 자신이 입수한 모든 증거에 입각해 판단할 수 있는 한 그가 믿고 있는 것이 참일 경우 그러한 목표에 가장 근접했다고 말할 수 있으며, 따라서 어떤 믿음이 적절한 근거에 입각해 있고 그 믿음에 상반되는 그 어떠한 근거도 없을 경우, 인식 주체는 위에서 말한 인식적 목표를 달성한 것으로 볼 수 있으며 그렇기 때문에 인식적인 관점에서 좋은 것으로 취급될 수 있다는 것이다. 그의 말을 직접 들어보면

---

19) 만일 믿음을 지니는가 지니지 않는가 하는 것이 의무에 의거하여 결정되어야 할 문제라면 어떤 믿음을 지님으로써 의무를 다한 결과가 된다면 그 믿음은 유리한 평가를 받게 될 것이다. 그러나 알스톤은 믿음을 지니고 안 지니고 하는 것이 의무에 의거하여 결정되는 것은 아니며 따라서 믿음이 어떤 경우에 유리한 평가를 받게 되는가 하는 것에 대한 해답은 달리 구해야 한다고 본다. 알스톤의 답변은 그 믿음을 지니는 것이 인식적 관점에서 좋은 일인 경우에 믿음은 유리한 평가적 지위를 얻게 된다는 것이다. Alston(1985) 참조.

다음과 같다.

> "S가 p라고 믿고 있으며, 또한 p라는 S의 믿음이 적합한 근거에 입각해 있고 그러한 믿음을 뒤엎을 만한 충분한 이유를 S가 지니지 못하고 있다는 점에서 S의 믿음 p가 인식적 관점에서 좋은 것(good thing)일 때 또 오직 그 경우에 한해, S는 p를 믿는 데에서 정당화된다."[20]

그렇다면 인식적 관점에서 좋다는 것은 무슨 의미인가? 알스톤은 그것을 인식 주체가 입수할 수 있는 증거에 비추어 가능한 한 진리에 접근했다는 의미로 받아들이고 있다. 인식적 관점에서 좋음의 의미를 그와 같이 해석하게 되면 어떤 인식 주체가 그가 입수할 수 있는 증거에 비추어 가능한 한 진리에 근접했을 경우 그의 믿음은 정당화된다는 결론이 귀결될 것이다. 이렇게 해서 알스톤의 인식적 '좋음'의 개념은 인식 주체의 믿음에 대한 적절한(adequate) 증거의 개념을 요구하게 된다.[21] 결국 정당화와 관련하여 알스톤이 말하는 평가는 우리의 믿음 형성에서 진리와의 연관성을 가리기 위한 평가로서의 '좋음'을 의미하기 때문에 알스톤의 정당화 개념이 의무론적 개념과는 다르다.

이와 동일한 맥락에서 레러[22]와 코헨이 주장하고 있는 인식

---

20) Alston(1985), 17쪽.

21) Alston(1985), 25-30쪽 참조.

22) 레러의 경우 Lehrer(1990)에서 취하고 있는 입장은 좀 어정쩡해 보인다. 왜냐 하면, 의무론적 견해를 수용하는 입장을 보이기 때문이다. 그에 따르면, 우리의 믿음 자체가 주관적인 것이기는 하지만, 우리의 믿음이 주관적인 것을 넘어 우리 밖에 있는 실재와 부합할 때 우리의 믿음은 지식이 될 가능성이 있다고 전제하고, 그 믿음의 정당화 가능성을 인식 주체의 역할에서 찾고 있다. 그래서 레러는 지식의 확보란 순전히 주관적인 믿음에서 시작하여 궁극적으로

정당화 역시 인식적 목표에 비추어 이를 얼마나 잘 성취했는지에 관한 평가로 보고 있다.[23] 인식적 목표에 따라 그 정당화 여부가 결정된다는 측면에서 반드시 인식적 의무라든가 책임의 문제일 필요는 없다고 보고, 한 인지자의 인식적 행위는 그러한 목표에 도달하기 위하여 얼마나 좋은 방식(good way)에 따르느냐는 점에서 정도에 따른 정당화임을 주장한다. 그럴 경우 용어의 사용에서도 '정당성'이라는 개념보다는 '합리성(*rationality*)'이라는 개념이 오히려 더 적절하다고 보고 있다. 사실상 이러한 관점에 따를 경우 문제가 되는 것도 인식적 목표에 대한 수단의 적절성이라고 할 수 있는 수단-목적의 합리성에 있음은 분명해보인다. 이는 진리의 반영이라는 인식적 목표를 달성하기 위한 절차적 측면에 주목하는 것으로 이해할 수 있다. 이와 같이 인식 정당화를 인식적 목표에 비추어 얼마나 좋은 방식에 따르느냐의 문제로 본다는 측면에서, 이에 따른 믿음의 정당성에 대한 평가는 다만 인식적 목표에 따른 평가일 뿐 여기에 의무론적 요소는 개입되지 않는다. 이와 같이 알스톤, 레러와 코헨 등이 주장하고 있는 비의무론적 정당성 개념을 정리하면 다음과 같다.

(JP) 인식 정당화는 인식적 목표에 비추어 이를 얼마나 잘 성취했는지에 관한 평가의 문제로, 이는 어떤 믿음이 적절한 근거에 입각해 있고 그 믿음을 뒤엎을 만한 그 어떠한 이유도 가지고 있지 않을 경우, 인식적인 관점에서 좋은 것이다.

이와 같이 (JP)에서는 인식 정당화를 의무론적 개념에 의해

진리를 반영해내는 것이기 때문에 이를 달성하기 위한 인식 주관의 책임을 특히 강조하고 있다. Lehrer(1990), 15쪽 참조.

23) Lehrer & Cohen(1983) 참조.

규정하고 있지 않다는 점에서 (JR)과는 다르다. 이에 따른 한 믿음의 정당화는 다만 인식적 목표에 비추어 어떤 특정한 성질을 갖게 됨으로써 인식적 관점에 따라 좋은 믿음이라는 의미에서 비의무론적 규정이 될 것이다. 그렇게 보았을 때, 비의무론적 견해가 의무론적 견해와 그 성격상 전혀 다르게 비쳐지는 것은 당연하다. 그럼에도 불구하고, 일단 (JR)이나 (JP)에서 공통적으로 받아들이는 듯한 부분이 있다고 한다면, 그것은 한 믿음을 정당화하는 데에 "인식 주체가 그 믿음을 받아들일 만한 적절한 이유를 소유해야 할 것"에 대한 요구를 표방하고 있다는 점이다. 즉, (JR)에서는 '인식 의무'에 따라 그 이유를 인지자가 소유해야 할 것에 대해 요구하는 반면, (JP)에서는 '적절한 근거에 입각한 인식적 목표의 달성'에 따른 이유를 인지자가 소유해야 할 것에 대해 요구하는 것으로 비쳐지기 때문이다. 그런데 문제는 (JR)의 경우 이러한 요구가 자연스러운 반면, (JP)의 경우에는 "과연 그럴 필요가 있는가?" 하는 점이다.

앞에서도 언급한 바와 같이 (JR)의 옹호자인 봉쥬르나 치즘의 경우 인식적 의무를 이행하기 위해서는 한 믿음을 참이라고 여길 수 있는 이유를 인지자가 소유해야 할 것을 요구하게 된다. 왜냐 하면 참이라고 여길 만한 이유를 인지자가 소유하고 있지 못할 경우, 그럴 만한 이유를 인지자가 갖고 있지 못하므로 참이라고 여길 수 있는 믿음을 받아들여야만 하는 의무가 부과될 수 없기 때문이다. 그렇다면 참인 믿음을 받아들여야 하는 의무가 부과되기 위해 그럴 만한 능력의 발휘가 요구된다고 하는 것은 그 믿음을 참이라고 여길 수 있는 이유의 소유(의식적 개입 혹은 접근)가 인식 주관에게 필수적임을 의미한다. 말하자면 인식 의무론적 견해는 내재주의를 함축하고 있다는 말이다. 그러나 (JP)의 경우에는 그 사정이 (JR)과는 다르다.

(JP)에서는 오히려 '인식적 목표의 달성'만이 문제가 되기 때문에, 굳이 한 믿음의 참임에 대한 의식이나 이유를 인지자가 소유하지 않고도 그러한 목표의 달성이 가능하다면 그것만으로 충족될 수 있기 때문이다.

앞에서 살펴본 바와 같이 (JR)이 내재주의를 전제하고 있다는 것에는 아무런 문제가 없다. 그런데 문제는 (JP)가 내재주의를 유지하면서 의무론적 견해인 (JR)을 배제할 수 있는가 하는 점이다. 이러한 상치를 비의무론적 견해인 (JP)에서 마련할 수 없다면, (JP)는 내재주의와 양립할 수 없기 때문에 다른 길을 선택해야 한다는 결론이 나온다. 이러한 (JP)의 문제에 관한 보다 공정한 평가를 위해서는 내재주의가 왜 의무론적 개입을 허용할 수밖에 없는지에 대한 해명과 아울러 의무론적 개입의 근거에 관한 검토가 선행되어야 할 것이다.

4. 인식적 내재주의에 대한 의무론적 개입의 근거

인식 의무론적 견해를 반영하는 (JR)에서 한 믿음의 정당화를 위해 인식 주체가 그 믿음을 받아들일 만한 적절한 이유를 소유해야 한다는 것은 인식 주체의 직접적인 개입에 따른 것임을 의미한다. 이러한 요구는 다음의 논점에 따른 것이다. 즉, 한 믿음을 정당화하는 데에 인식 주체의 직접적인 개입을 요구하는 이유는 참의 극대화와 거짓의 최소화라는 인식 정당화론의 목표에 따라 거짓된 믿음을 피하고 참을 극대화하는 노력이 인식 주체에 달린 문제라고 보는 관점에 따른 것이기 때문이다. 어떤 믿음이 지식으로 이행되는 과정은 우리의 인식 내부에서 일어나는 사건이기 때문에, 그러한 믿음이 정당화되도록 하는 것은 인식 주체가 여기에 어떻게 관여하느냐와 직접적인 연관성을 갖는다. 그런 점에서 인식 주체의 인식적 행위는 당연히 인식 정당화에 기여할 수 있는 것이어야 하고, 인식 정당화론이 지향하는 바에 따른 것이어야 할 것이다. 이러한 견해는 다음의 논제를 반영한다.

(JI) p라는 인식 주관 S의 믿음이 정당화되는 것은, S가 믿음 p의 정당화 부여 속성에 접근하여 그 속성을 직접적으로 파악하는 오직 그 경우만이다.

(JI)에서 한 믿음의 소유자는 정당화의 어떤 중요한 요소라든가 그 정당화의 근거 혹은 그 근거들과 정당화된 믿음 간의 관계에 직접적으로 접근할 수 있는 길이 있어야 한다는 의미를 담고 있다. 그래서 여기에서 '직접적인 파악'은 인식 정당화에 대한 내재론의 관점을 특징적으로 규정하고 있으며, (JI)에 따른 믿음의 정당화는 인식 주관에 직접적으로 접근 가능해야 할 것에 대한 요구를 동시에 반영해주고 있다.[24] 말하자면, 직접적

24) 한 믿음의 정당성 확보에서 내재론에 따를 경우, 그 정당화 부여 속성은 인식 주관이 그 믿음의 근거에 직접적으로 접근할 수 있는(directly accessible) 오직 그 경우에 한해 정당화된다는 특징을 지닌다. 말하자면, 내재론은 인식 정당화의 속성을 S(인식 주체)에 대해 직접적으로 접근 가능한 측면에 호소하여 정의하고자 한다. 인식 주체가 직접적으로 접근 가능한 것은 바로 자신의 내적 상태밖에 없으며 이것은 S가 p에 대해 알고 있거나 그에 대한 정당화된 믿음을 갖는다는 것을 내재론에서는 S가 어떤 '내재적 상태'에 있다는 의미로 받아들인다는 것을 뜻한다. 그 근거를 증거로 파악하고 있는 코니(Earl Conee)는 다음과 같이 내재론을 특징적으로 규정짓고 있다. "누구든 자신의 믿음이 참이라는 증거에 반성적으로 접근할 수 있는 경우에 한해 그 믿음은 정당화된다. …위의 예들에 비추어 다음과 같은 결론을 내리는 것이 합리적이다. 즉, 어떤 믿음이 참임을 뒷받침하는 증거에 대해 인식 주체가 인식적으로 접근할 수 있는 경우에만 그 믿음은 인식적으로 정당화된다. 다시 말해 정당화하는 증거를 반드

으로 접근하여 파악할 경우에 한해 정당화가 확보된다는 말이다. 그런데 인식 정당화는 규범적인 개념이다. 그것은 자신의 믿음이 지식으로 인정받기 위해서 반드시 수행해야 할 작업이라는 의미에서 그렇다. 그래서 내재론자들은 여기서 '수행해야 한다'는 것을 인식과 관련된 윤리적 개념과 같은 것으로 파악하고 있다. 그들은 즉 정당화를 '수행해야 한다'는 것은 인식 주체가 지식을 획득하는 데에 담당해야 할 책임 내지는 의무라는 뜻으로 여기고 있다. 그런 뜻이라고 한다면 정당화 부여 속성을 파악한다는 것은 인식적 의무에 해당한다고 말할 수 있다.

물론 (JI)는 정당화를 인식과 관련된 의무로만 규정하는 (JR)과는 논리적으로는 독립된 명제다. 그런데 정당화가 인식적 의무라는 명제는 다음의 두 가지 전제로부터 귀결된 것이다.

(D) 인식 주체가 지식을 추구하는 데에서 인식적 목표(epistemic goal)를 달성해야 할 인식적 의무가 있다.

(J) 정당화를 수행할 경우에 한해 그러한 인식론적 목표가 달성된다.

(D)는 ㈀ "X를 달성해야 할 (인식적) 의무가 있다"라는 형식을 지니고 있으며 (J)는 ㈁ "Y를 할 경우에 한해 X가 달성된다"는 형식으로 되어 있다. 이 말은 ㈀과 ㈁에서 X 대신에 '인식적 목표'를 대입하고 Y 대신에 '정당화'를 집어넣음으로써 각각 (D)와 (J)가 얻어진다는 것을 의미한다. ㈀과 ㈁으로부터 "Y를 하는 경우에 한해 인식적 의무를 다하게 된다"라는 결론을 도

시 내재적으로 입수할 수 있어야 한다." Conee(1988), 398쪽. 여기에서 "정당화하는 증거를 반드시 내재적으로 입수할 수 있어야 한다"는 구절은 문제의 증거가 단순히 있는 것만으로는 충분하지 않으며 인식 주체가 반성에 의해 그 증거에 내적으로 접근할 수 있는 길이 있어야 한다는 것을 의미한다.

출할 수 있으며, 따라서 (D)와 (J)로부터는 “정당화를 수행할 경우에 한해 인식적 의무를 다하게 된다”[25]는 결론이 이끌려나올 것이다. 이 명제는 인식적 의무를 다할 경우 정당화된다는 취지의 (JR)과 그 의미상 동치다. 그런데 만일 ㈀과 ㈁에 ㈂ “Z를 하는 경우에 한해 Y가 달성된다”는 명제를 덧붙일 경우 “Z를 하는 것이 인식적 의무다”라는 결론이 궁극적으로 귀결될 것이다. 여기에서 ㈂에 해당하는 명제를 제공하는 것이 바로 (JI)다. 구체적으로 ㈂에서 Y 대신에 앞서와 같이 ‘정당화’를 대입해 넣고, Z 대신에 ‘정당화 부여 속성을 직접적으로 파악하기’를 대입해 넣음으로써 (JI)가 얻어진다.

위에서 지적한 것처럼 정당화의 정의 (JI)와 정당화의 의무론적 규범의 성격을 주장하는 (JR)은 논리적으로는 별개의 명제다. 그럼에도 불구하고, 정당화 개념에 관한 내재론적 정의 (JI)를 받아들이면서 (JR)을 정의하는 것은 얼마든지 가능하다. 그래서 대부분의 내재론자들은 (JI)는 물론 (JR)도 받아들이고 있는 것이다. 그렇다면 왜 이러한 현상이 벌어지는 것인가? 그 이유를 ‘직접적 접근’ 내지는 ‘직접적 파악’이라는 개념에 의거하여 정당화를 정의하려는 내재론자들의 동기에서 찾아야 할 것이다. 그들이 그 개념을 굳이 고집하는 데에는 정당화 부여 속성이 무엇이 되었건 그 속성을 인식 주체가 직접적으로 파악함으로써 인식적 책임을 다하게 된다는 무의식적 전제가 작용했던 것이다. 만일 인식 주체에게 부여되는 책임이 있다면 그것을 다하는가 그렇지 않은가는 순전히 인식 주체에 달린 문제여

25) 여기서 인식적 의무를 다하게 된다는 것은 인식과 관련된 의무를 하등 저버리지 않게 된다는 것이다. 따라서 이러한 의미에서 어떤 믿음을 정당화하였다는 것은 그 믿음을 믿어야 한다는 것을 함축하지 않는다. 오히려 그것을 믿는 것과 관련된 의무를 저버리지 않음으로써 그 믿음을 지니는 것이 허용된다는 것을 함축하게 된다. Alston(1985), 26쪽 참조.

야 한다. 그것을 수행하고 안 하는 것이 어떤 사람에게 달려 있는 문제가 아니라면 그것을 수행하는 것이 그 사람의 책임이나 의무라는 말은 할 수 없을 것이기 때문이다. 그런데 인식 정당화 과정에서 구체적으로 그것을 하는가 안 하는가가 전적으로 인식 주체에 달린 문제가 된다면 그것은 어떤 성격의 것이겠는가? 많은 내재론자들은 인식 주체가 직접적으로 접근할 수 있는 것만이 그러한 성격을 지닌다고 생각하는 것이다. 이러한 고려가 바로 대부분의 내재론자들이 (JR)을 수용하는 이유를 잘 설명해준다.[26)]

앞서 우리는 (JR)이 "정당화를 수행할 경우에 한해 인식적 목표가 달성된다"는 명제와 더불어 "인식적 목표를 달성하는 것이 인식적 의무다"라는 명제로부터 귀결됨을 보았다. 그렇다면 내재론자들은 여기서 말하는 인식적 목표가 어떠한 것으로 간주하고 있는가? 그것은 말할 것도 없이 가급적 거짓을 피하고 진리를 극대화하는 것이다. 다음과 같은 치즘의 말이 이를 뒷받침한다.

"우리는 모든 사람이 어떤 순수한 지적 조건을 충족시켜야 한다

---

26) 내재주의에 따른 정당화 결정의 요인은 인식 주체의 정신에 내적인, 즉 반성을 통해 접근 가능한 것이어야 한다. 그래서 나의 믿음이 나의 정신에 내적이라는 것은 그 믿음에 대해 나의 반성을 통해 파악 가능하다는 것을 의미한다. 예를 들어, 나의 지각적 경험이 나의 정신에 내적인 이유는, 내가 현재 나의 주의를 기울일 때 나는 나의 지각에 의해 경험하고 있는 것이 무엇인지를 말할 수 있기 때문이다. 의무론적 견해에 따른 인식 정당화가 내재주의를 함축하는 것도 이와 동일한 맥락에서 이해할 수 있다. 말하자면, 내가 p를 믿을지의 여부를 결정하는 것이 주어진 시점에서 나의 의무인지는 나의 정신 외적인 것과는 아무런 관련이 없다. 그렇다면, 나의 인식적 의무를 결정하는 것 역시 현재 내가 가지고 있는 증거에 입각해 나의 반성을 통해 파악 가능한 것이어야 한다. 따라서 인식 의무론적 정당화는 반성을 통해 파악 가능해야 하기 때문에 그렇지 않는 것은 정당화 결정의 요인이 될 수 없다.

고 가정할 수 있을 것이다. 그 조건이란 즉 그가 고찰하는 모든 명제 h에 대해 h가 참인 경우 또 오직 그 경우에 한해 그가 h를 받아들이는 결과가 야기되도록 최선의 노력을 다해야 한다는 것이다. 이것이 바로 지적 존재로써 그 사람의 책임이라고 말할 수 있을 것이다."[27]

여기서 치즘이 말하는 '지적 조건'이 인식적 의무에 해당함을, 그리고 '그가 고찰하는 모든 명제 h에 대해 h가 참인 경우 또 오직 그 경우에 한해 그가 h를 받아들이는 결과가 야기되도록 최선의 노력을 다한다'는 것이 바로 그가 가급적 거짓을 피하고 진리를 극대화하도록 노력한다는 것을 의미함을 쉽게 알 수 있다. 다시 말해 치즘도 가급적 거짓을 피하고 진리를 극대화하도록 노력하는 것이 모든 인식 주체가 달성해야 할 의무인 인식적 목표에 해당한다고 보고 있는 것이다. 그리고 앞 장에서 언급한 봉쥬르 역시 인식 정당화에 관해 치즘과 같은 의무론적 견해를 피력하고 있다.

5. '인식 의무'를 둘러싼 인식론에서의 자연화 전략

앞 절에서 우리는 (J)를 전제했을 때, (JR)이 (D)에서 귀결됨을 보았다. 이것은 (JR)을 받아들이는 대부분의 내재론자들이

27) Chisolm(1977), 14쪽. 이어서 치즘은 다음과 같이 말하고 있다. "'t에서 S에 대해 p가 q보다 더 합당하다'는 말을 다시 표현하면 이와 같이 말하는 것이다. 즉, S가 t에 그렇게 적용되는 것은 지적 존재로서 그의 지적 요구와 책임이 p보다는 q에 의해 더 잘 충족되기 때문이다." 치즘은 이에 관한 예로 "불가지론이 유신론보다 더 합당하지 않다면, 유신론은 무신론보다 더 합당하다"고 말하고 있다.

사실은 (D)를 전제하고 있음을 의미하는 것이다. 그런데 (D) 대신에 다음 명제를 수용하려는 인식론자들이 있다.

(E) 인식 주체가 지식을 추구하는 데에 인식적 목표를 달성하는 것이 인식적 관점에서 좋은 것이다.

(E)가 (J)와 결합하게 되면 "정당화가 되는 것은 인식적인 관점에서 좋은 것이다"라는 명제가 귀결될 것이다. 앞의 3절에서도 언급되었듯이 알스톤, 레러와 코헨의 경우가 (D) 대신에 (E)를 받아들이려는 입장을 취하고 있다. 말하자면, (D)와 (J)로부터 도출된 "인식 주체가 인식적 의무를 다하는 경우에 한해 정당화된다"가 아닌, (E)와 (J)로부터 "인식적 관점에서 좋은 경우에 한해 정당화된다"는 명제를 받아들이고 있는 셈이다. 그렇다면 이들이 (D)가 아닌 (E)를 받아들이려는 이유는 어디에 있는 것일까?

이들에 따르면 인식 정당화의 의무론적 견해에 따를 경우 진리와 믿음이 올바른 방식으로 결합되지 않기 때문에, 참인 믿음의 확보라는 인식적 목표를 달성하기 어려울 것이라는 진단에 따른다. 말하자면 어떤 믿음이 정당화되기 위해서는 적합한 근거에 의해 뒷받침되어야 한다는 전제가 충족되어야 함에도 불구하고, (D)는 이러한 전제를 충족시킬 수 없기 때문에 (D)와 (J)는 올바른 방식으로 결합되지 않는다는 말이다.[28] 그렇다면 (J)와 (E)를 결합시킴으로써 가능하다는 의미일 것이다. 따라서 (J)에 인식 의무론적 견해인 (D)가 결합될 경우 진리와 믿

28) 의무론적 정당화의 견해에 따를 경우 적합한 진리 공헌적 근거와 올바른 방식으로 결합되지 않는다는 알스톤의 지적에는 실제로 어떤 믿음이 사실적 개연성을 갖지 않음에도 불구하고 의무론적으로 정당화될 수 있음을 염두에 둔 것이다.

음 사이의 간극을 결국 허용할 수밖에 없기 때문에, 새로이 요청되는 (E)와 결합된 모델은 그 간극을 허용하지 않을 것이라는 의도로 받아들일 수 있다. 이는 (J)에 (D)가 아닌 (E)를 결합시킴으로써만 그 간극을 메울 수 있으리라는 계획에서 출발한다. 그런데 문제는 (E)를 통해 그 간극을 어떻게 허용하지 않게 되는가 하는 점과 더 나아가 이에 대한 대표적인 옹호자인 알스톤 역시 그 자신이 실제로 염두에 두고 있는 것이 (E) 자체에 있지는 않다는 사실이다. 궁극적으로 그는 인식 의무론적 관점을 자연화 계획에 편입시켜 그 해결 방안을 모색하고 있기 때문이다. 그렇다면, (J)와 (E)를 결합시키는 방식에 따른 모델을 제시하고 있는 그의 입장을 통해 그가 의도하는 바를 보다 면밀하게 살펴볼 필요가 있을 것이다.

인식 의무와 관련하여 Alston(1985)에서 알스톤은 인식 정당화의 개념이 갖는 특성상 기술적이기보다는 평가적 개념이라는 점에서 만큼은 분명히 하고 있다. 이 글에서 그는 인식 정당화 개념을 사실적 개념이 아닌 넓은 의미의 평가적 개념이라고 규정하면서, 특히 인식적 측면의 평가와만 관련된 것으로 보고 그러한 인식적 평가는 이른바 "인식적 관점"에 따른 것으로 인식적 관점은 믿음의 체계 내에서 진리를 극대화하고 거짓을 최소화하려는 목적에 의해 정의된다고 규정하고 있다.[29] 말하자면, 인식적 정당성에 대한 평가는 진리의 반영이라는 인식적 목표에 비추어 '좋다'는 식의 평가일 뿐 여기에 의무적인 요소는 없다는 주장으로 받아들일 수 있다. 여기까지는 (E)를 충실히 이행하는 것처럼 보인다.

그러나 이후 Alston(1988)에서 그는 인식 정당화 개념이 이러한 평가적 지위가 수반하고 있는 기초에 전적으로 의존하고

29) Alston(1985), 25-30쪽 참조.

있다는 점에서 그렇게 순수하게 평가적이지만은 않다고 일부 수정하여 제안하고 있다. 여기서 알스톤은 '적합한 근거'는 '그 믿음의 참임을 직접적으로 드러내줄 수 있는 것'이어야 한다는 주장으로 이를 뒷받침하고 있다.[30] 이는 적합한 근거에 기초를 둔 믿음만이 정당화된다는 것을 의미한다. 여기에서 인식 의무나 책임의 문제는 더 이상 개입되지 않는다. 오히려 인식 주관 S와 상충되는 그 어떠한 논박 가능성도 허용하지 않는 방식으로 자신의 입장을 정리하고 있다. Alston(1989)에서도 알스톤은 다음과 같이 말하고 있다.

> "… 어떤 근거가 인식적 목표와 관련하여 좋은 것이기 위해서는 오직 '진리 공헌적'이어야만 한다. 말하자면, 그 근거는 믿음의 참임을 충족시킬 수 있는 근거가 되어야 할 것이다. 다시 말해서, 어떤 근거가 주어졌을 때, 그 근거에 따른 믿음은 참일 개연성이 극히 높은 것이어야 한다"[31][필자 강조].

이 주장에 따르면 적합한 근거는 오직 진리 공헌적어야만 한다. 그런데 적합한 근거가 진리 공헌적이기 위해서는 그 근거로 작용하는 믿음들이 참임을 반영한다는 인식적 목표에 따른 좋은 믿음이 되어야 하는데, 그럴 수 있기 위한 방편으로 참일 개연성을 갖는 믿음의 확보에 두어야 할 것에 대한 제안이다. 그렇다면 여기에서 그가 염두에 두고 있는 개연성이란 무엇인가? Alston(1989)에서 알스톤 자신이 염두에 두고 있는 개연성이란 일종에 '경향성'으로 생각하고 있다고 토로하고 있으며, 이는 세계의 합법칙적 구조에 따른 방식으로 한 사태가 다른 사태를 개연적이게 만드는 그러한 개연성의 개념으로 정리하

30) Alston(1988a), Alston(1988b) 참조.
31) Alston(1989), 231쪽.

고 있다.[32] 말하자면, 어떤 근거가 한 믿음을 개연적이도록 하는 것은 세계가 그 믿음을 개연적이게 만드는 합법칙적 구조에 달려 있다는 것이다. 그래서 이에 따른 한 믿음의 정당화는 그 믿음의 역사라고 할 수 있는 근거와의 인과적 혹은 합법칙적 관계에 의해 결정된다.[33] 그의 의도상 분명한 것은, 한 믿음을 개연적이게 만드는 근거는 물리적 세계가 진행하는 방식에 따라 법칙적으로 결정되는 것이기 때문에 의무나 반성과 같은 인식 주체의 접근과는 그래서 무관하게 된다. 결국 그에게 한 믿음이 정당화된다고 하는 것은 그 믿음을 사실적으로 개연적이게 하는 근거에 기초를 두고 있어야 한다는 것을 의미한다.[34]

지금까지의 논의를 통해 알스톤의 이러한 제안을 어떻게 받아들여야 할지 혼란스러울 정도로 그의 입장을 일관되게 이해하기가 어렵다. 일단 분명한 것은 그가 Alston(1985)에서 제안

---

32) 그의 말을 직접 들어보면 다음과 같다. "… 내가 염두에 두고 있는 개연성이란 일종의 '경향성'에 따른 것을 의미하는 것으로, 이러한 개연성의 개념에 의거할 경우 세계의 합법칙적 구조는 한 사태가 다른 사태를 개연적이게 하는 그러한 것이다." Alston(1989), 232쪽.

33) 알스톤이 말하는 어떤 믿음의 근거가 그 믿음이 기초를 두고 있는 것이라고 했을 때, 그 기초를 두는 것이란 인과적 혹은 법칙적으로 결정된다는 것을 의미한다. 예를 들어, 찌는 듯한 더위에 연구소가 시원하다는 나의 믿음이 에어컨이 설치되어 있다는 믿음에 기초한 것이라면, 이때 나는 에어컨이 있기 때문에 시원하다는 믿음을 갖게 될 것이다. 이 경우 두 믿음은 인과적으로 연결되어 있다고 알스톤은 설명한다. 이에 관한 상세한 논의는 Alston(1988b)을 참조바람.

34) 이에 관해 스토입은 개연성을 사실적 개연성과 인식적 개연성으로 구분하면서, 알스톤의 경우 어떤 믿음이 사실적으로 개연적이지 않으면서 의무론적 견해에는 정당화될 수 있기 때문에 인식 의무론적 견해는 적합한 진리 공헌적 근거와 올바른 방식으로 결합되지 않게 된다는 주장으로 평가하고 있다. 하지만 스토입은 의무론적 진영에서는 증거에 의해 뒷받침되어 믿게 되는 것이 우리의 인식적 의무라면 인식적으로 개연적이지 않은 것을 믿으면서 인식 의무를 충족시킬 수는 없다는 응수가 얼마든지 가능하다고 지적하고 있다. Steup (1996), 81-83쪽.

하고 있는 주장을 Alston(1988) 이후에는 일관되게 유지하고 있지 못하다는 사실이다. 말하자면, Alston(1985)에서 내재주의를 유지하면서 의무론적 견해를 배제하고 있는 반면, Alston(1988)을 기점으로 해서는 내재주의조차도 은근히 벗어나고 있음을 확인할 수 있다. 그렇다면 왜 이러한 현상이 벌어지는 것일까?

우리는 4절의 논의를 통해 인식 의무론적 견해의 옹호자들이 왜 내재주의를 받아들일 수밖에 없는지를 보았다. 말하자면, 인식 의무론적 견해는 내재주의를 전제하는 오직 그 경우에 한해 유지될 수 있다는 지적이었다. 그런데 여기에서 재차 문제가 되는 것은 인식 의무를 포기하는 방식에 따라 성립될 수 있는 가능성에 관한 것이다. 말하자면 인식 의무를 포기하면서 동시에 내재주의를 유지시킬 수 있느냐 하는 점이다. 물론 여기에는 두 가지 대안이 가능하다. 다음의 가능한 대안을 통해 알스톤의 의도 또한 분명하게 드러날 것이다. 그 대안 중 하나는, 인식 의무를 포기하더라도 내재주의는 유지될 수 있다는 입장이다. 말하자면, 인식 의무를 포기하는 방식에 따라 한 믿음의 정당화가 인식 의무가 아닌 진리 공헌적이라는 인식적 목표에 따른 좋음이라는 평가의 차원에서 내재주의를 유지하는 것이다. 3절에서 제시된 비의무론적 견해인 알스톤의 1차적인 전략이 여기에 해당한다. 다른 하나는, 인식 의무가 필연적으로 내재주의를 동반할 수밖에 없기 때문에, 의식 의무를 포기한다는 사실은 내재주의 역시 포기해야 한다는 입장이 있을 수 있다. 이에 따른 믿음의 정당화는 인식 주관의 내적 요인에 의해 확보될 수 없기 때문에, 외부적 요인에 의해 그 정당성이 확보될 수 있는 방식을 취해야 할 것이다. 이른바 자연화 계획의 일환이 될 수 있도록 하는 것이다. 알스톤이 취하고 있는 이후의 전략이 바로 여기에 해당한다.

그런데 전자의 경우는 3절 말미에서도 잠시 언급되었듯이 참인 믿음의 확보라는 인식적 목표의 달성을 위한 효과적인 전략이 되지 못한다. 동시에 4절의 논증을 통해 밝혀진 바와 같이 한 믿음의 정당화가 진리를 극대화하고 거짓을 최소화하려는 목적에 의해 규정되는 인식적 관점에 따른다고 할지라도, 인식적 관점에 입각한 평가라는 측면을 받아들이는 것이라고 한다면 어차피 내재주의적 관점을 포함할 수밖에 없다. 그렇다면 분명한 것은 그러한 인식적 관점에 따른 평가는 인식 주체의 개입이 비록 적극적 의무는 아닐지라도 최소한의 의무론적 요소를 포함할 수밖에 없다는 사실이다.[35] 그것이 아무리 인식적 목표에 따른 관점에 입각해 있다고 할지라도, 그에 따른 평가는 결국 인지자의 개입에 의해 수행되어야만 하는 사안이기 때문이다. 알스톤 역시 이 점을 분명히 의식하고 있었던 것으로 보인다.

Alston(1985)이나 Alston(1988) 이후에도 여전히 알스톤이 염두에 두고 있는 전제는 한 믿음의 정당화는 적합한 근거에 의해 뒷받침되어야 할 것에 대한 요구다. 이러한 요구를 충족시키기 위해 알스톤은 곧장 뒷받침 관계에 대한 이유의 소유라는 인식 주체의 반성적 측면을 포기하는 극단적인 방법을 선택할 수는 없었다. 왜냐 하면 규범성의 영역을 완전히 떨칠 수는 없었기 때문이다. 그래서 그가 취하게 되는 1차적인 전략은 이

35) 의무론적 견해에서 내재주의를 포함하지 않는 믿음의 정당화가 확보될 수 없는 이유는 도덕적 의무에서 확인할 수 있다. 이에 따라, 나에게 의무가 부과될 수 있는 것은 내가 행위해야 하는 그 시점에 내가 파악(접근)할 수 있는 정보(증거)에 의해 결정될 뿐이다. 마찬가지로, 나의 인식적 의무를 결정하는 것도 현재 내가 확보할 수 있는 증거에 의해 결정될 따름이다. 게다가 내가 현재 확보할 수 있는 증거는 나의 반성을 통해 파악할 수 있는 것이어야 한다.

러한 내재론적 근간만큼은 유지하면서 인식 의무를 포기하는 방식에 따른다. 그러나 1988년 이후 그 참임을 직접적으로 드러내줄 수 있는 믿음의 확보라는, 즉 내재주의를 포기하는 방식으로의 수순을 밟게 된다. 그렇다면 알스톤이 왜 이러한 수순을 밟게 된 것일까? 아마도 인식 내재주의를 포기하지 않고서는 그가 말하는 '적합한 근거에 의해 뒷받침된 믿음의 확보', 즉 '참일 개연성을 갖는 믿음의 확보'라는 인식적 목표의 달성은 아마도 어려웠을 것이라는 판단에 기인한다. 그가 의도한 바가 적어도 한 믿음과 그 믿음의 참임을 직접적으로 연결시켜줄 수 있는 장치의 고안에 있다고 했을 때, 이를 실현시킬 수 있기 위해서는 내재론적 근간을 유지하고서는 불가능하리라는 자신의 진단에 따른 것이다. 이른바 인식론에서의 자연화 전략을 통해 소기의 목적을 달성하려는 의도에 따른 것임을 알 수 있다. 물론 그 선택의 폭이 그리 크지는 않았기 때문에, 인식 의무를 포기하는 동시에 내재주의를 유지한다는 것이 최소한의 의무론적 요소를 받아들일 수밖에 없다는 부담감이 그러한 수순을 밟도록 작용한 것이다.

6. 나오는 말

지금까지 인식 의무론적 견해를 둘러싸고 전개된 논의에 깔려 있는 배경을 보다 명시적으로 밝히기 위해 비판적인 관점을 표방하는 이론이 갖는 전략상의 특징을 인식 정당화의 본성과 관련하여 다각적으로 모색해보았다. 그 과정에서 인식 의무론적 견해에서 내재주의적 조건을 포함하지 않는 그 어떠한 정당화론도 옳은 것일 수 없다는 결론에 도달할 수 있었고, 이를 통해 의무론적 견해에 대한 비판의 이면에는 자연화의 전략적 의도가 숨어 있다는 점과 그 밖에도 몇 가지 사실을 더 확인할 수 있었다. 우선 인식 의무와 관련하여 일반적으로 제기되는 주된 비판에는 믿음이 형성되는 과정에서 인식 주체의 의무 이행 여부와 무관할 수 있다는 비판이었다. 하지만 그 비판이 믿음이 형성되는 과정과 일단 형성된 믿음에 대한 정당화 과정을 동일시한 데서 비롯된 것이기 때문에, 인식 의무론적 견해에 아무런 영향을 미치지 못한다는 사실 또한 알 수 있었다. 이는 인식 의무론적 논쟁의 성격이 어떤 것이어야 하는지를 확인시켜준 것이기도 하다.

더 나아가 '인식 의무'를 둘러싼 논의가 활발하게 전개되어오기는 했으나, 실상은 인식 의무 자체를 둘러싼 논의에 한정되어 있지 않았다는 점이다. 당시 인식 의무에 대한 비판 자체도 의무론적 견해를 근간으로 하는 전통적인 내재주의 인식론의 판도에 근본적인 변화를 추구하려는 자연주의자들의 의도에서 비롯된 것이며, 이를 알스톤을 통해 확인할 수 있었다. 그 과정에서 내재론의 근간을 유지하면서 의무론적 견해를 배제할 수 없음이 특히 4절과 5절의 논증을 통해 드러났다. 말하자면, 한 믿음의 정당화란 '적합한 근거에 의해 뒷받침되어야 할 것'이라는 인식적 목표를 충족시키기 위해 알스톤은 전기에 내재론적 근간을 유지하면서 인식 의무를 배제하려 했지만 그리 순조롭지만은 않았던 것은 어쨌건 내재론적 근간을 유지한다는 사실은 의무론적 요소를 포함할 수밖에 없었기 때문이다. 결국 알스톤의 선택은 다시금 내재주의에 대한 포기라는 수순을 밟게 된다. 말하자면, 내재주의에서 탈피하지 않고서는 인식 의무론적 요소를 허용할 수밖에 없기 때문에 궁극적으로 그의 선택 또한 분명했던 것이다. 이러한 귀결은 한 믿음을 사실적으로 개연적이게 하는 근거에 기초를 두어야 한다는 이른바 인식론에서의 자연화 계획에 따른 것이다.

인식론에서의 자연화 계획은 일차적으로 지식의 본성에 대한 해명의 맥락에 따라 사실적인 자연과학의 개념을 통해 인식 정당화를 해명하려는 방식으로 나타나게 되지만, 인식 정당화라는 규범적 개념을 단순히 사실적 개념을 통해 분석하려는 시도에만 머물지는 않는다. 오히려 자연화 전략의 본질적인 측면은 그 이상의 의미를 함축하는 것으로, 말하자면 인식론은 자연과학의 실질적인 연구 성과를 반영해야 한다는 견해가 그 이면에 깔려 있다는 점이다. 이 말은 자연과학의 구체적인 연구 성과가 인식론의 내용에 실질적인 부분을 이루어야 한다는 것을 의미한다. 이는 적어도 자연과학의 탐구 결과에 따라 인식론의 내용 역시 변화될 수 있음을 의미하기 때문에, 내재론적 인식 의무를 근간으로 하는 인식 규범의 변화 가능성을 허용하게 된다. 그렇다면 한 믿음의 정당화에서 인식 의무에 따라 규제적 역할을 수행해온 인식적 규범은 자연과학의 제약 하에 놓일 수 있다는 주장 역시 가능할 것이고, 더 나아가 기존 인식론에서 경험과학의 도움 없이는 더 이상 독자적인 답변을 마련하기 어렵다는 결론까지 나오게 된다. 따라서 자연화 전략이 갖는 본질적인 측면은 전통적 인식론과의 차별화 전략을 취하려는 것이고, 동시에 자연과학의 실질적인 성과에 의존하지 않는 인식적 규범은 결코 유지될 수 없다는 계획을 완성시키려는 것이다. 여기에는 인식 규범이 주어진 상황에서 어떻게 산출되는가를 경험적으로 밝히고, 이러한 규범이 우리의 인식 과정에서 어떠한 기능을 하는가에 대해 설명하는 것으로서의 인식론에 대한 역할을 재규정하려는 의도를 포함한다.*

---

* 이 논문은 2002년 8월에 열린 한국칸트학회 제44차 학술발표회에서 읽은 글

□ 참고 문헌

홍병선(2002), 「인식론에서의 자연화, 그 철학적 함축」, 『과학철학』 제5권 1호.

Alston, W. P(1985), "Concepts of Epistemic Justification", *The Monist 68*, reprinted in *Epistemic Justification: Readings in Contemporary Epistemology*, Rowman & Littlefield: Loyola Univ. Press.

Alston, W. P(1988a), "The Deontological Conception of Epistemic Justification", in *Epistemic Justification*, Cornell Univ. Press.

Alston, W. P(1988b), "An Internalist Externalism", *Synthese 74.*

Alston, W. P(1989), "Internalism and Externalism in Epistemology", *Philosophical Topics* 14.

Alston, W. P(1989), *Epistemic Justification: Essays in the Theory of Knowledge* (Ithaca, N. Y. Cornell Univ. Press)

Bonjour, L.(1985), *The Structure of Empirical Knowledge*, Cambridge: Harvard Univ. Press.

Chisholm, R. M.(1977), *Theory of Knowledge*, 2nd ed., Englewood Cliffs, N.J.: Prentice-Hall.

Chisholm, R. M.(1989), *Theory of Knowledge*, 3nd ed., Englewood Cliffs, N.J.: Prentice-Hall.

Conee, E.(1988), "The Basic Nature of Epistemic Justification", *The Monist* 71, 3.

Feldman, R.(1993), "Epistemic Obligation", in *Pojman*(ed).

을 여러 선생님들의 지적과 맹주만 교수님의 논평에서 지적한 문제점들을 상당 부분 받아들여 수정, 보완한 것이다.

Feldman, R. & Conee, E.(1985), "Evidentialism", *Philosophical Studies* 48.

Fumerton, R.(1988), "The Internalism / Externalism Controversy", *Philosophical Perspectives 2*, Epistemology.

Goldman Alvin I.(1979), "What is Justified Belief", in Paul K. Moser, ed., *Empirical Knowledge.*

Rowman & Littlefield.(1980), "The Internalist Conception of Justification", *Midwest Stud. Phil., Vol. 5.*

Rowman & Littlefield.(1993), *Philosophical Applications of Cognitive Science*, 제1장, Westview Press.

Kitcher, P.(1992), "The Naturalists Return", *The Philosophical Review Vol. 101 : 1.*

Kim, Jaegwon(1988), "What is Naturalized Epistemology", *Philosophical Perspectives 2* : Atascadero, CA : Ridgeview Press.

Kornblith H.(1980), "Beyond Foundationalism and the Coherence Theory", *The Journal of Philosophy 72.*

Kornblith H.(1983), "Justified Belief and Epistemologically Responsible Action", *The Philosophical Review*, XCII, No.1, January.

Kornblith H.(1985), "Introduction : What is Naturalistic Epistemology?", *Naturalizing Epistemology*, A Bradford Book, M.I.T Press.

Lehrer, K.(1990), *Theory of Knowledge*, Boulder, Co : Westview Press.

Lehrer, K. & Cohen, S.(1983), "Justification Truth and Coherence", *Human Knowledge*, Paul K. Moser & Anold vander Nat,

Oxford Univ. Press.
Maffie, J.(1990), "Recent Work on Naturalized Epistemology", *American Philosophical Quarterly Vol. 27.*
Meiland, Jack.(1980), "What Ought We to Believe or the Ethics of Belief Revisited", *American Philosophical Quarterly Vol. 17.*
Plantinga, A.(1990), "Justification in the 20th century", *Philosophy and Phenomenological Research 50.*
Plantinga, A.(1993), *Warrant : The Current Debate*, Oxford Univ. Press.
Pojman, Louis P.(1993), "Willing and the Ethics of Belief", in L. P. Pojman (ed) *The Theory of Knowledge : Classic & Contemporary Readings*(Belmont, Calif)
Pollock, J. L.(1986), *Contemporary Theories of Knowledge*, Rowman & Littlefield Press.
Steup, M.(1988), "The Deontic Conception of Epistemic Justification", in *Philosophical Studies 53.*
Steup, M.(1996), *An Introduction to Contemporary Epistemology*, Prentice-Hall.
Quine, W. V. O.(1969a), "Epistemology Naturalized", *Ontological Relativity and Other Essays*(New York : Columbia Univ. Press).

▣『칸트 연구』 논문 투고 및 심사 규정

▶ 논문 투고 규정

1. 원고 공모 : 학회지 · 소식지 · 학회 홈페이지에 게시한다.
2. 투고 자격 : 투고일 현재 연회비를 미납하지 않은 회원.
3. 발간 횟수 및 발간일 : 연 2회(6월 15일, 12월 15일) 정기적으로 발간한다.
4. 투고 접수 및 심사 : 투고 접수는 수시로 가능하나, 발간일 3개월 전까지 접수된 논문에 대해 심사한다.
5. 원고 종류 : 연구 논문.
6. 투고 요령 : 아래의 원고 작성 형식에 따라 작성된 파일을 학회 편집위원회 앞으로 우편 혹은 이메일로 제출한다.
7. 원고 작성 형식

   가) 프로그램 : 아래아 한글

   나) 참고 문헌

   ① 본문에서 인용 · 참조된 문헌만을 수록하되, 수록 순서

는 국한문 문헌 다음에 외국 문헌을 싣고, 각각 저자 이름의 가나다 또는 알파벳 순서로 나열한다.

② 각주 및 참고 문헌의 표기 형식

■ 저 서 :

동양어권 : 저자명, 『저서명』, 출판사명, 출판 지역, 출판 연도.

서양어권 : Author, *Title(이탤릭체)*, Edition, Publishing Company, Publishing Region, 출판 연도.

■ 논 문 :

동양어권 : 저자명, 「논문명」, 『게재 논문집명』, 발행처, 발행 호수, 발행 연도.

서양어권 : Author, "Title", in Journal Name, Organization Name, Issue Number, 발행 연도.

다) 편집의 일관성을 위해, 저자의 의도가 훼손되지 않는 한, 논문의 본문의 항목 구별은 1, 1), (1), 가), ①로 표기한다.

8. 게재료 : 연구비 수혜 논문의 경우, 소정의 게재료(20만원)를 납부하여야 한다. 원고 분량이 스타일 편집 후 27쪽(원고지 140매 / 요약문 포함)을 초과할 경우, 초과 게재료(1쪽당 2만원)를 납부하여야 한다.

▶ 투고 논문 심사 규정

1. 심사 절차

가) 투고 접수가 마감되면 투고자의 인적 사항을 삭제한 심사용 논문을 각 3부씩 출력하고 심사 논문 목록을 작성한다.

나) 편집위원회를 소집하여 논문 한 편당 심사위원 2인을 아래 '2. 심사위원 위촉'에 따라 위촉한다.
다) 편집위원장이 심사 논문 1부씩을 보관하고 각 심사위원들에게 해당 심사 논문 1부와 심사평가서를 우송한다.
라) 심사위원들은 심사 기준에 따라 심사하고 심사평가서를 작성하여 학회 편집위원회로 기일 안에 반송한다.
마) 심사 논문별로 심사평가서를 종합하여 심사 결과 목록을 작성한다.
바) 편집위원회를 소집하여 게재 논문을 선정한다.
사) 심사위원 인적 사항이 삭제된 심사평가서 사본과 게재 여부를 투고자에게 통보한다.

2. 심사위원 선정 및 위촉
가) 심사위원 선정 및 위촉은 편집위원회 회의에서 결정한다.
나) 심사위원은 철학 전공 교수 회원들 가운데 해당 논문 주제 분야의 전공자 2인으로 한다.

3. 심사 기준
가) 주제 : 연구 주제의 적절성 여부.
나) 연구 방법 : 연구 계획 및 방법의 논리적 적합성.
다) 논리 전개 : 연구 내용의 정합성.
라) 참고 문헌과 인용 : 인용의 출전 사항 및 출판 사항의 정확성 여부.
마) 연구 결과의 기여도 : 연구 결과의 학문적 기여도 또는 연구 결과의 활용 및 파급 효과의 정도

4. 심사평가서 양식 : 소정 양식.

5. 심사 요령
가) 심사는 심사 기준에 따라 객관적이고 엄정하게 실시한다.
나) 심사평가서 작성시 구체적이고 명시적인 표현을 사용한다.

다) 항목별 평가는 그 사유를 반드시 적시한다.
라) 게재 여부의 판정은 항목별 평가 및 심사 요지와 일치해야 한다.
마) 수정 제의 사항은 심사 요지에 구체적이고 상세하게 기재한다.
바) 게재 불가의 사유는 심사 요지에 반드시 기재한다.

▶ 게재 논문 선정 규정

1. 심사위원 2인의 판정이 일치할 경우, 판정에 따른다.
2. 심사위원 2인의 판정이 일치하지 않을 경우, 위원회의 의결에 의해 최종 판정하되, 소수 의견이 있을 경우 기록으로 남긴다.
3. "게재 가"로 판정된 논문은 당해 호에 게재한다.
4. "수정 후 게재"로 판정된 논문은 게재 조건을 충족시켜 당해 호에 게재한다.
5. 당해 호의 게재 원고가 초과된 경우, 위원회의 의결에 의해 다음 호로 순연될 수 있다.
6. 논문 게재율은 투고된 논문의 90퍼센트 이하로 한다.

▶ 편집위원회 위원

■ 한국칸트학회 회칙

제　　정 1990. 12. 8.
1차 개정 1994. 12. 8.
2차 개정 1999. 12. 17.

제1장 총 칙

제1조[명칭] 본 학술 연구 모임은 '한국칸트학회(Koreanische Kant-Gesellschaft)'라고 부른다.

제2조[목적] 본 학회는 칸트 철학 및 칸트와 직간접적인 학문적 영향 관계에 있는 철학자들의 사상에 관한 공동 연구, 그리고 이 연구를 통한 한국 철학 정립을 위한 모색과 회원 상호간의 친목 도모를 목적으로 한다.

제3조[사업] 본 학회는 그 목적 수행을 위하여 다음의 사업을 한다.

1. 정기적인 연구 논문 발표·토론회
2. 학회지 『칸트 연구』 발간
3. 칸트 철학 관련 문헌 번역 출판
4. 학위 청구 논문 지도 후원
5. 기타 이사회에서 합당하다고 결정한 사업

제2장 회 원

제4조[회원의 구분] 본 학회는 정회원 · 준회원 · 명예회원으로 구성된다.

제5조[회원의 자격]

1. 정회원 : 칸트 철학 및 그와 관련된 철학 사상에 관해 석사 논문 이상의 연구 실적이 있는 자로서 본 학회의 취지에 찬동하고 연회비를 납부한 자.
2. 준회원 : 칸트 철학 및 그와 관련된 철학 사상 연구에 관심이 있는 자로서 정회원의 추천을 받은 자.
3. 명예회원 : 본 학회의 발전에 기여한 개인 또는 단체로서 이사회의 추천을 받은 자.

제6조[회원의 권리와 의무]

1. 정회원은 학회의 모든 사업에 참여할 수 있고, 의결권과 임원의 선거권 및 피선거권을 가지며, 반드시 연회비를 납부하고 기타 회칙 준수의 의무를 갖는다.
2. 준회원과 명예회원은 학회의 사업에 참여할 수 있고 현안 문제에 대한 발언권을 가지며, 회칙 준수의 의무를 갖는다.

제3장 조직과 임원

제7조[조직과 구성] 본 학회는 최고 의결 기관으로서 총회와 학회를 대표하는 회장, 그리고 실무 추진을 위한 이사회를 기본 조직으로 가지며, 학회 사업의 자문을 위해 필요한 경우 고문을 둔다.

제8조[총회의 종류와 소집]

1. 총회는 정기총회와 임시총회로 구분된다.

2. 정기총회는 매년 12월에, 임시총회는 이사회의 결의 또는 정회원 과반수의 요구에 의하여 필요할 때 회장이 개최한다.
3. 회장은 최소한 일주일 전까지는 회원에게 총회 개최를 공지해야 한다.
4. 총회의 의사는 출석 회원의 과반수로 의결하고, 가부 동수일 때는 의장이 결정한다.

제9조[총회의 의결 사항] 총회는 다음 사항을 의결한다.

1. 회칙의 제정과 개정
2. 임원의 선임
3. 결산 승인
4. 기타 중요 사항

제10조[임원과 임기] 학회에는 다음의 임원을 두며, 그 임기는 2년으로 한다. 단, 결원이 있을 때는 보선하되, 그 임기는 전임자의 잔임 기간으로 한다.

1. 회장 1인
2. 부회장 2인
3. 총무 · 연구 · 편집 담당 상임이사 각 1인과 5명 이내의 이사
4. 감사 2인
5. 간사 3인

제11조[임원의 선임]

1. 회장과 감사는 총회에서 선출한다.
2. 부회장 · 이사 · 간사는 회장이 선임한다.

제12조[임원의 직무]

1. 회장은 학회를 대표하고 회무를 통괄하며, 총회와 이사회의 의장이 된다.

2. 부회장은 회장을 보좌하며, 회장 유고시 회장이 지정한 순서에 따라 그 직무를 대행한다.
3. 총무이사는 학회 전반의 실무를 관장한다.
4. 연구이사는 연구위원회를 주재하고, 학회의 연구 발표 및 토론회 등 학회 공동 연구 사업을 관장한다.
5. 편집이사는 회장과 함께 학회지 『칸트 연구』의 공동 편집인이 되며, 편집위원회를 주재하고, 기타 학회 출판물의 실무를 관장한다.
6. 간사는 회장과 이사들의 학회 업무를 보좌한다.
7. 감사는 학회 일반 업무와 회계 관리를 감사하고 그 결과를 총회에 보고한다.

제13조[이사회의 구성과 의결 사항]

1. 이사회는 회장 · 부회장 · (상임)이사로 구성한다.
2. 이사회는 필요에 따라 회장이 소집한다.
3. 이사회의 의사 결정은 다수결로 하고, 다음 사항을 심의 결정한다.
   (1) 사업 계획 및 추진 방법
   (2) 회비 및 기타 재정에 관한 사항
   (3) 학회 고문의 추대
   (4) 특별 위원회의 설치
   (5) 각종 위원회의 위원 위촉
   (6) 기타 총회에서 위임되는 사항

제14조[위원회의 설치]

1. 학회에 '연구위원회'와 '편집위원회'를 둔다.
2. 위의 위원회 외에 필요에 따라 특별위원회를 설치할 수 있다.

제15조[연구위원회의 구성과 업무]

1. 연구위원회는 10인 이내의 위원으로 구성하며, 연구이사가 주관한다.
2. 학회의 제반 연구 사업을 심의 결정한다.

제16조[편집위원회의 구성과 업무]
1. 편집위원회는 10인 이내의 위원으로 구성하며, 편집이사가 주관한다.
2. 학회지『칸트 연구』의 편집과 관련한 제반 업무 및 기타 출판물의 발간과 관련한 제반 업무를 심의 결정한다.

제4장 재 정

제17조[재정] 본 학회의 경비는 회비, 찬조금 및 기타 수입금으로 충당한다.

제18조[정회원의 회비 납부 의무] 정회원은 이사회에서 결정된 일정 회비를 반드시 납부해야 하며, 납부하지 않는 경우에는 그 기간만큼 정회원의 자격이 정지된다.

제19조[회계 연도] 학회의 회계 연도는 정기총회 일로부터 다음해 정기총회 일까지로 한다.

[부 칙]

제1조[회칙의 발효] 이 회칙은 1990년 12월 8일 창립 총회에서 제정되는 즉시 발효한다.

▣ 한국칸트학회 임원

(2001. 12.~2003. 12.)

□ 고 문

손봉호 · 백종현

□ 이사회

▷ 이 사

김광명(회장) · 강영안(부회장) · 이남원(부회장) · 이엽(연구) · 신응철(총무) · 김양현(편집 / 학술 교류) · 김석수 · 김진 · 김혜숙 · 문성학 · 박찬구 · 배석원 · 손승길 · 최인숙 · 한자경

▷ 감 사

김수배 · 김종국

▷ 연구위원회

이엽(위원장) · 강영안 · 김광명 · 김수배 · 김혜숙 · 문성학 · 박찬구 · 이남원 · 최인숙

□ 학회 주소 및 연락처

▷ 회　장 : (156-743) 서울특별시 동작구 상도 5동 1-1
숭실대 인문대 철학과 내

■ 회　장 : 김광명(숭실대 / ☎ 02-820-0375)
E-mail : kmkim@saint.soongsil.ac.kr

▷ 총무 / 연구부 : (156-743) 서울특별시 동작구 상도 5동 1-1
숭실대 인문대 철학과 내

■ 부회장 : 강영안(서강대 / ☎ 02-705-8339)
E-mail : yakang@ccs.sogang.ac.kr
이남원(밀양대 / ☎ 055-350-5410 / 016-502-0138)
E-mail : leenw@arang.miryang.ac.kr

■ 연구이사 : 이엽(청주대 / ☎ 043-229-8414)
E-mail : yeoplee@chongju.ac.kr

■ 총무이사 : 신응철(숭실대 / ☎ 019-246-8061)
E-mail : shin0308@hotmail.com / shin0308@chollian.net

▷ 편집부 : (500-757) 광주광역시 북구 용봉동 300번지
전남대학교 인문대 철학과 내

■ 편집이사 : 김양현(전남대 / ☎ 062-530-3221 / 011-96063291)
E-mail : yhkim2@chonnam.ac.kr

■ 편집간사 : 양일동(011-637-5367)
E-mail : a-lethe@hanmail.net

▣ 필자 소개

(가나다 순)

□ 김광명

서울대학교 철학과(미학전공) 및 동 대학원 미학을 전공하고, 독일 뷔르츠부르크대학교에서 철학 박사를 받았다. 미국 템플대학교 철학과 교환 교수를 역임했으며, 현재 숭실대학교 철학과 교수로 있다. 미학 및 인간학에 관한 다수의 논문이 있으며, 저서로는 『칸트 판단력 비판 연구』, 『철학의 물음과 사색』, 『삶의 해석과 미학』 등이 있고, 역서로는 『예술과 인간 가치』, 『자유의 철학』, 『칸트의 숭고미 분석』, 『서양철학사』, 『미학과 예술 교육』, 『프라그마티스트 미학』 등이 있다.

□ 김인석

숭실대 철학과와 동 대학원을 졸업(석사)한 뒤, 독일 보쿰대학교에서 "Heideggers Phänomenologie des Faktischen Lebens"로 철학 박사 학위를 받았으며, 현재 숭실대 인문과학연구소 연구원으로 있으면서 숭실대에서 강의하고 있다. 논문으로는 「현사실성의 해석학 혹은 존재론」, 「형식 지시적 해석학」 등이 있으며, 저서로는 *Heideggers Phaenemenologie des Faktischen Lebens*(Peter Lang, 1998), 그리고 철학 소설 『꽃이 되는 기쁨보다 길이 되어 숨지다』(행복되찾기, 2002), 『에이즈 성자』(행복되찾기, 2002)가 있다.

□ 박종식

부산대학교 철학과와 동 대학원을 졸업(석사)한 뒤, 김위성 교수 지도 아래 「칸트 철학에서 범주와 그 적용의 타당성 연구」로 철학 박사 학위를 받았다. 현재 부산대학교와 해양대학교에 출강하고 있으며, 학술진흥재단의 지원으로 부산대학교 철학과 초빙연구원(「칸트, 비트겐슈타인의 철학과 리요타르의 포스트모더니즘 연구 과제」)으로 있다. 주요 논문으로는 「칸트의 범주의 선험적 연역(2판)에 관한 연구」, 「칸트의 도식론에 관한 연구」, 「칸트의 라이프니쯔 비판」, 「칸트의 선험적 원칙론에 관한 연구(1)」, 「칸트의 인과율에 관한 연구」, 「칸트의 오류 추리와 실천 이성의 요청」, 「칸트의 코페르니쿠스적 전회와 이성의 이질성 문제」 등이 있다.

□ 박채옥

전북대학교 철학과와 동 대학원을 졸업(석사)한 뒤, 「칸트의 순수이성비판에서의 인과성과 자유」란 논문으로 철학 박사 학위를 받았으며, 성균관대학교와 충남대학교, 서원대학교 등에 출강하였고, 현재는 전북신학교에서 철학을 가르치면서 전북대학교에 출강하고 있다. 주요 논문으로는 「자유와 필연의 가능성」, 「칸트의 인과율」, 「칸트의 이론 이성에 있어서의 자유의 문제」, 「칸트의 범주의 객관적 타당성」 등이 있다.

□ 박필배

성균관대학교 독어독문학과와 동 대학원 철학과를 졸업(석사)한 뒤 독일 쾰른대학교에서 철학 박사 학위를 받았으며, 현재 성균관대학교와 청주대학교에 출강하고 있으며, 한국학술진흥재단 지원 사업(한국칸트학회, 「칸트와 문화철학」)에 참여하여 숭실대 인문과학연구소 전임연구원으로 있다. 논문으로는 *Das höchste Gut in Kants kritischer Philosophie. Eine Untersuchung über den Zusammenhang von kritischer Ethik und Metaphysik*, 「칸트 목적론과 헤겔」, 「하이데거의 칸트 해석」, 「칸트 비판 철학에서 문화 개념」 등이 있다.

□ 신응철

숭실대학교 철학과와 동 대학원을 졸업(석사)한 뒤, 「카시러 문화철학에서의 인간 연구」로 철학 박사 학위를 받았으며, 현재 숭실대학교 인문과학연구소 책임급 연구원으로 일하며, 경기대학교와 숭실대학교, 남서울대학교 등에서 강의하고 있다. 저서로는 『카시러의 문화철학』(한울아카데미, 2000), 『해석학과 문예비평』(예림기획, 2001)이 있고, 논문으로는 「카시러 문화철학에서의 예술관」, 「카시러 문화철학에 나타난 신화관」, 「카시러와 하이데거의 다보스 논쟁 다시 보기」, 「문화 해석의 두 입장 — 자유의지론과 문화결정론의 논쟁」 등이 있다.

□ 이상엽

성균관대학교 한국철학과를 수료하고 독일 베를린 자유대학교에서 철학 석사 및 박사 학위를 받은 뒤, 현재 연세대학교에서 박사 후 과정 연수중에 있으며 한양대학교에 출강하고 있다. *Nihilismus und Übermensch, Friedrich Nietzsches Versuch eines neuen menschlichen Lebens ohne Transzendenz*(1999)의 주제로 박사 학위 논문을 썼고, 『니체 전집 5권, 유고』(2002)의 번역서를 냈으며, 「니체, 도덕적 이상에의 의지로부터 형이상학적 세계 해석의 생성」, 「니체의 역사, '삶에 대한 역사의 유익함과 해로움'에 대하여」, 「현대 이념들의 계보학 — 니체의 '마지막 인간' 비판」, 「니체, 힘에의 의지로서의 세계 해석에 관하여」, 「니체, 동일한 것의 영구 회귀에 대한 하나의 해석」, 「인문학 위기 극복을 위한 하나의 제안 — 문화인문학」, 「문화인문학 — 인문학의 문화학적 기획」, 「아놀드 겔렌의 기술 지배적 보수주의 연구」 등의 논문을 발표했다.

□최인숙

동국대학교 철학과와 서울대학교 대학원 국민윤리교육학과를 졸업한 뒤 교사 생활을 하고, 독일 마인츠대학교에서 철학 박사 학위를 받았으며(인도철학과 교육학 부전공), 현재 동국대학교 철학과 교수로 있다. 저서로는 *Die Paralogismen der Seelenlehre in der ersten und der zwiten Auflage der Kritik der reinen Vernunft*(Frankfurt am Main, 1991), 역서로는 J. Kopper의 『계몽철학 — 그 이론적 토대』(서광사, 1995)가 있고, 논문으로는 「칸트의 오류추리론」, 「선험적 종합 명제로서의 칸트의 도덕 원리」, 「판단력비판과 낭만주의철학에서 자연과 예술의 개념」, 「칸트의 이론 철학에서 대상 개념에 대한 연구」, 「칸트의 데카르트 비판」, 「낭만주의 철학과 인도 사상의 만남」, 「칸트와 노발리스에서 창조의 의미」, 「칸트와 가다머에서의 놀이 개념의 의미」, 「칸트와 쿠자누스」, 「칸트와 우주론」, 「로크의 사유 재산 이론」, 「칸트와 불교에 있어 존재와 인식 그리고 실천」 등이 있다.

□ 최준호

고려대학교 문과대학 철학과를 졸업하고, 2000년 동 대학원에서 「칸트의 반성적 판단과 목적론적 세계」라는 논문으로 박사 학위를 받았다. 고려대학교 철학과 강사로 있으며, 현재는 학술진흥재단의 지원을 받아 독일 하이델베르크대학교에서 「칸트의 미와 숭고에 관한 연구」라는 주제로 박사 후 과정 연수를 수행중이다. 주요 논문으로는 「칸트의 숭고함과 타자의 존엄성」, 「삶의 미학화와 심미적인 것의 자기 소외」 등이 있다.

□ 홍병선

중앙대학교 철학과와 동 대학원을 졸업(석사)한 뒤, 「인식적 정당화의 내재론 · 외재론 논쟁에 관한 연구」로 철학 박사 학위를 받았으며, 현재 중앙대학교 부설 중앙철학연구소 전임연구원 겸 호서대학교 철학 전공 겸임 교수로 재직하면서, 중앙대학교와 선문대학교 등에서 강의하고 있다. 저서로는 『철학오딧세이 2000』(담론사, 2000)이 있고, 논문으로는 「인식론에서의 자연화, 그 철학적 함축」, 「인식적 합리성의 가능 근거와 제약」, 「현대 인식론에서 데카르트 식의 토대론적 전략은 유효한가?」, 「인식 정당화론의 대립 구도와 '정당화 부여 속성'의 문제」 등이 있다.

『칸트 연구』 제10집

칸트 철학과 현대

초판 1쇄 인쇄 / 2002년 12월 10일
초판 1쇄 발행 / 2002년 12월 15일

■

엮은이 / 한국칸트학회
펴낸이 / 전 춘 호
펴낸곳 / 철학과현실사
서울특별시 서초구 양재동 338의 10호
전화 579-5908~9

■

등록일자 / 1987년 12월 15일(등록번호 / 제1-583호)

■

ISBN 89-7775-416-X 03160
*엮은이와의 협의에 따라 인지를 생략합니다.
*잘못된 책은 바꾸어 드립니다.

값 13,000원